广东省普通高校重点科研平台与科研项目"广东服务贸易可持续发展研究基地"
（项目编号：2019WZJD004）；
广东省普通高校重点科研平台与科研项目"创新与产业发展研究团队"
（项目编号：2018WCXTD005）

共同富裕背景下
代际流动性的早期决定机制研究

张呈磊◎著

GONGTONG FUYU BEIJINGXIA

DAIJI LIUDONGXING DE ZAOQI JUEDING JIZHI YANJIU

中国财经出版传媒集团

经济科学出版社
Economic Science Press

图书在版编目（CIP）数据

共同富裕背景下代际流动性的早期决定机制研究／
张呈磊著. ——北京：经济科学出版社，2023.8
ISBN 978-7-5218-4958-5

Ⅰ.①共…　Ⅱ.①张…　Ⅲ.①共同富裕-研究-中国
Ⅳ.①F124.7

中国国家版本馆 CIP 数据核字（2023）第 132783 号

责任编辑：汪武静
责任校对：刘　昕　王京宁
责任印制：邱　天

共同富裕背景下代际流动性的早期决定机制研究
张呈磊　著
经济科学出版社出版、发行　新华书店经销
社址：北京市海淀区阜成路甲 28 号　邮编：100142
总编部电话：010-88191217　发行部电话：010-88191522
网址：www. esp. com. cn
电子邮箱：esp@ esp. com. cn
天猫网店：经济科学出版社旗舰店
网址：http://jjkxcbs. tmall. com
固安华明印业有限公司印装
710×1000　16 开　14.5 印张　240000 字
2023 年 8 月第 1 版　2023 年 8 月第 1 次印刷
ISBN 978-7-5218-4958-5　定价：68.00 元
（图书出现印装问题，本社负责调换。电话：010-88191545）
（版权所有　侵权必究　打击盗版　举报热线：010-88191661
QQ：2242791300　营销中心电话：010-88191537
电子邮箱：dbts@ esp. com. cn）

前 言

PREFACE

　　党的二十大报告指出："共同富裕是中国特色社会主义的本质要求，也是一个长期的历史过程。我们坚持把实现人民对美好生活的向往作为现代化建设的出发点和落脚点，着力维护和促进社会公平正义，着力促进全体人民共同富裕，坚决防止两极分化。"较低的代际流动性不利于促进全体人民共同富裕，在共同富裕背景下，研究代际流动背后的机制显得尤为重要。代际流动性问题不仅是社会讨论的焦点，也是经济学研究领域中的重要议题，尤其是代际流动性的决定机制问题。而代际流动性的决定机制中，家庭背景对子女早期人力资本发展的影响这一早期决定机制扮演着重要的角色。而人力资本的早期发展又和收入不平等高度相关，从人力资本的早期发展及其长期影响的视角探索代际流动性的决定机制是在共同富裕目标背景下探索提高代际流动性方案的关键路径。本书结合经典的代际流动性理论和近期发展的新人力资本发展理论分析框架，在对我国的代际流动性进行测度的基础上，提出了代际流动早期决定的理论框架，并进一步实证研究了家庭背景是否对子代早期人力资本的发展起作用以及如何起作用，进而影响了代际流动性。同时，本书从家庭对子代人力资本投资（物质投资和时间投资）的角度研究了子代早期人力资本的生产过程，为理解代际流动性的早期决定机制提供了一个新的视角。具体来看，本书主要研究内容和研究结论有五个方面。

　　第一，本书使用多组具有代表性的数据以及较新的估计方法对我国代际流动性程度和变化趋势进行了系统的分析，这是本书研究的背景和基础。研究结果表明：首先，从时间趋势看，自 1989～2011 年①，我国代际收入弹性有微弱的先上升后下降的趋势，但变化幅度不大，整体代际收入弹性为 0.4 左右，国际比较研究发现我国代际收入流动性处于一个中等偏低的水平。其次，代际教育流动性随时间推移而降低，代际教育弹性在 0.5 左右。进一步的异质性分析发现，不论是收入层面还是教育层面，我国的代际流动性在不同性别之间、不同子代教育程度之间、城乡之间和地区之间均存在着显著的差异。

第二，本书在控制家庭收入及职业地位的前提下，利用 1986 年《中华人民共和国义务教育法》的实施构建工具变量研究了家庭教育背景对子女早期人力资本发展的因果效应，这是本书的重点研究内容之一。研究结果表明：首先，父母的教育水平对子女早期（10～15 岁）认知能力和非认知能力有显著正向影响，母亲教育每提高 1 年会导致子女认知能力提高 0.098 个标准差，会使得子女非认知能力提高 0.102 个标准差。其次，初步的机制分析表明母亲个人能力发展、子女数量与质量的替代、婚姻匹配以及子女初始禀赋等可以部分解释父母教育对子女认知和非认知能力发展的影响。本部分研究表明家庭教育背景确实对子女的人力资本发展有着较大的代际影响效应，为理解代际流动性的早期决定提供了证据。

第三，本书综合运用工具变量估计、累计附加值模型和结构方程估计等方法，主要从家庭对子女的人力资本投资的角度研究了家庭教育背景对子女认知能力和非认知能力的影响机制，这是本书的重点研究内容之二。主要结论为：首先，父母教育水平提高显著增加了家庭对子女的物质和时间投资；其次，家庭对子女的物质和时间投资对子女的认知能力和非认知能力有显著的正向影响效应，且时间投资对子女认知和非认知发展的长期

---

① 由于收入具有明显的生命周期特征，为了计算得到稳健的收入代际弹性数据，需要长期的跟踪调查得到的面板数据。CHNS 数据是微观调查数据中较为重要的数据，且其最大优势是提供了长期的追踪信息，其从 1989～2011 年长达 22 年的时间跨度是其他数据不具备的重要特征，因此，本书主要利用 CHNS 数据进行代际流动性的时间趋势分析，并结合相对较新的 CFPS 数据进行对比分析。此外，本书在分析代际流动性早期决定机制时使用的是 CFPS 数据基期 2010 年以及后续跟踪调查数据并结合了最新公布的中国教育追踪调查（CEPS）数据，这两个数据库提供了足够丰富的对儿童早期人力资本发展以及家庭对子代早期人力资本投资的数据。代际流动的特点以及家庭对子代的代际影响具有较强的社会阶层属性，并不会在短期内发生较大变化，因此，本书基于过去 10 年的数据得到的结论仍然具有一般的现实意义。

影响更大；再次，家庭对子女的人力资本投资可以解释父母教育水平对子女认知能力和非认知能力影响效应的30%左右，家庭对子女的人力资本投资是家庭背景影响子女早期人力资本发展的重要中介因素；最后，子女早期人力资本发展具有长期影响效应，家庭对子女早期人力资本的投入会直接影响其最终教育获得。本部分的研究结果表明，家庭教育背景不同所导致的家庭对子女的人力资本投资的变化会影响子女早期的人力资本发展，人力资本的代际传递通过家庭对子女的人力资本投资得到了强化，进一步为代际流动性的早期决定机制提供了支撑。

第四，本书利用基于RIF回归的分位数分解（FFL）方法对子代认知能力和非认知能力发展差距进行分解，这是本书主体研究内容的进一步拓展。主要研究结论为：高教育背景家庭和低教育背景家庭的子女在其认知能力发展差异方面，来自个人特征、家庭财富等因素的禀赋差异效应几乎解释了全部的总体差距。此外，高教育背景家庭和低教育背景家庭的子女在其非认知能力发展差异，则部分被个人特征、家庭财富等因素的禀赋差异效应，部分被这些因素的回报差异效应所解释。进一步地，通过对不同群体之间人力资本发展差异的分解分析发现，家庭教育背景是留守儿童、流动儿童和城镇儿童的人力资本发展差距的重要影响因素。本部分的研究表明家庭教育背景的差距导致了子女早期人力资本发展差距，为理解不同的代际传递提供了证据。

第五，本书进一步分析了共同富裕背景下收入不平等与代际流动性的关系，并对比探索了不同的早期干预政策对代际流动性的潜在影响。本章主要结论如下：其一，我国不同地区之间的代际流动性存在显著差异，地区间的不平等程度和代际流动性高度相关，而且相比于努力不平等，机会不平等对代际流动性的影响更大；其二，国际和国内的实践探索表明，对儿童早期进行人力资本发展干预是一种低成本高收益的政策思路，增加对低收入家庭儿童早期人力资本的投入有助于缓解收入不平等在代际间的固化。本章的研究发现收入不平等问题并不是一个孤立的社会问题，而在收入不平等往往意味着较低的代际流动性低，代际流动性的低下又会从长远来看将一代的收入差距问题在代际固化下来。本章的研究一方面表明我国代际流动性较低，需要政府和家庭层面携手改善代际流动性；另一方面也表明当前的共同富裕目标的实现具有长远的社会经济意义，实现共同富裕并不仅仅改善了一代人的收入不平等问题，还会进一步改善收入不平等的代际固化，从而有利于经济的长期稳定和长远发展。

本书的贡献主要有以下三点：第一，本书从家庭背景是如何影响子代早期人力资本发展的视角研究了代际流动性的早期决定机制。虽然国内外学者对代际流动性的测度、影响因素以及背后的影响机制进行了广泛且深入的研究，但主要研究的都是子代的收入和教育获得等结果变量，缺少对子代成长过程中早期人力资本发展的关注。因此，本书重点从家庭教育背景如何影响了子代早期认知能力和非认知能力发展的视角探索了代际流动性的早期决定机制，这一研究视角是代际流动决定机制研究领域的有益尝试。第二，本书主要从家庭对子女人力资本投资的角度研究了子女早期人力资本（认知能力和非认知能力）的生产过程。经典的代际流动和人力资本发展理论中一般认为父母对子女的人力资本生产函数的信息和认识是完全的，但实际上父母对人力资本生产函数的认识可能受到其教育程度的影响，并会由此影响到父母对子女的人力资本投资。现有文献在分析代际流动性的家庭内部决定因素时少有从家庭对子女的人力资本投资的视角进行研究，而且在人力资本投资研究领域，受较多关注的也是家庭对子女的物质投资，较少文献关注家庭对子女的时间投资。同时，现有文献一般以健康和教育获得作为人力资本的代理，本书则重点研究了子女早期认知能力和非认知能力等重要的表征个体实际能力。因此，本书同时研究了家庭对子女的物质投入和时间投入的决定因素以及其在子女早期人力资本发展中的作用，探究了家庭教育背景的代际影响效应及其机制。该部分研究为进一步理解人力资本的生产过程提供了一定的思路。第三，本书对子女早期人力资本发展差距进行了分解分析。现有文献多关注对劳动力市场的收入这一结果变量进行差异分解，实际上，个体的差距很可能在未进入劳动力市场之前就已经拉开了。因此，对个体早期的人力资本发展差异进行分解分析显得尤为必要。本书的分解分析为进一步理解代际流动性的早期决定机制提供了支撑。

目　录

CONTENTS

第 1 章

问题的提出

1.1 / 共同富裕背景下的代际流动性问题

党的二十大报告指出："共同富裕是中国特色社会主义的本质要求，也是一个长期的历史过程。我们坚持把实现人民对美好生活的向往作为现代化建设的出发点和落脚点，着力维护和促进社会公平正义，着力促进全体人民共同富裕，坚决防止两极分化。"我国经济经历了自改革开放以来的高速增长，广大劳动者的收入和福利水平也迅速提高，人民生活水平大幅改善。但是，在人民收入普遍提高的同时，收入差距增加的问题也日益凸显。根据《2018 年中国居民收入与财富分配调查报告》，2017 年我国家庭收入差距基尼系数为 0.497，比 2016 年提高了 1.64%，而且收入最高 20% 的家庭收入总额占居民总收入的比重达到了 51%。根据国家统计局公布的数据，2003～2008 年我国收入差距的基尼系数持续上升，到了 2008 年达到最高点 0.491。随着国家对共同富裕问题的持续关注以及精准扶贫战略的提出，我国整体基尼系数有小幅度下降，但过去十年仍处于高位波动状态，在 2019 年国家统计局最近一次公布的基尼系数为 0.465，高于国际公认的 0.4 的警戒线。一般来说，为了追求经济发展的高效率，一定的收入差距现象是可以容忍的，而且不太严重的收入差距有利于激发个体积极性，对经济增长也有正向激励作用。但是，当经济不平等伴随着较高的代际和代内流动性时，一代人的经济不平等问题会在代际进行传递和固化，如果收入不平等现象和低代际流动性现象同时出现，那么将不利于共同富裕目标的实现。而近年来的经济学研究表明，经济不平等确实往往伴随着较低的代际流动性（Piketty，2000；Novaro et al.，2016；Diprete，2020），这种现象在中国也开始出现，目前我国的基尼系数偏高，且代际流动性也处于较低的状态，而且研究表明中国各地区之间的经济不平等和代际流动性之间也存在高度相关（Fan et al. 2021）。社会现实和学术研究共同反映出中国当前面临着一定程度的经济不平等的同时还存在着不高的代际流动性，经济不平等可能会由于代际流动性低而在代际进行传递（Berman，2022）。

代际流动性低的一个重要的表现就是，家庭背景在下一代的人力资本发展以及劳动力市场表现中扮演的角色越来越重要（Clark，2015）。当前大量出现的"富二代""穷二代"以及重点高校中出身贫困家庭的大学生比例越来越少等现象都反映出社会发展过程中"贫者越贫"和"富者越富"的"马太效应"。此外，家庭背景在个人发展过程中的作用越发重要，所导致的就是在追求成功的道路上个人努力因素被弱化，这将严重打击人们的积极性从而影响社会活力。尽管人们一直以来都有"不患寡而患不均"的想法，但是，从动态发展的角度而言，相对于代内的收入不平等，代际的社会阶层固化可能更令人难以接受。代际流动性问题关系到社会稳定和经济的健康可持续发展，但是代际流动性不仅仅是一个结果变量，其背后所反映的一系列经济社会特征可能对社会的发展有着更深层次的影响。从长远的角度看，缩小收入差距、实现共同富裕更需要考虑代际流动性问题。收入不平等一方面意味着收入在横向维度的分化，不同群体之间的劳动和财产收入差距在扩大，收入差距的扩大不利于经济的发展；另一方面也不利于社会稳定，不利于共同富裕目标的实现。而代际流动性的低下则表明横向的收入分化会随着时间推移在代际固化下来，进一步阻碍经济的长远发展和抑制社会活力，加深社会主要矛盾。那么我国代际流动性是否在进一步加深？当前代际流动性如何？在共同富裕背景下，收入不平等是否与代际流动性高度相关，从而导致长期来看收入不平等问题在代际被固化？对这些问题的回答有助于理解当前社会主要矛盾中的发展不平衡问题，也有助于为实现共同富裕目标提供政策参考。

1.2 子女早期人力资本发展与代际流动性的决定

厘清收入不平等和代际流动性之间的关系，实现共同富裕，首先需要理解影响代际流动性背后的决定机制。从代际流动性的定义来看，代际流动性主要反映家庭背景（家庭收入或教育程度）对子女成就（收入或教育程度）的影响。因此，代际流动性问题并不是一个简单的社会现象或经济结果，而是一个长期的综合过程，代际流动性背后反映的其实是人的成长过程究竟是受到家庭影响更多还是受社会影响更多。个人的成长和发展是一个长期过程，需要关注这个过程的每一个环节，甚至是最开始的环节。但是无论日常讨论还是学术研究，对于代际流动性背后的机制问题所重点关注的都是子女最后的结果变量，例如，家庭背景多大程度上影响了子女的教育程度和在劳动力市场上的收入等。而一个容易被忽视的问题是家庭背景到底是如何影响了子女最后的这些结果变量（教育获得或收入等），从而影响了代际流动性。相对于家庭背景对子女最后劳动力市场上结果变量的影响，家庭背景对子女早期人力资本发展与个体福利的影响（代际流动性的早期决定）同样值得关注。也就是说，对代际流动性背后的具体发生过程的理解需要更进一步去打开人的发展的内在"黑匣子"（Heckman，2004；2007），需要从子女的早期人力资本发展的视角去理解代际流动性的决定问题。

诺贝尔经济学奖得主詹姆斯·赫克曼等人提出了以能力的形成技术（the technology of skill formation）分析框架来探讨人的发展问题（Cunha & Heckman，2007）。他们将教育维度的人力资本从传统的健康和教育程度拓展到更本质的能力层面，从认知能力和非认知能力的角度分析人力资本的动态生产过程以及其对个人长远发展的影响。大量的跨学科研究表明，儿童的早期发展对未来的人力资本和劳动力市场影响至关重要（Heckman & Mosso，2014），家庭背景或其他因素对子女发展的影响在很早的阶段就已经显现出来，而且这种影响会持续到未来的生命周期中（Magnuson & Duncan，2016；Del Boca，2016a；Glewwe et al.，2017）。一个社会的代际流动性高低问题可能在较早期就已经被决定了，不同家庭背景的子女，其父母对其人力资本生产函数的认识不同从而影响了家庭对其的早期人力资本投资（张苏和朱媛，2018）。由于早期人力资本发展在个体未来长远发展中的重要作用，家庭背景的代际影响效应在子女早期发展阶段已经体现出来。因此，从家庭背景如何影响了子女早期人力资本发展的角度理解代际流动性的早期决定问题显得尤为重要（Daruich，2018）。

对于子女早期人力资本发展，当下社会同时流行着"不能让孩子输在起跑线"和"父母就是孩子的起跑线"，说明家庭和社会已经开始重视子女早期人力资本发展。实际上，对于子女早期人力资本发展的理解仍然存在着巨大的未知。首先，除了遗传因素外，对家庭背景是否影响了子女早期的人力资本发展情况并不十分清楚，在代际影响的研究中，先天遗传和后天培养的问题仍然是现有研究需要进一步推进的地方；其次，如果家庭背景对子女早期的人力资本发展情况有后天的影响效应，那么这种影响效应的发生过程也需要深入探讨。人力资本理论的新发展开始强调家庭教育对子女人力资本发展的重要性；同时，家庭教育成为 2017 年和 2018 年全国"两会"讨论的热点，除了传统的学校教育，家庭教育也越来越受到关注。而家庭对子女的人力资本投资是家庭教育的重要部分。家庭背景如何通过家庭对子女的人力资本投资影响子女早期人力资本发展这一极具理论和现实意义的问题亟待给出回答。此外，从政策的角度，也需要更加关注代际流动性的早期决定问题。一是因为政策是为了解决问题，如果等到问题已经出现甚至已经很严重时再去解决，政策的设计和执行都将非常困难。而如果认识到问题的源头，那么政策就可以从设计之初尽量避免和缓解该问题的产生。二是相对于事后补救的政策，事前避免的政策往往具有更高的"性价比"，会从低投入中带来高收益。因此，在共同富裕目标的背景下，从子女早期人力资本发展的角度探索代际流动性的决定机制显得尤为重要。

综上所述，在实现共同富裕目标的背景下，本书重点探索儿童早期人力资本发展在代际流动性决定中的作用。本书将在测度代际流动性的基础上，尝试从家庭背景对子代早期人力资本发展影响的视角出发，研究家庭背景如何通过家庭对子女的人力资本投资影响子女的早期人力资本发展这一重要问题，来理解代际流动性的早期决定机制。具体来看，本书要回答如下四个问题。

第一，对我国代际流动性进行综合测度：我国代际收入流动性和代际教育流动性的趋势和现状如何？是否存在群体和区域性差异？具体地，本书使用多套具有代表性的数据以及较新的估计代际流动性的方法对我国代际流动性趋势、现状和异质性进行了细致的分析。

第二，从家庭背景对子代早期人力资本发展影响的视角对代际流动性的早期决定机制进行研究：家庭背景是否影响了子代早期人力资本发展，具体是如何影响的？家庭对子女的人力资本投资在该过程中发挥了怎样的作用？具体地，本书在控制家庭收入及职业地位的前提下，重点考察家庭教育背景对子女早期人力资本发展的影响。本书首先分析家庭背景对子代认知能力和非认知能力的因果效应，然后从家庭对子女人力资本投资的角度分析了子代人力资本的形成机制，为更深入地理解代际流动性的早期决定机制提供证据。

第三，对子代早期人力资本发展不平等进行分解分析：子代早期人力资本发展是否在不同家庭教育背景之间、城乡之间以及由于迁移而产生的不同群体之间存在差异？产生这种差异的原因是什么？具体地，本书首先分析了具有不同家庭教育背景的子代早期人力资本发展差距，然后对子代人力资本发展的城乡差异以及由迁移而产生的不同群体间的差异进行了分位数分解。

第四，在实现共同富裕目标的背景下，对收入不平等、子代早期人力资本发展与代际流动性的关系进行分析：收入不平等是否和代际流动性存在内在关系？收入不平等是否通过儿童早期人力资本发展影响了代际流动性？具体地，本书首先通过分析收入不平等与代际流动性的关系并尝试刻画中国的盖茨比曲线，然后进一步对国内外的儿童早期发展项目的梳理和评估，总结儿童早期人力资本发展在代际流动性中的作用。

1.3　本书关键概念界定

代际流动性。一方面，从研究对象而言，代际流动性可以分为代际收入流动性、代际职业流动性、代际教育流动性等，这些都是一个独立或者相联系的研究领域；另一方面，从研究目的而言，对代际流动性的研究可以分为对代际流动性的测度和对代际流动性的影响机制分析两部分。其中对代际流动性的测度是基于对结果变量的客观度量，是一种描述性分析；而对代际流动性的影响机制分析是基于对过程发生机制的探索，涉及因果推断。对代际流动性的测度问题即是关注当前社会代际流动性高低以及该社会的代际流动性是否和其他社会有所不同；而对代际流动性的影响机制分析问题即是关注当前社会产生此种代际流动性的原因（或者与其他社会不同的原因）。本书即是在现有研究的基础上，从测度和机制两方面入手分析对我国代际流动性进行研究。首先，在测度方面，从代际流动性的时间演变趋势和异质性对代际流动性进行描述性分析，本书在测度部分同时考察了代际收入流动性和代际教育流动性。其中在测度代际收入流动性时，综合使用了基于收入的对数（log-log）的代际收入弹性系数和基于群组收入排序（rank-rank）的代际收入弹性系数；在测度代际教育流动性时，综合使用了基于教育年限的代际收入弹性系数和基于群组教育年限排序（rank-rank）代际教育弹性系数。其次，本书在贝克尔和汤姆斯（Becker & Tomes，1979，1986）的经典代际流动性理论以及库尼亚和赫克曼（Cunha & Heckman，2007）的早期人力资本发展理论基础上，从家庭背景对子代早期人力资本发展影响的视角，主要研究家庭背景如何通过家庭对子女的人力资本投资这一重要渠道影响了子代人力资本发展。本书重点关注家庭中父母教育程度对子女早期人力资本发展的影响及其机制，即代际流动性的早期决定机制问题。

家庭背景。对于家庭背景，以往研究多从家庭社会经济地位出发构建综合的指标进行度量。本书的家庭背景主要是指控制了父亲和母亲职业以及家庭收入情况下的父亲和母亲教育程度。选取父母的教育程度作为家庭背景的代理变量有如下原因：第一，本书在对代际流动性进行测度时同时估计了代际收入流动性和代际教育流动性，鉴于大量文献研究表明，家庭教育背景对子女早期人力资本的影响更大，而家庭收入对子女人力资本发展的影响不显著或不明显（Heckman & Mosso，2014），由此本书主要研究家庭教育背景对子女人力资本的影响，但在分析过程中，控制了家庭收入水平和父母的职业情况。第二，相对于收入或者职业来说，受教育水平是一个存量变量，在不同的生命周期也基本不会有大的变化。而收入和职业是流量概念，会在生命周期的不同阶段发生较大改变（李任玉等，2017），同时，对收入和职业的度量误差也比教育要大得多。因此，本书重点分析家庭教育背景对子女早期人力资本发展的影响。

早期人力资本。由于无法直接对综合的人力资本进行观测，现有文献对人力资本的研究主要是采取为人力资本寻找代理指标的方法进行研究，而健康和教育程度一直以来都是作为人力资本的代名词而在研究中被广泛采用。但是健康和教育程度只是人力资本的一个方面，并不能完全地对人力资本进行代理（李晓曼和曾湘泉，2012）。特别地，教育程度是一个结果指示变量，近年来人力资本研究领域开始重点关注人力资本的实际生产过程，更多地关注人的能力本身以及其形成过程（Cunha & Heckman，2007）。本书根据人力资本理论发展的最新研究进展（李晓曼和曾湘泉，2012），从能力的角度考虑，以认知能力和非认知能力作为个体人力资本发展的代理。认知能力是指与个体的智力、逻辑推理、记忆等方面相关的一种可行能力，而非认知能力则是与情感、社交、自尊和态度等方面的能力（Heckman & Rubinstein，2001），认知能力对个体劳动力市场收入有显著的影响（刘森林和李海灵，2022），同时，非认知能力的劳动力市场回报也越发受到重视（李根丽和尤亮，2022；何尧等，2022）。根据人力资本领域最新研究进展的技能形成理论（the technology of skill formation），个体的认知能力和非认知能力在发展的各阶段受到自身禀赋和后天投入的影响，而且经济学和心理科学等相关研究也表明，认知能力在 10 岁左右进入相对稳定的发展阶段，非认知能力的可塑性则持续整个青春期。同时，个体青少年时期的认知和非认知能力的发展对未来人力资本积累和进入劳动力市场的表现以及个体福利状况有着重要的影响。因此，相对于成年人的人力资本状况，本书更加关注儿童的成长即个体早期人力资本发展问题。因此，本书重点关注子代在未成年时的青少年期间（义务教育阶段）的认知能力和非认知能力发展状况。本书在研究子代人力资本发展时综合使用了中国家庭追踪调查（Chinese family panel studies，CFPS）和中国教育追踪调查（China education panel studies，CEPS）两套微观调查数据，根据数据结构，本书的子代早期人力资本发展主要通过 10～15 岁的个体认知能力和非认知能力来衡量。其中，在本书使用的 CFPS 数据中，认知能力主要由标准化的字词测试得分、数学测试得分作为代理，非认知能力由一系列的心理评估量表综合得到。在 CEPS 数据中，认知能力主要由认知能力标准化测试量表测量得到，非认知能力主要是由问卷中的系列心理评估综合打分得到。

人力资本投资。现有文献对家庭对子女的人力资本投资主要关注的还是物质方面（特别是父母对子女的教育投资）的投入而较少关注时间投资。而近年来越来越多的文献开始关注家庭对子女的时间投资和教养方式对子女人力资本发展的影响（Yum，2022；Nicoletti & Tonei，2017；Lavy et al.，2016）。因此，本书在从家庭对子女的人力资本投资过程理解代际流动性时主要研究家庭对子女的物质投资和时间投资。其中，家庭对子女的物质投资主要是指家庭对子女教育方面的总支出、报课外辅导班情况以及课外的学习支出等实际物质投入；而这里家庭对子女的时间投资是一种广义的时间投入，主要包括父母和子女的亲子交流情况、对子女的教育参与情况以及教育方式等。在实际的研究过程中，本书不仅考虑了当期的投资，还考虑了更早期的投资对子女当下人力资本发展水平的影响。具体的指标情况见各章节的数据介绍部分。

1.4　本书的主要研究内容

本书主要从子代早期人力资本发展的视角研究代际流动性问题。首先，利用多套代表性微观调查数据刻画了当前中国代际流动性及其演变趋势；其次，根据现有文献建立理论分析框架，利用微观调查数据对家庭背景、家庭对子女的人力资本投资与代际流动性的关系进行分析，并从子代人力资本发展的角度对背后的机制进行检验，为理解代际流动性的早期决定提供证据；最后，对子代早期人力资本发展差异进行分解分析，进一步加深对代际流动性和不平等的代际固化的认识。具体来说，本书的主要研究内容有四点。

第一，代际流动性的测度。主要分三个方面从描述性统计上对本书研究的问题有一个总体的认识。首先，利用中国家庭营养与健康调查（China health and nutrition suruey，CHNS）数据对我国 1989～2011 年的代际流动性趋势进行分析①。其次，对比 CHNS 数据和 CFPS 数据对我国代际收入流动性和代际教育流动性进行分析。最后，利用 CFPS 数据对我国代际流动性的群体和区域差异进行分析。通过对我国代际收入和教育流动性的详细刻画，为本书的主要分析内容提供事实基础。

第二，家庭教育背景、家庭对子代的人力资本投资与子代早期人力资本发展。在文献研究的基础上，通过归纳分析，在经典的贝克尔和汤姆斯（Becker & Tomes，1979，1986）代际流动模型基础上，结合库尼亚和赫克曼（Cunha & Heckman，2007）的新型人力资本理论构建理论分析框架，从家庭对子女进行人力资本投资的角度解释家庭教育背景对子女早期人力资本发展的影响机制。在理论分析的基础上，结合微观调查数据对家庭教育背景如何影响子女的人力资本发展进行实证分析，为理解代际流动性的早期决定机制提供证据。此部分的实证研究主要分为两步。

第一步，研究家庭教育背景与子代人力资本发展的因果影响效应：此部分实证分析主要是实证分析父亲和母亲的教育程度背景对子女人力资本发展的总体影响和初步决定机制。本部分利用 1986 年实行的九年义务教育构建工具变量对内生性进行处理。此部分的实证研究为理解代际流动性的早期决定机制提供了直接证据。

第二步，研究家庭教育背景、父辈对子代人力资本投资与子代早期人力资本发展的关系：此部分实证分析主要从微观家庭角度探讨影响代际流动性的机制。根据代际流动性理论，此部分重点分析家庭教育背景异质性条件下，父辈对子代的人力资本投资对子代认知能力和非认知能力发展的

---

① 由于收入具有明显的生命周期特征，为了计算得到稳健的收入代际弹性数据，需要长期的跟踪调查得到的面板数据。CHNS 数据是微观调查数据中较为重要的数据，且其最大优势是提供了长期的追踪信息，其从 1989～2011 年长达 22 年的时间跨度是其他数据不具备的重要特征，因此，本书主要利用 CHNS 数据进行代际流动性的时间趋势分析，并结合相对较新的 CFPS 数据进行对比分析。此外，本书在分析代际流动性早期决定机制时使用的是 CFPS 数据基期 2010 年以及后续跟踪调查数据并结合了最新公布的中国教育追踪调查（CEPS）数据，这两个数据库提供了足够丰富的对儿童早期人力资本发展以及家庭对子代早期人力资本投资的数据。代际流动的特点以及家庭对子代的代际影响具有较强的社会阶段属性，并不会在短期内发生较大变化，因此，本书基于过去十年的数据得到的结论仍然具有一般现实意义。

影响。这里家庭对人力资本的投资既包括物质投资也包括时间投资。同时，除了考虑当期投资的影响外，本书也对更早期人力资本投资对子女当期认知能力和非认知能力的影响进行了进一步研究。该部分的实证分析为理解代际流动性的早期决定机制提供了进一步的证据。

第三，子代人力资本发展不平等的分解。在上述研究的基础上，重点对子代早期人力资本发展差距进行分解，探究家庭背景在子代人力资本发展差距中扮演的角色。首先，本书对高家庭教育背景和低家庭教育背景的子代人力资本发展差异进行分解，研究具有不同家庭教育背景的子女，其认知能力和非认知能力发展差距的禀赋效应和回报效应。其次，本书对子代人力资本发展的城乡差异以及由于迁移带来的不同群体（农村留守儿童、农村流动儿童和城镇儿童等）之间的差异进行分位数分解，进一步探究家庭教育背景和家庭人力资本投资对子代早期人力资本发展的影响。

第四，共同富裕目标背景下政策的影响分析。在上述研究的基础上，分析共同富裕目标背景下在代际流动性早期决定中政策的影响。首先，本书对收入不平等和代际流动性之间的关系进行刻画，并进一步分析不平等对代际流动性的影响。其次，分别从国际国内的相关儿童早期发展项目的实施和评估的总结梳理，探索政策如何从儿童早期发展角度更加低成本高回报地缓解收入不平等在代际的传递问题。

第2章

代际流动性及其决定的
相关研究进展

　　不论发展中国家还是发达国家，代际流动性都是一个非常重要的问题。代际流动性问题也一直是经济学和社会学所关注和研究的热点，当前学界对于代际流动性问题的研究文献丰富。国外学者较早就开始了对代际流动性问题进行研究，从研究内容和角度上看，大致可以分为如下三类：一是关于代际流动性度量的研究，包括收入的代际流动性、职业的代际流动性以及人力资本（教育）的代际流动性；二是关于代际流动性的影响机制的理论研究，探讨代际流动性变化的原因；三是对代际流动性的影响机制的实证研究，通过不同的方法对代际流动性背后的影响机制进行检验。学界对中国的代际流动性问题的研究内容和思路也基本上覆盖以上三个方面，并同时结合中国的实际情况进行研究。同时，自库尼亚和赫克曼（Cunha & Heckman，2007）提出基于技能的形成技术的新人力资本理论以来，研究从子代早期人力资本发展角度研究代际流动性的文献也开始大量出现。因此，本书的文献梳理部分重点围绕代际流动性的测量、代际流动性的理论机制、代际流动性机制的实证检验、儿童早期发展以及中国的代际流动性相关研究五个方面展开，最后对现有文献进行评述。

2.1 代际流动性相关研究

2.1.1 代际流动性的测度

在对代际流动性进行测度的研究方面，社会学文献主要从职业以及社会阶层地位的角度对代际流动性进行测度（卢盛峰等，2015），而经济学文献则重点从个人收入和人力资本（如教育和健康）的角度测度代际流动性。王学龙和袁易明（2015）认为，对代际流动性的测量方法主要有三类：第一是利用姓氏分析方法对代际社会地位流动性进行测度；第二是使用社会流动表方法来测度社会经济地位的代际流动性；第三是通过计算代际收入/教育弹性来测度收入和教育的代际流动性。其中，姓氏分析主要被用于分析长期的社会阶层流动性，目前使用姓氏分析代际流动性的文献较少（Clark & Cummins，2015）。社会流动表分析主要是社会学中使用职业和相对收入等指标划分社会阶层，然后用社会流动矩阵来分析代际流动性。部分学者采用社会流动表分析方法分析了中国改革开放以来的代际流动性演变，其中，霍尔和彭卡韦尔（Khor & Pencavel，2010）发现中国在20 世纪 90 年代初期社会流动性较高，而 20 世纪 90 年代后期到 2002 年中国的社会流动性下降；李路路和朱斌（2015）的研究则发现，我国社会流动性总体上逐步提升，但代际传承在各个时期仍是社会流动的主导模式。以上两种方法主要是从社会固化的角度来分析代际流动性，而经济学文献在研究代际流动性问题时，则主要关注个体的经济发展情况，例如收入和教育的代际流动性。因此，经济学中对代际流动性的测度方法也主要是对代际收入或代际教育弹性的估计，本部分重点回顾和梳理代际收入弹性的测度。

代际收入弹性的测度方法最早可以追溯到计量经济学中"回归"这一概念的提出。英国统计学家高尔顿（Galton，1886）在研究父母特征（主要指身高）向子女特征的传递时，提出了一阶自回归的方法，即：

$$y_{it+1} = \beta y_{it} + \varepsilon_i \tag{2.1}$$

其中，y_{it+1}表示子女身高，y_{it}表示父亲身高，ε_i为随机误差项。高尔顿（Galton，1886）的研究表明子代的身高分布会以一种向中心回归的方式出现。20世纪70年代后，随着大量关于收入等的微观调查数据以及统计数据的出现，经济学家开始使用这一模型分析代际收入的"回归"问题，这里的代际收入弹性系数β则被用来衡量代际收入流动性。当然，在该项研究开始之前，对代际收入的线性回归假定只是一种比较直观的假设，并没有经济理论上的含义。直到贝克尔和汤姆斯（Becker & Tomes，1979，1986）提出了代际流动性理论，才为这一统计学公式赋予了经济学内涵，并进一步地丰富了该表达式的内在意义。同时，这一阶段也是更高质量微观经济数据频繁出现的开始，于是大量基于代际收入弹性测度的关于代际收入流动性的研究开始出现。但是，在利用一阶自回归模型对代际收入弹性进行估计时，对收入的准确衡量方面存在两个主要的问题：一是永久收入无法观测；二是存在生命周期偏误。一般的微观数据往往只能获取单期或者短期收入，其方差大于永久收入方差，导致代际收入弹性的最小二乘估计量存在偏误（Solon，1999）。此外，根据生命周期理论，短期收入随着年龄增长呈现倒"U"型趋势。收入周期性变动导致的代际收入弹性估计偏误称为生命周期偏误。因此，在测量代际收入弹性时，必须考虑由于永久收入无法观测以及生命周期偏误而带来的测量误差。因此，之后的大量文献对代际弹性基准估计模型进行了改进，其中，具有较大影响力的主要有四类：第一，索伦（Solon，1992）将父代和子代年龄和年龄的平方引入估计方程，将父代和子代年龄引入估计方程后，可以部分解决由于收入测量年龄段不同而不同所带来的估计偏误，此模型也在很长时间内作为估计代际收入弹性的标准估计方法；第二，在简单最小二乘估计方法的基础上，索伦（Solon，1992）提出了工具变量估计来解决父亲收入的衡量误差，如果对收入的测度存在衡量偏误，那么简单最小二乘估计结果将是有偏的，因此，两阶段工具变量回归可以一定程度上解决这种偏误。文献中一般利用父亲教育或父亲社会经济地位作为父亲收入的工具变量进行两阶段估计；第三，马祖姆德（Mazumder，2005）、海德尔和索伦（Haider & Solon，2006）提出了收入的测量误差模型，他们将收入的测量误差分解为对子代收入和持久收入之间的差距所造成的测量误差和对父代收入的测量误差两部分，进而结合具有更丰富跟踪信息的行政数据对代际收入弹性进行估计；第四，在克拉克（Clark，2015）指出一般的简单最小二乘估计会由于忽略父代的潜在社会经济地位而造成结果偏误后，沃斯特斯（Vosters，2018）、沃斯特斯和尼博姆（Vosters & Nybom，2017）在卢博茨基和维滕贝格（Lubotsky & Wittenberg，2006）的基础上提出使用有最小衰减估计的卢博茨基和维滕贝格（Lubotsky & Wittenberg）估计方法对代际收入弹性进行估计。

由于数据的原因，早期西方国家对代际收入流动性方面的测量研究较少，而自贝克尔和汤姆斯（Becker & Tomes，1979）提出代际流动性理论以及相应数据和方法进一步发展后，西方国家对代际流动性的测度研究进展迅速。马祖姆德（Mazumder，2005）利用代际简单回归方法通过计算得到美国的代际收入弹性为0.6，同相关对美国的研究相比，这一结果表明美国的代际流动性处在一个比较低的水平。其他国家的研究方面，雷（Leigh，2007）利用澳大利亚 HILDA 数据测算澳大利亚的代际收入弹性为0.2，略高于北欧国家。福格尔（Vogel，2006）利用德国数据测得德国的代际收入弹性为0.24。扬蒂等（Jantti et al.，2006）利用多国数据对部分发达国家的代际收入弹性进行了测度，发现美国代际收入流动性最低，而芬兰、瑞典和丹麦的代际收入流动性最高。

随着大量大范围的微观调查的开展以及部分国家行政登记数据的开放，对代际流动性的测度有了更好的数据基础，同时，对代际弹性测度方法也有了进一步改善。因此，近年来对代际流动性的测度也有了新的进展。其中，克拉克（Clark，2015）认为简单且基于收入的代际弹性估计会忽略潜在的家庭社会经济地位的影响。因此，他从姓氏的角度出发重新估计了美国的代际收入流动性，发现美国的代际收入弹性在0.6以上，远高于一般研究的0.3~0.4的水平。而柴提等（Chetty et al.，2014）采用美国的行政登记数据，同时从父子的收入对数弹性和收入百分位弹性的角度对美国的代际流动性进行了测度，计算结果发现美国过去30年的代际收入弹性约为0.34，以往研究高估了美国的代际收入弹性。在此基础上，沃斯特斯和尼博姆（Vosters & Nybom，2017）利用卢博茨基和维滕贝格（Lubotsky & Wittenberg，2006）提出的方法，在考虑了父辈的潜在经济社会地位后对瑞典和美国的代际收入弹性进行了估计，发现在考虑父辈潜在社会经济地位后，代际收入弹性相对于单纯的代际收入弹性来说确实有所提高，但并没有到克拉克（Clark，2015）计算出的那个地步。对比研究发现，瑞典的代际收入弹性为0.26，而美国为0.43。

现有文献除了对代际收入弹性进行测度外，也有部分文献从代际教育弹性测度的角度研究了教育的代际流动性问题（Hertz et al.，2007；Fan et al.，2021；Chetty et al.，2014）[1]。赫兹等（Hertz et al.，2008）对多国的代际教育弹性的估计发现，代际教育流动性仍然在北欧国家最高，西欧和美国次之，南美国家则最低。尽管拉美国家的整体代际教育流动性较低，但内德霍夫等（Neidhöfer et al.，2018）对拉丁美洲18个国家的研究发现，拉美地区整体的代际教育流动性在过去50年内在不断提高，说明整体代际流动性在提高（平均代际教育弹性从20世纪50年代的0.6左右降低到20世纪80年代的0.4～0.45左右）。不过，现有文献除了对代际教育弹性进行测度外，更多的是对人力资本（教育与健康等）的代际传递特别是其因果识别进行研究（Lundborg，2014；Huang，2015）。而哈努谢克等（Hanushek et al.，2021）则分析了认知能力的代际传递。有关父辈教育对子代的人力资本发展影响及其机制的研究，布莱克和德弗勒（Black & Devereux，2011）对主要文献进行了综述，从理论和实证两个方面对过去有关代际流动性相关的研究进行了总结。莫格斯塔德和托斯维克（Mogstad & Torsvik，2021）则在布莱克和德弗勒（Black & Devereux，2011）的基础上，分别从代际流动性的测度方法、影响代际流动性的家庭和基因因素以及代际流动性中的因果识别三个方面的研究进行了总结性分析，提出只有将理论、方法和实证研究证据结合起来，才能更加清晰地理解代际流动性问题。而本章接下来也从这几个方面来梳理与代际流动决定和影响因素的相关研究进展。

2.1.2　代际流动性的传导机制：理论研究

相对于代际收入和教育弹性进行测度，代际流动性研究领域更重要的关注点则是收入和人力资本代际传递的因果识别和背后的机制分析（Solon，

---

[1]　社会学的研究中则重点关注代际职业流动性和经济社会地位的流动性（Björklund & Jäntti，2000）。

1999）。在对决定代际流动性的机制研究中，从人力资本的代际传递和子代人力资本发展的角度来解释代际流动性问题成为现有文献的重点研究内容（秦雪征，2014）。围绕着人力资本的代际传递和子代人力资本的发展对代际流动性影响，学界分别从家庭因素、社会因素以及制度因素等角度进行了研究和探讨（Cholli & Durlauf，2022）。

1. 家庭背景与代际流动性

人力资本理论认为，收入的代际流动与人力资本积累和投资有着密切的关系（Becker，1993）。父代的家庭或个人收入和自身的人力资本水平通过两种方式影响子代收入：一是基于基因的遗传效应这一先天决定因素；二是基于父母后天对子女的培养和影响这一后天决定因素。对后者来说，也存在两种渠道：一方面父代的收入和人力资本会影响其对子代的人力资本投资，从而影响子代人力资本和子代收入；另一方面父代的人力资本可以产生示范效应或者学习模型（role model），通过言传身教提升子女的人力资本发展和进入劳动力市场后的收入水平。贝克尔和汤姆斯（Becker & Tomes，1979）在综合考虑先天遗传和后天培养等因素的基础上，首次提出了基于人力资本理论的代际流动模型。他们的基础模型表明，子代的收入受父母对子女的投资、子女遗传到的禀赋（基因、家庭声望、家庭氛围等）和市场运气的影响。

进一步地，贝克尔和汤姆斯（Becker & Tomes，1986）对之前的模型作了进一步的扩展和改进，将个体禀赋纳入人力资本函数中，并考虑政府投资的影响。扩展后的代际流动性模型假设人力资本投资的回报率是递减的，而且财富的回报率不变，在这一前提条件下，父母除了对子女进行人力资本投资这一渠道来影响子女人力资本和收入以外，还可以通过直接的财富转移来提高子女的效用。贝克尔和汤姆斯（Becker & Tomes，1979，1986）的早期代际流动理论模型只考虑了两期的单孩子家庭，没有考虑生育选择、婚姻匹配等因素的影响。在他们的理论模型中，子女是被动地接受投资而不存在互动，同时父母的信息是完全的，父母对子女的时间投入也未被考虑进去。另外，对不同阶段子女的投资效率也被默认为一样的，这些过于严厉的假设方便了理论模型的建立，也为后来理论的扩展提供了可能。

索伦（Solon，2004）将贝克尔和汤姆斯（Becker & Tomes，1979，1986）的理论模型进行了扩展，并让理论模型更加贴近实际，从而使得基于收入的对数的代际收入回归被广泛应用。其模型主要通过家庭资源约束、子代人力资本发展、遗传的决定和子代收入决定四个方程来对代际流动性决定机制进行刻画。通过理论模型可以得出如下结论：遗传因子越大，人力资本投资效率越高，人力资本回报率越大，政府对人力资本投资累进性系数越小，则代际收入弹性也大，代际收入流动性越低。索伦（Solon，2004）扩展后的代际流动理论模型表明，子代对禀赋的继承、人力资本投资效率以及人力资本回报提高了代际收入弹性，而公共人力资本投资则降低了代际流动弹性。索伦（Solon，2004）的模型在实证研究的应用方面，除了可以对代际收入弹性进行测度之外，同时也可以被用来刻画代际收入流动性的时间变化趋势。

此外，李和塞沙德里（Lee & Seshadri，2014）则将贝克尔和汤姆斯（Becker & Tomes，1979，1986）的两期理论模型扩展为多期，并同时将父代对子代的时间投入也纳入分析框架。在扩展后的模型中，父母决定对子女人力资本方面的物质和时间投入，且这种投入是跨越多个阶段，过去投资的效率会影响到当下或未来的投资。同时，父母也会为子女留下遗产。这个理论模型可以联合解释生命周期的代际收入弹性、代际教育弹性和代际财富弹性。李和塞沙德里（Lee & Seshadri，2014）的研究发现，在决定代际流动性的诸多因素中，对子代的人力资本投资仍然是最重要的因素。

部分学者（De Nardi，2004；Restuccia & Urruttia，2004；Caucutt & Lochner，2012；Cunha & Heckman，2007；Heckman & Mosso，2014）从人力资本投资的阶段性、早期人力资本投资和晚期人力资本投资的互动以及父代的资本约束情况构建理论模型研究了人力资本投资在代际流动性中的重要作用。主要的结论是早期的人力资本投资要比晚期的干预重要得多。库尼亚和赫克曼（Cunha & Heckman，2007）建立了一个以子代人力资本发展为主的能力形成理论模型（the technology of skill formation），研究代际流动性的传导机制。不同于传统的经济学和社会学中对政策和干预进行评估的方法，他们的模型并不仅仅依赖于成本效益分析、福利的货币性衡量以及效用评价。他们关注的是社会为人们提供的机会，他们将研究的重点放到儿童发展过程中的技能形成，采用认知能力和非认知能力而不是教育水平来作为人力资本的代理。库尼亚和赫克曼（Cunha & Heckman，2007）等的理论模型和相关实证研究（Heckman，2004；Heckman & Mosso，2018）表明，能力是具有可塑性的，特别是在儿童发展的早期，这种可塑性非常明显，也就是说，代际流动性很可能是在一个人的早期就开始受到了较大的影响，这部分的文献本书将在下一节进行专门梳理。

2. 社会环境与代际流动性

家庭因素一般被认为是影响代际流动性的最主要因素，贝克尔和汤姆斯（Becker & Tomes，1979，1986）代际流动模型以及其后续发展也都主要从对家庭因素的分析出发。但是，除了家庭因素以外，家庭所处的社会环境以及子代成长的社会环境也会通过与家庭因素产生互动的形式对代际流动性产生影响（Benabou，1996a，1996b；Durlauf，1996，1997，1999，2006；Hoff & Sen，2005）。其中，比较重要的是杜尔劳夫（Durlauf，1999）将贝克尔和汤姆斯（Becker & Tomes，1979）和洛里（Loury，1981）的基于家庭的代际流动模型进行了拓展，考虑了社区和家庭因素的互动。杜尔劳夫（Durlauf，1999）的模型分析了收入不平等在代际的传递以及社会因素在其中发挥的作用。这里主要有三个方面的原因：首先，基于社会网络理论榜样的带动作用，所处社区的平均家庭背景情况以及父母对子女的投资偏好可能会影响个体的行为，斯特鲁弗特（Streufert，2000）对这一机制也进行了进一步阐述。其次，阿克洛夫和克兰顿（Akerlof & Kranton，2002，2008）进一步发展了个体的自我实现和自选择问题。假设个体教育选择的一个作用牵涉到他如何将自身身份与社区其他人联系在一起。这部分理论也与家庭内部的资源分配和子女的自身禀赋效应相联系。当社区中的子代看到其他人的人力资本回报时，他可能会对自我有更高的要求和期望，从而达到自我人力资本实现更高的发展，而进一步获得更高的劳动力市场回报，从而部分超越家庭的影响。最后，由于社区隔离所造成的信息的传递障碍。杜尔劳夫（Durlauf，1999，2006）的研究表明社会环境和家庭因素能互相影响从而进一步强化了单独因素对代际流动性的影响效应。社区的隔离会导致穷人与富人之间的隔离，这种隔离一方面造成了信息获得的不平衡，另一方面强化了家庭因素对子女的影响。柴提等（Chetty et al.，2014）的研究也表明，美国各州之间存在较大的代际收入流动性差异，而这些差异一定程度上可以被社区之间的隔离及其他社区因素所解释。这从另一个角度为社区因素对代际流动性的影响提供了直接证据。而在人口流动巨大的现代社会，人口的自由流动也会造成环境的改变从而影响代际流动（Ward，2022）。

3. 先天与后天之争

收入或者教育在代际中进行传递的另一个重要影响因素就是遗传，也就是基因的传递。教育程度高，收入高的父辈可能其自身基因方面蕴藏的能力就比其他人要高，因此，除了后天的家庭因素、社会因素等的影响，这种能力方面基因的传递也会直接影响到代际流动性。克拉克（Clark，2015）从姓氏的角度出发，研究了精英学校里面姓氏的传递性。他认为基于收入出发的代际收入弹性并不能完全反映代际流动性，代际收入弹性由于忽略了一些潜在反映经济社会地位的因素而高估了代际流动性，而这忽视的因素中，基因这一遗传因素就可以解释主要的部分。而基因对代际流动性的影响主要还是通过智力等会影响子女劳动力市场表现的指标来实现的。对于基因在代际流动性中作用的分析，即对个人发展的先天影响效应和后天影响效应的对比分析。这方面的研究行为遗传学将个人智力（IQ）分解为自然遗传和后天养育，经济学研究主要利用双胞胎和收养数据以及兄弟之间的相关性来研究这种先天和后天的差异。比约克伦德等（Bjorklund et al.，2007）利用瑞典的双胞胎、亲兄弟以及领养的兄弟等数据，研究了先天和后天因素在代际流动性中的影响作用。他们假设收入方差主要受到个体基因、共同环境以及个体特殊环境三个因素的影响，根据瑞典的数据，他们研究的结论是基因在代际的传递对代际流动性的影响比环境更重要。但是他们的研究基于两个条假设存在一定主观性，而且他们的分析模型中未被解释的部分仍占主要部分，因此基因和环境的重要性仍然没有得到一致结论。而且，随着近年来研究的进一步深入，部分文献认为基因和环境是相互作用的，即基因可以改变环境对代际流动性的影响，例如，贝克尔和汤姆斯（Becker & Tomes，1986）及后来的代际流动模型都一致认为父母更倾向于对智商更高的子女进行投资；同时，环境也可以改变基因，例如，诺布尔等（Noble et al.，2015）的研究就表明，后天环境会影响早期儿童的大脑结构，从而影响未来一系列的人力资本发展和劳动力市场表现。

2.1.3 代际流动性的影响机制：实证与方法

对代际流动性的测度只是对结果变量的一种客观上的衡量，是一种统计上的描述性结果，而不涉及因果推断。但是对代际流动性的影响机制进行研究时，最大的挑战也是因果推断。现有文献对代际流动性的影响机制分析的实证分析方面，主要有对代际收入弹性的分解、对兄弟相关性/邻居相关性进行分析、使用双胞胎数据/领养数据和使用自然实验或工具变量方法进行研究，其中后两种方法也是涉及因果推断时最常用的方法。

1. 代际收入弹性的分解

对代际流动性影响机制的分析，比较直接的一种方法就是对代际收入弹性进行分解，考察重点关注的中间变量在代际收入传递过程中发挥的作用。对代际收入弹性进行分解的方法主要是分析所估计的代际收入弹性能多大程度上被所关心的中介变量所解释。鲍尔斯和金蒂斯（Bowles & Gintis，2009）认为可以将代际收入弹性分解为间接效应和直接效应。其中，直接效应为在排除了所关注的中间影响因素后，父亲收入对子代收入的直接影响效应，而间接效应则为父代收入通过所关注的这个或多个中间变量对子代收入的影响效应。在研究代际收入流动性时，这里的中间变量一般为职业、人力资本水平（如教育程度）或智商等因素。而在研究代际教育流动性时，这里的中间变量一般为早期的人力资本水平或智商等因素。鲍尔斯和金蒂斯（Bowles & Gintis，2009）的研究发现智商和以教育水平为表征的人力资本可以解释代际收入弹性的60%。人力资本的代理指标除了教育程度之外，可度量的个体的能力也是一项重要指标。布兰登等（Blanden et al.，2007）就采用英国数据研究了非认知能力这一中间因素对代际收入弹性的解释度，他们的研究发现非认知能力确实对代际收入流动性有较大影响，但遗憾的是并不能区分出先天还是后天因素在起主要作用。在人力资本之外，部分文献也关注了家庭资源的中介影响。莱夫格伦等（Lefgren et al.，2012）在贝克尔和汤姆斯（Becker & Tomes，1986）的理论基础上，将代际收入弹性分解为教育的影响和家庭资源的影响。他们利用一系列特殊的工具变量对瑞典的数据进行了分析，研究发现，代际收入弹性只是很少一部分取决父亲的经济资源，而较大程度上决定于父亲的教育水平。另外，部分学者也从教育体系的中介效应出发，用分解的方法研究了教育体系对代际流动性的影响（Holmlund，2018；Blanden，2009）。

2. 对兄弟姐妹相关性/邻居相关性的分析

除了对代际收入弹性进行因素分解之外，对兄弟姐妹或者邻居的收入和人力资本的相关性的分析也是研究代际流动性影响机制的常用方法。通过分析兄弟姐妹之间的人力资本或收入的相关度可以判断家庭因素对子女结果变量（收入或人力资本）的贡献程度，而通过对邻居之间的人力资本或收入的相关性分析可以判断社区因素对子代结果变量的贡献度。这种基于兄弟姐妹或邻居的相关度分析可以从整体上分析某个重要因素对代际流动性的总贡献度。索伦等（Solon et al.，1991）和马祖姆德（Mazumder，2008）使用这种方法对美国的代际流动性进行了研究，发现兄弟之间永久收入的相关性为 0.45 ~ 0.5，说明家庭因素可以解释代际收入流动性的一半左右。通过其他国家或者国家间对比研究的文献（Bjorklund et al.，2002；Schnitzlein，2014）发现，德国得到了和美国比较接近的结果，而北欧国家家庭因素的解释度则要低得多。施尼茨莱因（Schnitzlein，2014）对丹麦的研究发现，兄弟之间的收入相关度只有 20%。此外，对于教育程度在兄弟之间的相关度，现有文献发现一般来说其比收入之间的相关度要高得多。索伦等（Solon et al.，2000）和马祖姆德（Mazumder，2008）对美国的研究就发现，兄弟之间的教育相关度介于 0.5 和 0.6 之间，表示超过一半的教育程度获得都可以被家庭和社区因素所解释。布莱特曼和史密斯（Bredtmann & Smith，2018）在马祖姆德（Mazumder，2008）的基础上进一步将家庭因素进行细化，发现父母的社会经济背景在所有家庭因素中起主导作用，而家庭其他特征比如家庭结构等也有部分解释力。

3. 双胞胎与领养数据

对代际收入弹性进行分解和基于兄弟姐妹相关度的分析确实可以初步探索代际流动性的影响因素。但使用分解方法和相关度分析方法对理解代际流动性的决定机制上还存在一定的不足。一方面这两种方法都无法区分先天和后天因素的影响；另一方面也无法解决分析过程中遇到的涉及其他中介变量的内生性问题。因此，这样无法厘清先天和后天因素的影响效应，也可能会造成由于遗漏变量或其他内生性无法控制而带来的结果偏误。而先天和后天因素的区分问题实际上也是一种内生性问题。经济学对于内生性问题的解决主要有两种思路：一种就是进行随机实验；另一种就是利用自然发生的一些事件作为工具变量进行分析。社会科学几乎无法完成类似于自然科学中那种控制所有因素相同，仅让一个因素变化的实验，但在分析代际流动性问题时，双胞胎和领养数据为近似达到这一要求提供了可能。现有文献也多采用双胞胎或者领养数据来分析代际流动性问题中涉及因果推断的部分。贝尔曼和罗森茨威格（Behrman & Rosenzweig, 2002）利用美国某州的双胞胎数据对代际流动性进行了研究，研究结论发现，父亲对子女影响的代际教育弹性为 0.47，这一结果可以被认为是排除了先天遗传等不可观测因素后父亲教育对子女教育的因果效应。彬格莱（Bingley et al.，2009）使用丹麦的双胞胎数据，研究发现代际教育弹性会随着时间的变化而变化。出生于 1945 年前的个体，父亲教育对其教育获得没有显著影响，而母亲教育有显著影响；出生于 1945 年以后的个体，父母教育的这种影响效应则刚好相反。此外，领养数据也可以分析先天因素和后天因素对代际流动性的影响。如果后天因素比先天因素要重要，也即环境因素在子女发展过程中扮演更重要的角色，那么收养的孩子和亲生孩子之间的代际收入和教育弹性应该比较接近（Björklund et al.，2007）。萨塞多特（Sacerdote，2007）利用韩国的一项数据研究表明，领养孩子与母亲之间的代际教育弹性仅仅为 0.09，而这一数值在亲生孩子那里是 0.3 以上，因此说明先天因素比后天环境的影响更为重要。但这里可能有潜在的父母并不会将亲生子女和收养子女同等对待的问题，因此直接这样的分析得到的结果可能是有偏的。也有研究用中国的收养数据研究了母亲教育对子女健康的影响，发现对于子女发展来说，母亲教育确实存在着后天的养育效应（Chen & Li，2009）。

4. 工具变量和自然实验

由于双胞胎数据和领养数据在现实中并不是很容易获得，而且也存在一些其他遗漏变量所带来的估计偏误，因此现有文献在进行代际影响的因果推断时，利用现有的自然实验和工具变量的方法进行估计更为常见。这方面的研究往往是利用现实中自然发生的一些事件或者政策等外生冲击作为内生变量的工具变量从而获得一致的估计。这方面的文献大致有这样三类：第一是分析各国的义务教育改革对代际教育弹性的影响；第二是通过外生的收入冲击研究父代收入对子女的影响；第三是评估特定的公共政策或福利项目对代际流动性的影响。对于第一类研究，现有文献一般是以某国的义务教育改革作为父代教育程度的工具变量，从而研究父代教育对子女教育及其他方面发展的影响。

例如，布莱克（Black et al.，2005）对挪威的研究显示，工具变量结果说明父亲教育对子女教育之间没有显著的影响效应，而哈瓦里和萨维尼亚戈（Havari & Savegnago，2016）运用美国的义务教育改革作为工具变量研究发现，父亲教育对子女的教育有显著正向影响，且这种影响在低社会经济地位的家庭更加明显。迪克森等（Dickson et al.，2016）利用美国的义务教育改革研究了父亲教育对子女早期人力资本发展的影响，研究发现，父亲教育显著影响了子女 4 岁和 16 岁时的人力资本水平。居内什（Güneş，2015）分别利用中国和土耳其的义务教育法研究了母亲教育对子女健康的影响。同时，也有研究（Chen et al.，2017）利用中国的农业税改革这一外生政策时间研究了家庭收入对子女健康的影响。不同的结论可能在于不同国家的不同情况，也可能来源于将义务教育改革作为父辈教育工具变量的合理性。霍尔姆隆德（Holmlund et al.，2011）就对比了利用义务教育改革作为工具变量和使用双胞胎数据在估计代际流动性影响因素方面的差异。对于第二类研究，主要是利用外生的天气变化以及经济大环境变化而带来的收入冲击研究父辈收入对子女的影响。雷格（Rege et al.，2007）利用挪威的一项调查数据研究了父亲由于外生环境变化而失业时，这种失业的冲击对子女的影响，他们研究发现，父亲失业显著降低了子女的学业成绩。而洛肯（Loken，2010）利用石油繁荣带来的家庭收入的上升这一外生冲击研究了家庭收入对子女发展的影响，研究结果表明由于石油价格上升带来的家庭收入的增加并没有显著影响子女的学业成绩。但对于失业以及石油价格变化导致的父辈收入变化对子女的影响可能也有其他除了收入之外的解释因素。赵颖（2016）就利用 20 世纪 90 年代我国国企改革导致的大量工人下岗研究了父母失业对子女教育的影响，研究发现，由于失业带来的家庭资源的减少和家庭内部风险的代际传递会对子女的教育同时起到影响作用。

对于第三类研究，主要是利用公共政策或福利项目对家庭环境或社区环境的影响，从而研究这类外生的冲击对子女的代际传递效应。例如，柴提等（Chetty et al.，2016）利用美国的一项机会搬迁计划（MTO）研究了社会环境对代际流动性的影响，他们根据美国的一项随机抽取部分穷人家庭迁移居住到富人社区居住的福利政策，研究了这个项目对下一代的长期影响。研究结论表明，低经济社会地位的家庭在搬迁到社区环境更好的地方后，子女在成年后的收入会显著提高，表明社区因素对代际流动性确实有显著的影响。关于美国一项著名的干预项目开端计划（The head start project）的评估也表明，对父辈的外生干预显著提高了子代的人力资本发展。戴明（Deming，2009）以及路德维希和米勒（Ludwig & Miller，2007）的研究表明，开端计划通过对父母提供早期育儿方面的帮助，显著提高了子女的智商测试得分（IQ）和学习成绩，尽管这种影响在子女 10 岁以后开始不显著。

当然，除了上述三种方法外，在对代际流动性背后的机制分析方面，还有很多其他重要方法，主流文献使用比较多的有结合面板数据和附加值模型（value-added）的累积附加值模型（CVA）方法和结构方程估计方法。例如，德尔波诺等（Del Bono et al.，2016）利用 CVA 模型研究了母亲对子女的人力资本投资对子女非认知能力的影响，而也有研究则利用结构方程估计方法研究了父母收入如何通过影响其对子女的投资从而影响了子女人力资本发展（Lugo-Gil & Tamis-LeMonda，2008）。对于代际流动性背后的机制分析，对数据和方法的要求较高，而随着对机制分析的进一步深入，对机制的分解也更加细致和多元化。因此，在研究方法方面，还需要根据具体情况和数据具体选择。

2.2　子代早期人力资本发展相关研究

以上对代际流动性影响机制的研究中主要的一个因素就是人力资本，

而传统的研究人力资本这一影响机制时一般用教育程度作为人力资本的代理，而较少关注人力资本自身的生产过程。近年来，学界对人力资本角度的代际流动性影响因素的研究开始转向对人力资本产生过程的关注，而且除了教育程度之外，赋予了人力资本更丰富的内涵。对人力资本特别是早期人力资本的研究重点集中在了能力的形成和发展（Heckman，2007；Kautz et al.，2014）。这一以能力形成为核心的新型人力资本理论为研究代际流动性及其影响机制提供了新的思路。首先，该理论提出从多阶段的视角去分析人的发展并发现了儿童早期是能力积累的关键时期；其次，相对传统的以健康、教育水平和培训等指标来衡量人力资本，它提出了技能的多样性，主要以认知能力和非认知能力为代表；最后，相对于传统人力资本理论中父母对子代人力资本的物质以及时间投资而言，它提出了多样的投资形式，并且开始关注多种投资形式之间的互动效应。

2.2.1　早期人力资本发展理论

早期的经济学文献认为人力资本是存在于人力之内的具有经济价值的知识、技能和体力（健康状况）等质量因素之和（李晓曼和曾湘泉，2012）。而在较早期的劳动经济学关于人力资本的研究中由于综合能力的不可观察和难以度量，往往只是简单地用教育程度和健康状况作为人力资本的代理，但教育程度和健康状况仅代表个人能力的一个方面，并不能完全表征个体的人力资本情况。近年来，随着心理学和认知科学的进一步发展以及各微观数据的丰富和细化，对个人能力的测量渐渐成为可能，经济学及相关学科开始重新以能力来对个人的人力资本进行度量和定义，而当前对个人能力的主要分类和定义就是认知能力和非认知能力。库尼亚和赫克曼（Cunha & Heckman，2007）等在前期文献的基础上，发展出了以个人能力的为主体的新人力资本发展理论。

库尼亚和赫克曼（Cunha & Heckman，2007）在经典人力资本理论以及相关实证研究结论的基础上提出了能力的形成技术分析框架来重新研究人力资本的产生过程。他们为理解和探究人力资本这个"黑匣子"提供了一个很好的分析框架。库尼亚和赫克曼（Cunha &Heckman，2007）的能力形成的技术分析框架主要可以表示为：

$$\theta_{t+1} = f^{(t)}(\theta_t, I_t, \theta_{P,t}) \tag{2.2}$$

其中，θ_{t+1} 表示子代的人力资本，θ_t 用来衡量人力资本的自我生产（self-production）和动态互补（dynamic complementarity）效应，I_t 表示对子女的人力资本投资，$\theta_{P,t}$ 代表父母的能力，$f^{(t)}(\cdot)$ 是一个连续可微的函数。这一模型的核心内涵有如下三点：（1）个人能力不再用健康和教育程度代理，这里的个人能力是多维度的概念，主要可以用认知能力和非认知能力来表示；（2）人力资本不再是一个结果变量，而是一个动态发展的积累过程，而且能力的发展存在关键期；（3）对人力资本发展的投资也是多维的，包括物质投资和时间投资等。库尼亚和赫克曼（Cunha &Heckman，2007）的分析框架为后续的系列研究奠定了理论基础。德尔波诺（Del Bono et al.，2016）将基准模型扩展为多子女的模型。对模型的估计方面，库尼亚和赫克曼（Cunha & Heckman，2008）、库尼亚等（Cunha et al.，2010）从认知能力和非认知能力对能力的形成过程进行了实证分析。通过对儿童两个阶段（0~4岁和5~14岁）认知能力和非认知能力形成的研究发现，认知能力和非认知能力可以解释教育获得的34%，能力的自我生产能力在年龄大时作用更大，而且确实存在着能力的动态互补，早期发展的非认知能力会影响到后期认知能力的发展。这些结论和使用政策评估以及认知科学领域得到的结论都是一致的。

2.2.2　早期人力资本发展的决定因素

库尼亚和赫克曼（Cunha & Heckman，2007）提出能力的形成技术对于研究早期人力资本发展提供了一个系统的分析框架，但是，这一分析框架也对研究对象和数据提出了较高的要求。因此，在具体的实证研究早期人力资本发展的文献中，仍然以单一研究某个因素对人力资本的形成影响为主，而这些因素中，最重要的因素就是家庭背景和社会因素。

1. 家庭背景与子代早期人力资本发展

实际上，对家庭背景子代早期人力资本发展的研究开始得比较早，而只是近年来才将重点更多关注到因果推断、人力资本的重新定义以及背后的影响机制上来。具体来看，现有文献主要是在尽量解决潜在内生性的前提下，分析家庭背景是否以及如何影响子女早期的认知能力和非认知能力的发展，而这其中的主要影响渠道就是家庭对子女的多阶段的多维度的人力资本投资（Almlund et al.，2011）。大量研究（Carneiro & Heckman，2003；Cunha et al.，2006；Carneiro et al.，2013；Khanam & Nghiem，2016）发现，成长于不同社会经济地位家庭的个体，其认知能力和非认知能力在很早以前（上小学以前）就体现出了差异性。产生这种差异的原因有许多，最直观的可能就是家庭收入的不同。尽管部分研究发现家庭收入对子女的发展有着显著影响（Violato et al.，2011；Fletcher & Wolfe，2016），不过另外一些研究（Blau，1999；Sacerdote，2007；Gershoff et al.，2010）表明家庭收入对子女人力资本的影响并不是很重要，还需要更多考虑家庭教育背景、家庭对子女的人力资本投入以及家庭教育的影响。所以，在家庭收入以外，可能需要进一步挖掘最直接影响子女人力资本发展的因素。在家庭提供收入影响作用微小的前提下，最主要的两个因素就是基因的遗传以及由于家庭教育背景所引致的家庭对子女的早期人力资本投资的影响（Lugo-Gil & Tamis-Le Monda，2008）。这里父母对子女早期的人力资本投资主要可以分为对子女的物质投资、时间投资，其中，父母对子女的时间投资越来越受到关注。

部分研究（Guryan et al.，2008；Ramey et al.，2010；Gimenez-Nadal & Molina，2013）表明，教育程度较高的父母会倾向于更多地对子女进行时间投资，而德尔波诺等（Del Bono et al.，2016b）的研究也发现父母对子女的时间投入在子女早期人力资本发展中起着重要作用。而除了父母对子女的时间投资外，另一个重要的影响因素就是教育或者潜移默化的榜样作用。教育程度较高或家庭社会经济地位较高的父母其自身的个人能力就很强，出生在经济地位较差家庭的子女会长期暴露在词汇能力接受不够的成长环境，父母缺乏对子女的词汇方面的持续输入（Hart & Risley，1995；Fernald et al.，2013）。大量研究（Cunha et al.，2006；Lareau，2011；Kalil，2013；Heckman & Moon，2014）表明，出生于弱势家庭的子女都面临着一个比较糟糕的早期生长环境，而这也导致了其以认知能力和非认知能力为代表的人力资本发展的落后。库尼亚（Cunha et al.，2013）的研究发现，除了父母对子女的早期人力资本投资，父母由于处于经济社会地位劣势而造成的自身养育知识的缺乏和养育方式的落后，从而影响了子女的发展。以上研究均说明除家庭收入以外，父母的自身能力以及父母对子女的人力资本投资都对子女的早期人力资本发展有着显著的促进作用。同时，子女人力资本发展除了受到这种后天的因素的影响之外，基于基因的遗传效应也会起到作用。而经济学和神经科学领域的研究（Cole et al.，2012；Gluckman et al.，2005；Jablonka & Raz，2009；Kuzawa & Quinn，2009）都表明，基因的传递也并不是完全固定的，优秀基因的表达很大程度上受到了后天环境的影响。且同样有研究发现，能力的遗传性在家庭背景高的家庭更加显著。这也从另一个方面说明了家庭背景对子女早期人力资本发展影响的重要性（Nisbett et al.，2012；Tucker-Drob，2009；Turkheimer et al.，2003）。

关于儿童早期人力资本发展的技术问题，也有大量研究关注。尤德里安（Youderian，2019）分别利用理论模型和实证参数校准研究发现，家庭对儿童的时间投入和对儿童的教育物质投入是互补的，时间投入能够进一步放大物质投入的效果。阿塔纳西奥（Attanasio et al.，2022）对相关文献进行梳理发现，对儿童的物质投入可以显著改善儿童的人力资本发展，但是有时候直接的资源和物质投入的效果可能并不如一些投入成本较低的干预形式，例如家庭的互动、课后的培训和陪伴等。贫困带来的并不仅仅只是资金方面的约束，也会带来养育知识和信息等方面的缺失。

2. 公共政策/福利项目与子代早期人力资本发展

在研究儿童早期人力资本发展的文献中，对于影响因素的研究还是以家庭因素为主，家庭以外的因素则主要集中在对相关公共政策和福利项目的评估。尽管有部分文献（Malamud，2019；Gong et al.，2019；梁超和王赫，2020）考虑了社区和学校对儿童人力资本发展的影响，但由于这类研究对数据的要求比较高，因此并不多。在大量实证研究表明儿童的早期发展至关重要后，一些国家和地区便开始了对儿童的早期和青少年时期进行人力资本发展的干预项目，如美国的家庭护理参与项目（Nurse-Family Partnership）、佩里学前教育项目（Perry Preschool Program）和芝加哥儿童父母中心项目（Chicago Child-Parent Center）等。霍华德和布鲁克斯—冈恩（Howard & Brooks-Gunn，2009）以及奥尔兹（Olds，2006）对家庭护理参与项目进行了评估，他们研究发现，NFP 干预项目通过对年轻母亲的指导和干预显著降低了年轻母亲和其子女的行为风险，提高了子女在 6 岁时候的智商以及降低了子女在 12 岁时出现心理问题的概率，研究的结果表明这项干预措施改善了子女的认知能力和非认知能力。赫克曼等（Heckman et al.，2013）通过对佩里学前教育项目的评估发现，该项目通过对家庭条件较差认知能力较低的孩子进行学前辅导显著提高了其非认知能力。雷诺等（Reynolds et al.，2011）对芝加哥儿童父母中心项目的评估表明，该项目通过对 3 ~ 4 岁的儿童进行阅读、写作和数学技能方面的辅导显著提高了被干预对象的高中毕业率和 13 岁时候的社会情感竞争力（衡量非认知能力的指标之一）。考茨等（Kautz et al.，2014）对这些项目以及其他类似项目的实证研究结论进行了梳理，他们发现尽管各个项目的干预措施和对象都有所不同，但总体来看，对儿童的早期认知能力和非认知能力发展的干预是十分有必要的，而且这一干预进行得越早效果越好，特别是对于出生于低社会经济地位家庭的儿童。此外，以上对项目的评估都只涉及处理效应的识别，并没有涉及更深入一步的机制分析，而库尼亚和赫克曼（Cunha & Heckman，2007）提出能力形成的技术分析框架后，更多的文献开始关注不同类型干预项目对儿童长远发展的影响机制。赫克曼等（Heckman et al.，2013）利用因子方法对佩里学前计划进行了分解分析，他们研究发现该项目正是通过提高了儿童早期的认知能力和非认知能力从而改善了其成年后的健康、教育和收入状况。以上关于部分项目的评估以及现有文献（Elango et al.，2015）对其他类似项目的研究都表明，无条件的收入改善对子女的人力资本和福利等改善作用并不大，而对儿童进行早期的直接干预或对其父母进行干预能够显著改善儿童未来的发展。父母对子女的时间投入、养育方式以及信念等在儿童的成长过程中扮演着重要的作用（Gertler et al.，2014）。

而对于人力资本在代际流动领域的应用问题，戴明（Deming，2022）对相关研究进展进行了总结，提出了四个人力资本的特征事实：一是人力资本可以从很大程度上解释个体劳动力市场的表现；二是在儿童和青少年时期对人力资本进行投资具有非常高的投资回报率；三是人力资本生产函数中有关生产技术（即人力资本投入如何带来人力资本的长期发展）问题已经较为明确，而且家庭资源是主要的限制；四是更高层级的能力（如解决问题的能力和团队协作的能力）越来越受到重视，但对于其产生过程目前的了解还不够。

3. 基于子代早期人力资本发展的代际流动性早期决定

代际流动性反映的是父代对子代的影响，而这种影响是从子代出生一直持续到其进入劳动力市场，而代际流动性的早期决定因素就是子代儿童时期的人力资本发展。根据库尼亚和赫克曼（Cunha & Heckman，2007）及其后发展起来的人力资本理论，儿童早期的人力资本发展对其后期的教育获得以及进入劳动力市场的回报有着重要的长远影响，而这一影响在长期调查数据的分析和诸多随机干预实验项目的评估中都得到了证实。由于早期缺乏人力资本投资从而在人力资本发展方面落后于同龄人，这部分儿童成年进入劳动力市场后也会在各方面的表现弱于同龄人，从而更依赖于家庭，代际流动性更低。阿塔纳西奥等（Attanasio et al.，2020）对印度的研究发现，儿童早期的健康状况和家庭对儿童早期健康方面的投入显著地影响了儿童的认知能力的发展，而且家庭对儿童成长阶段的投入进行得越早这种正向的影响就会越显著。阿里纳斯和辛德里克斯（Arenas & Hindriks，2021）在经典的贝克尔—汤姆斯—索伦（Becker-Tomes-Solon）理论框架基础上，分析了早期的受教育机会对代际流动性的影响，研究发现，不平等的教育机会通过婚姻匹配平均提高了人力资本水平，但是，由于收入的分化，早期的受教育机会不平等会进一步弱化代际流动性。根据卡内罗等（Carneiro et al.，2021）的研究，在父代永久收入一定的情况下，对儿童的投资行为发生得越平衡将越有利于儿童的长期发展，特别是对儿童早期的人力资本投资和后期的人力资本投资同等重要。有研究利用动态一般均衡模型分析了父母对儿童早期人力资本投资对代际流动的影响，发现父母对儿童早期人力资本的投资可以解释将近40%的代际收入流动，说明从父母对儿童早期人力资本投入出发去解决代际阶层固化问题是一个很好的政策方向（Doepke et al.，2019；Yum，2022）。

2.3 / 中国的代际流动性与子代早期 人力资本发展研究

2.3.1 代际流动性的测度与趋势分析

尽管部分研究分析了职业和社会地位的流动性（吴晓刚，2007；卢盛峰和陈思霞，2014；阳义南和连玉君，2015；吕姝仪和赵忠，2015；Emran & Sun，2015），但经济学中关于中国的代际流动程度和趋势的研究主要关注的仍然是代际收入流动性和代际教育流动性（赵红霞和高永超，2016；李任玉等，2017）。在对代际收入流动性进行测度时，除少量文献采取了社会流动表的方法（Chen，2013；李路路和朱斌，2015；王学龙和袁易明，2015）外，绝大多数研究只是通过估计代际收入弹性来对代际流动性进行测度。现有文献根据不同数据采用不同的方法对我国代际收入流动性进行了系列测算，整体结果表明我国代际收入弹性处于较高水平，但具体研究由于数据和方法的不同，所估计的代际收入弹性数值差异很大，而且进一步从性别差异和城乡差异角度出发的异质性分析结果也有所不同。郭丛斌和闵维方（2007）利用 CHIPS 数据使用简单最小二乘方法估计得到我国整体代际收入弹性为 0.3 左右，但由于使用单期数据对收入进行的衡量，因此可能存在向下的估计偏误。部分研究（Zhang & Eriksson，2010）利用同样的数据研究发现这一数值为 0.45，远高于郭丛斌和闵维方（2007）的研究，这也可能是数据处理以及方法不同造成的。也有研究（Deng et al.，2013）使用同样的数据研究发现 1995 年和 2002 年我国城镇居民代际收入弹性分别为 0.47 和 0.53，但这一研究只分析了城镇居民的代际收入流动性。此外，龚等（Gong et al.，2012）的研究同样使用中国居民收入调查数据库（China household income project surveg，CHIPS）数据对我国城镇男性和女性代际收入弹性进行了测算，结论表明我国城镇男性代际收入弹性为 0.6，女性代际收入弹性甚至达到 0.9 以上。以上相关研究也在一定程度上说明代际收入流动性对数据和方法比较敏感。其他数据方面，何石军和黄桂田（2013）使用中国健康与营养调查（China health and nutrition survey，CHNS）数据利用收入均值法对我国不同时期农村的代际收入流动性进行了估计，结果表明我国农村代际收入弹性在 0.35 ~ 0.66。最近研究（Fan et al.，2021）则使用中国家庭追踪调查（China family panel studies，CFPS）数据估计得到我国代际收入弹性在 0.35 左右，以上研究对代际收入弹性的测算主要依赖于 OLS 估计和 IV 估计。而克拉克（Clark，2015）指出，只考虑收入的 OLS 估计和 IV 估计会低估代际收入弹性。秦雪征和王天宇（2014）的研究表明，他们在充分考虑人力资本的直接传导后，基于 CHNS 数据得到的中国代际收入弹性从 0.38 升至 0.48，这一结论和沃斯特斯（Vosters，2018）对美国的研究较为类似。

　　现有文献除了对代际流动性进行测度以外，也较为关注代际收入流动性随时间的变化趋势。尹恒等（2006）利用 CHIPS 数据研究发现在 1998 ~ 2002 年中国城镇个人的收入流动性比 1991 ~ 1995 年显著下降。而陈琳和袁志刚（2012）利用同样的数据研究发现，中国 1988 ~ 2005 年的代际收入弹性先大幅下降而后逐步稳定，城镇代际收入流动性由 1988 年的 0.53 下降到 2005 年的 0.30。何石军和黄桂田（2013）得到了类似的结论，他们利用 CHNS 数据发现，中国 2000 年、2004 年、2006 年和 2009 年的代际收入弹性呈大体下降的趋势，代际收入弹性在这四年之间分别为 0.66、0.49、0.35 和 0.46，徐晓虹（2015）的研究也得到了类似的结论。此外，王海港（2005）利用 CHIPS 数据研究发现我国城镇居民代际收入弹性从 1988 年的 0.35 上升到 2005 年的 0.42，我国代际收入流动性在 1988 ~ 2005 年是呈下降趋势的。陈和考威尔（Chen & Cowell，2017）、李力行和周广肃（2014）的研究也表明，我国父亲收入对子女收入的正向影响不断加强，代际收入流动性在不断减弱，其原因在于人力资本的代际传递日益强化。除了代际收入流动性，也有部分研究关注我国的代际教育流动（李任玉等，2017；胡志安，2022）。其中，李任玉等（2017）对我国的代际教育流动性趋势进行分析发现，出生于 20 世纪 60 年代及以前的个体教育代际流动性随时间推移逐渐提高，而 20 世纪 60 年代以后出生的个体其代际教育流动性则呈向下变动趋势。和对代际收入流动性的测度类似，不同的数据和不同的方法在分析代际收入流动性随时间变化趋势时也得到了不同的结论，实证结论的不一致性表明了进一步研究的必要性（张楠，2022）。

2.3.2 中国代际流动性的影响因素及其影响机制

研究代际流动性，一方面是对代际流动性进行测量，而更重要的另一方面是对影响代际流动性的因素以及背后的影响机制进行分析。近年来，大量研究文献关注着影响中国的代际流动性的原因。现有文献主要从三个角度研究了影响代际收入流动性的原因：第一是从整体因素将代际收入弹性进行分解，看主要指标的解释力度；第二是重点关注家庭内部因素对代际流动性的影响；第三是关注社会制度和公共政策对代际流动性的影响。

代际收入弹性的分解。对代际收入弹性的分解可以比较直观地看出主要中介因素对代际流动性的影响，这里的中介因素一般来说包括教育、职业和健康等。姚先国和赵丽秋（2006）的研究表明，健康、教育和职业这三个因素对我国代际收入流动性的解释力只有19%，另外81%则由其他因素所导致。陈林和袁志刚（2012）的研究表明，教育和社会资本分别可以解释代际收入流动性的10%，而房产和金融资产对城镇代际收入流动性的解释达到30%以上。秦等（Qin et al.，2016）、秦雪征和王天宇（2014）重点分析了人力资本的代际传递对代际收入弹性的影响，他们的研究表明在考虑人力资本因素后，代际收入弹性显著下降了，说明人力资本在解释代际收入流动性中发挥了较大作用。而周兴和王芳（2014）的研究发现，代际职业传承对代际收入流动性影响显著，特别是对高收入家庭的代际收入弹性影响更强。孙三百等（2012）运用CGSS数据，从教育、文化资本、社会资本的角度对代际收入弹性进行分解，发现教育是代际收入流动性的主要传导机制。除了对代际收入弹性进行分解外，李任玉等（2015）将富人家庭和穷人家庭子女的收入差距进行了分解，研究发现富裕家庭和普通家庭子女的收入差距主要来源于教育水平、工作经验和工作单位性质等特征差异；不同家庭子女间的回报差异主要影响低分位点子女间的收入差距。

对代际收入弹性的分解可以比较直观地分析某些中介因素对代际收入流动性的影响，但这样比较难分离出具体因素的影响过程，也缺乏对因果方面的推断，因而，部分文献转而研究具体的某一个因素对代际流动性的影响，而这部分文献主要从家庭因素出发，尝试探究代际收入传承的具体发生机制。家庭因素影响代际流动性的第一个渠道就是家庭背景对代际教育传递的影响。父代的教育背景以及家庭财富都会对子代的人力资本积累产生影响。孟和格雷戈里（Meng & Gregory，2002）研究发现，那些父母具有较低教育水平和职业地位的子女更容易受到负面影响。埃马兰和孙（Emaran & Sun，2015）利用中国家庭收入调查数据检验了中国农村的代际教育和职业流动性，他们发现中国农村的代际教育流动性一直处于较低的状态。父母的教育水平对子女的人力资本积累起着巨大作用。高利和孔（Golley & Kong，2013）则检验了城镇居民、农村居民和流动人口的代际教育传递性，他们发现代际流动性在农村和流动人口中较高。家庭因素影响代际流动性的第二个渠道就是直接的财富转移和人力资本投资。同时，有研究（Gustafsson & Li，2004）利用调查数据研究发现，农村家庭对子女教育的投入由1988年的1%上升到1995年的2.2%。另外。家庭因素影响代际流动性的第三个渠道就是溢出效应（spillover effect）或榜样效应（role model）。父母家庭背景较好或者父母教育背景较高，则父母良好的行为习惯和对自我高要求也会对子女产生耳濡目染的影响，这样就会在子女那里产生一种人力资本的自我实现。遗憾的是，由于数据的限制或者其他方面的原因，现有文献关于我国这方面的实证研究尚未看到。

公共政策以及宏观因素方面，现有文献主要是从教育机会以及迁移对代际流动性的影响进行研究。杨娟等（2015）和杨中超（2016）分别通过理论模拟和实证分析的方式研究了教育扩招对代际流动性的影响。杨娟等（2015）的研究表明同高校扩招相比，对义务教育的投入更有助于改善代际流动性；尽管许多多（2017）的研究表明大学教育削弱了由于家庭背景带来的对子女发展的影响，但杨中超（2016）的研究结论表明，高校扩招并没有显著地改善教育的机会不平等问题，高校扩招至少没有显著地提高代际流动性。不过，吕姝仪和赵忠（2015）的研究发现高校扩招促进了职业的代际流动性，只不过这种促进作用在2004～2006年较为显著，在2009年以后逐渐减弱。另外，对于人口流动与代际流动性的研究方面，孙三百等（2012）的研究则表明人口迁移有助于改善社会的代际流动性。

总体来说，关于代际流动性的测度、趋势以及影响因素的研究，现有文献都进行了系统深入的分析，也取得了丰富的研究成果。但是，随着人力资本发展理论的进一步拓展和深化，从子代早期人力资本发展的角度理解代际流动性对当前的代际流动性研究提出了新的要求。

2.3.3 中国儿童早期人力资本发展

在关于国内代际流动和人力资本的相关研究中，现有经济学文献主要还是用健康和教育作为人力资本的代理进行研究，从子代认知能力和非认知能力发展角度出发的研究并不多见。一方面国内可能更加关注最终的结果变量比如教育程度、收入和职业等，对儿童早期的人力资本发展过程的关注度不够；另一方面可能是由于数据的缺乏，国内关于儿童人力资本发展以及家庭对子女的投资等方面的微观调查数据也只是近几年来才开始出现。除了经济学文献以外，教育学和心理学对儿童早期人力资本发展有一定的前期研究（李艳玮等，2013；任春荣和辛涛，2013；乔娜等，2013；张云运等，2015），同时经济学领域有部分文献关注城乡儿童或留守与非留守儿童之间人力资本发展的差异（Wen & Lin，2012；Yue et al.，2016；Chang et al.，2019；闫伯汉，2017）。本书对各领域的关于儿童早期人力资本发展的文献都进行了梳理。

续继和宗庆庆（2016）利用家庭收入结构随时间的外生变化事实，通过构造伪面板数据在加总层面讨论家庭收入对于子女高等教育机会的因果效应。研究结果表明，在控制时间趋势、地区差别和家庭收入组别差异后，家庭收入每上升1%，子女大学生入学率大约上升2%，子女大学生毕业率大约上升1.5%。陈等（Chen et al.，2010）利用农业税改革的外生冲击研究了家庭收入提高对子女健康的影响，他们研究发现家庭收入提高显著提高了子女的身高，而这一影响主要是通过更多摄入营养实现的。此外，大量文献都研究了家庭教育背景对子女健康的影响，其中陈和李（Chen & Li，2009）使用收养数据研究发现在控制收入后，母亲教育对收养子女的健康也有显著促进作用，说明母亲的教育对子女的健康存在后天的影响，而并不仅仅是遗传，而后者（Rawlings，2015）利用义务教育改革作为父母教育的工具变量，研究发现父母的教育对子女的健康有显著促进作用，而且母亲教育的影响更大。

除了子女健康以外，部分文献（吴愈晓，2013；李忠路和邱泽奇，

2016；倪雨菡等，2016；邓小平等，2016；程利娜，2016；张茜洋等，2017）研究了家庭社会经济地位在个人教育获得中的作用，他们的研究均表明家庭的社会经济地位在个人教育获得中具有重要作用，而且家庭社会经济地位对子女教育获得的影响在改革开放后一直呈上升趋势。李忠路和邱泽奇（2016）进一步的研究则表明，家庭背景通过参与家庭教育和影响子女受教育机会从而影响了子女的学业成就。在教育和学业成就之外，王慧敏等（2017）研究了儿童早期经验对其非认知能力的影响。其中，王慧敏等（2017）以及王莹和李燕芳（2012）利用 CEPS 数据研究发现，家庭社会经济地位通过影响了子女是否接受学前教育从而影响了子女非认知能力。李丽等（2017）研究了家庭背景和文化资本对非认知能力的影响。同时，也有研究从同群效应的角度研究了性别同群效应对中学生非认知能力的影响（Gong et al.，2019）。关于儿童早期人力资本发展研究的另一类文献则主要集中在分析城乡儿童发展差异和留守儿童的发展落后问题。胡枫和李善同（2009）的研究认为在综合考虑各种因素（如向老家汇款）后，父母外出对子女的学习表现没有影响。而部分文献（李云森，2013；Yue et al.，2016；Zhang et al.，2014）等的研究均表明，父母外出会显著降低留守儿童的语文和数学成绩。也有文献研究发现，4～5 岁的农村儿童在阅读能力明显低于其城镇同伴，和他们的城市同伴相比，农村儿童并没有做好接受小学教育的准备（Luo et al.，2012）。

关于家庭对儿童人力资本的投资以及儿童早期人力资本发展的长期影响方面，目前国内文献也有一定的探索。吴贾等（2021）、宋月萍和赵仪（2021）分别研究了胚胎时期和婴儿时期的健康投入对儿童后期人力资本发展的影响，研究发现早期的健康投入显著提高了儿童后期的认知能力等人力资本发展水平，这一结论和国际主流研究的结论是一致的。吴贾等（2022）、王春超和林俊杰（2021）也进一步讨论了在儿童发展早期，家庭氛围和父母的陪伴对其人力资本的影响，研究结果表明除了直接的物质投入，父母对子女的时间投入也是影响儿童人力资本发展的重要因素。张学敏和赵国栋（2022）对子女非认知能力发展的阶层差异分析表明，社会经济地位越高的家庭，经济资本、心理资本、文化资本和社会资本存量越高，且子女非认知能力发展在心理资本和文化资本投入上存在"阶层再生产"特性，即社会经济地位越高的家庭，两类资本投入回报越大，而经济资本和社会资本在投入上却并未有此特性。而也有文献探讨了宏观层面的代际流动性反过来影响家庭对子代人力资本投资的影响（靳振忠等，2022）。而不论是物质投入还是时间投入，都和家庭背景相关，这些研究结论也说明儿童早期人力资本发展是代际流动性的重要影响因素。

总的来说，由于理论发展和数据限制，国内对儿童早期人力资本发展的研究还处于起步阶段，特别是从子代早期人力资本发展的角度研究代际流动性问题，即分析人力资本的代际传递和家庭背景及其他因素对子女早期人力资本发展的因果影响效应，因此对于这方面的研究还有很长一条路要走。

2.4　本章小结

从贝克尔和汤姆斯（Becker & Tomes，1979，1986）的基础代际流动性理论到索伦（Solon，2004）的扩展后的代际流动理论，再到库尼亚和赫克曼（Cunha & Heckman，2007）的新型人力资本理论，代际流动性理论取得了较大的发展。同时，由于高质量数据的公开和估计方法的改进，对代际流动性的测度和机制分析的研究文献也在增多。现有的研究丰富和加深了我们对代际流动性问题的认识和理解，但代际流动性问题足够重要也足够复杂，要更加深入地从理论上理解代际流动性问题从而在家庭决策和社会政策方面提出可行有效的干预措施方面获得十足进步，对于代际流动性的研究仍然需要进一步突破。

从代际收入流动性水平测度的结果来看，主要得到以下结论：由于数据来源和研究方法的差异，同一国家的测量结果可能相差较大，典型的如美国的大量研究（Behrman & Taubman，1985；Solon，1992；Mazumder，2005；Chetty et al.，2014），他们的工作都是充分建立在前人基础之上的，数据和方法也很稳健，但其结果迥异。这意味着代际流动性的测量还有很多工作要完善。

在代际流动性的影响因素和影响机制的实证研究方面，现有文献已经从家庭背景、社会环境、公共政策与制度等因素较为全面认识了代际流动性的影响机制。以往研究让我们认识到家庭父代对子代人力资本投资的重要性，认识到针对教育等的公共政策会影响代际流动性。但是，关于代际流动性的影响因素以及其背后的影响机制仍然有很多的地方无法解释，当然也为未来的研究留下了巨大的空间。例如，现有研究中，利用兄弟姐妹数据估计家庭背景对代际收入弹性影响的文献研究发现，美国的家庭背景在决定代际流动性过程中影响较大，而在北欧国家则影响很小。对于家庭背景到底是如何影响子代人力资本积累从而影响代际流动性的这一重要问题还需要进一步探究。此外，大量文献研究表明父母教育对子女人力资本积累有着重要的影响作用，但是目前并没有很多证据证明家庭收入和家庭教育背景是如何影响了子代的人力资本发展（特别是子代的早期人力资本发展）和劳动力市场表现。

代际流动，不仅是一个家庭内部资源的配置和传承问题，也是一个社会阶层和社会流动性的宏观问题，其受到从微观到宏观各种因素的影响，如家庭财富、父母基因、家庭传统、社会文化、公共政策等。正是因为代际流动的复杂性和广泛性，对该问题的研究需要更多的精力和时间，也需要各个学科的交叉和融合。当前，新型人力资本理论正在成为劳动经济学研究的热点问题，不论是理论模型的建立和发展，还是计量方法上对样本选择问题和内生性问题的处理，基本已得到学界的认同。因此，代际流动的进一步研究，可以从新型人力资本理论的发展获得不少的借鉴和帮助。

就现有的研究看，关于代际流动性以及其影响因素，以下几个方面的问题还需要进一步探讨。

第一，代际弹性变化趋势的多维估计和国际（地区）比较研究。代际弹性的变化反映了社会流动变化，除了计算某些年份的代际弹性外，更需要关注弹性的变动趋势，尤其像中国等转型国家，代际弹性的变化更能说明问题。不同的数据和方法对代际弹性的估计往往不同，因此需要使用不同的方法和数据对代际流动性进行比较分析。另外，国际比较研究也是重要的，一方面，每个国家代表了一种重要的收入不平等特征；另一方面，各国各地区的公共政策以及制度背景都不尽相同，国际和地区比较研究有助于我们厘清公共政策以及相应制度对代际流动性的影响。因此，本书使用多套代表性数据和多种方法对我国代际收入和教育流动性进行估计，并从多角度分析其异质性。

第二，对于代际流动性的影响机制分析还需要进一步研究。现有研究多从家庭背景对子女劳动力市场的表现来研究代际流动性及其机制，而子女的发展是一个长期的动态过程，理解代际流动性的发生机制除了关注子女成年后在劳动力市场的回报以外，子女早期的人力资本以及福利获得情况也值得关注。因此，本书重点从家庭背景如何影响子女早期人力资本发展的视角来理解代际流动性的早期决定问题。

第三，代际流动性理论分析中的部分参数以及人力资本的内涵需要进一步丰富。贝克尔和汤姆斯（Becker & Tomes，1979，1986）将借贷约束引入了人力资本模型，此说明家庭收入水平、家庭财富对下一代人力资本投资的影响。但是该理论假设是父母根据市场利率和子女教育回报率来决定对子女的投入，假设父母对子女的信息是完全了解的，这些假设在一定的社会现实中难以实现，需要结合现实情况对理论进行扩展。现有文献在分析代际流动性的家庭内部决定因素时少有从家庭对子女的人力资本投资的视角进行研究，而且在人力资本投资研究领域，受较多关注的也是家庭对子女的物质投资，较少文献关注家庭对子女的时间投资。家庭教育背景不同，对子代人力资本生产函数的认识也会不同，由此会带来对子代人力资本投资的差异。因此，本书同时研究了家庭对子女的物质投入和时间投入的决定因素以及其在子女早期人力资本发展中的作用，深入探究了家庭教育背景的代际影响效应及其机制。该部分研究为人力资本的生产过程提供了思路。

第四，对子代早期人力资本生产过程进行系统研究。尽管人力资本理论一直是研究代际流动性决定因素的重要渠道，但传统的代际流动理论没有从子代早期人力资本发展的角度进行考虑，且多以个体教育水平和个体健康情况作为人力资本的代理，而且没有考虑新型人力资本理论中的技能形成以及技能多样性等特点。在子代早期人力资本发展研究方面，现有研究多使用学生在学校的成绩作为认知能力的代理，而考试成绩一方面没有普遍可比性；另一方面并不能完全地代理个体的认知能力发展水平。同时，大量经济学和心理学研究表明非认知能力能很大程度上解释个体在劳动力市场上的回报以及个人福利，但现有文献较少关注非认知能力这一人力资本的重要表现形式。因此，本书从认知能力和非认知能力的角度出发，重点关注个体的实际能力发展，并以此分析家庭教育背景、家庭决策对子代人力资本发展的影响。

　　第五，对收入不平等代际传递的早期发生机制需要进行研究。已有大量研究对收入不平等和代际流动性之间的关系作了研究，部分研究表明，一方面，收入不平等会带来更低的代际流动性；但另一方面，代际流动性的降低即收入和人力资本在代际传递关系的加强实际上为不平等的代际传递。现有文献对不平等的关注一般都集中在收入这一最后的结果变量，而实际上不平等问题可能在个体未进入劳动力市场之前就已经产生，而且直接影响了最终的不平等，对子代早期人力资本发展不平等的研究显得尤为重要。此外，除了对子代人力资本发展的总体差距进行关注外，对城乡儿童以及由于迁移而产生的不同群体之间的人力资本发展差距也是整体不平等的重要原因。因此，本书在对子代人力资本发展不平等进行总体分解分析的基础上，进一步研究了城乡之间以及由于迁移而产生的不同群体之间的人力资本发展不平等。

第3章

代际流动性的测度及其异质性

3.1 代际流动性的内涵解析

关于代际流动性的解释，劳动经济学家索伦（Gary Solon）在其一篇关于劳动力市场中的代际流动性的经典综述文章（Solon，1999）中举了这样一个例子：假设有这样两个收入分布完全相同的社会 A 和 B，不论是用收入对数的方差衡量还是用基尼系数等衡量不平等的方式进行度量，社会 A 和社会 B 都被认为拥有相同的不平等指数。进一步地，假设在社会 A 中，个体收入在整个收入分布中的相对位置完全继承自其父母，社会 A 中的父母的收入如果在他们那一代中处于第 90 分位点，其子女的收入也将会在他那一代处于第 90 分位点，仅从收入方面来考虑，社会 A 是一个极端的代际阶层固化的社会。另外，在社会 B 中，个体的相对收入位置和父母的相对收入地位完全无关，也就是说收入处于第 5 分位点处的父母和收入处于第 90 分位点处的子女拥有完全相同的收入分布。因此，同社会 A 不同，社会 B 则是一个完全代际流动的社会。尽管在同一代内，社会 A 和社会 B 拥有了相同的收入不平等，但这两个社会不平等的特征则是完全不同的。那么，现实世界的情况就是，任一个国家或者地区的代际流动性情况都处于这两种极端社会之间。

索伦（Solon，1999）的这个例子形象地向我们描述了代际流动性所反映的社会特征，那就是子代的社会经济状况多大程度上决定于父代的社会经济状况。从收入角度看，代际收入流动性刻画的就是父代收入可以解释子代收入来源的比例，经济学中通常使用代际收入弹性来对代际收入流动性进行度量，而代际收入弹性可以使用一个基础的一阶自回归（AR（1））过程得到：

$$y_{it+1} = \beta y_{it} + \varepsilon_{it+1} \tag{3.1}$$

其中，y_{it+1}是家庭 i 中子代收入的对数，y_{it}是家庭中父辈典型代表（通常意义上指父亲）收入的对数，ε_{it+1}为随机误差项，那么 β 则可以被解释为代际收入弹性。代际收入弹性越高，表示子代的收入在更大比例上取决于父代的收入，那么相应地，社会的代际收入流动性就越低。代际收入弹性越低，表示子代的收入与父代收入相关性更低，那么社会的代际收入流动性就更高。

当然，代际收入流动性只是代际流动性的一个方面，相对于代际收入流动性，社会学家更关注社会经济地位（socio-economic status）和职业地位在代际的传递，这样的综合指标更能反映社会阶层变动或者固化。相应地，测量社会经济地位或职业代际流动的方法也会不同，如测量社会流动性的社会流动表和 Altham 社会流动性度量方法等。同时，也有学者较为关注人力资本（主要指教育）的代际传递，对人力资本代际流动性的研究既可以作为代际收入流动性的机制解释，也可以单独用于分析人力资本在代际的传递问题。自贝克尔和汤姆斯（Becker & Tomes，1979，1986）提出代际流动性的经典理论模型以来，对人力资本代际传递的研究一直作为对收入代际流动性的影响机制。不过近年来，经济学领域开始更多关注人力资本代际流动性的本身的问题，特别是其中的因果推断和机制分析，即父代的人力资本是否对子代的人力资本发展具有因果影响效应，这种因果影响效应又是如何发生的。特别是自库尼亚和赫克曼（Cunha & Heckman，2007）提出基于技能的形成技术（the technology of skill formation）的新人力资本以来，对人力资本代际转移的研究进一步深化，特别是对家庭人力资本影响子女早期人力资本发展的关注日益增加。

代际流动性的直接含义是清楚的，即代际流动性就是用来衡量父代对子女的影响程度的度量指标。但是，代际流动性的延伸内涵又是丰富的。一方面，从研究对象上看，代际流动性可以分为代际收入流动性、代际职业流动性、代际教育流动性等，这些都是一个独立或者相联系的研究领域。另一方面，从研究目的上看，对代际流动性的研究可以分为对代际流动性的测度和对代际流动性的影响机制分析两部分，其中对代际流动性的测度是基于对结果变量的客观度量，是一种描述性分析；而对代际流动性的影响机制分析是基于对过程发生机制的探索，涉及因果推断。因此，在确定关注对象后，不论是学界的研究还是社会媒体上的讨论，对代际流动性的关注也主要集中在测度和影响机制分析这两个方面。

对代际流动性的测度问题实际上就是关注当前社会代际流动性程度以及该社会是否和其他社会有所不同；而对代际流动性的影响机制分析问题实际上就是关注当前社会产生此种代际流动性的原因（或者与其他社会不同的原因）。经济学界对代际流动性的研究也集中在这两支文献脉络：对代际流动性进行客观测度和对其形成原因进行因果分析。本书即是在现有研究的基础上，从测度和机制分析两方面入手对我国代际流动性进行研究。首先，本章结合两套有代表性的数据对我国代际收入和教育流动性进行测度；其次，本书在贝克尔和汤姆斯（Becker & Tomes，1979，1986）、库尼亚和赫克曼（Cunha & Heckman，2007）在早期人力资本发展理论基础上，将家庭对子女人力资本生产函数认为是信息完全的这一理论假设进行放开，以此提出本书的理论分析框架，从子代早期人力资本发展的视角，探究代际流动性的早期决定问题。最后，在实证分析方面，本书主要从家庭背景影响子代早期人力资本发展的视角研究代际流动性的早期决定机制，本书重点关注家庭中父母教育程度对子女早期人力资本发展的影响并从家庭对子女人力资本投资的角度研究了子女早期人力资本的生产过程。

本章主要是对我国的代际收入和教育流动性进行测度分析，研究的是代际的相关关系，作为全书分析的背景和基础。本章首先对代际流动性的时间趋势和地区差异进行测度分析，人力资本的代际传递及其机制、子代早期人力资本发展差异的分解分析则在后面的章节进行展开。

3.2 代际流动性的测度方法与数据

3.2.1 收入代际流动性测度方法

对代际流动性的测度最直接的方法就是如式（3.1）所示的代际收入

弹性的度量。索伦（Solon，1992）在代际流动性测度方程基础上引入年龄项，以控制由年龄带来的估计偏误，具体估计方程如下：

$$y_{it+1} = \alpha + \beta y_{it} + \beta_1 age_{it} + \beta_2 age_{it}^2 + \beta_3 age_{it+1} + \beta_4 age_{it+1}^2 + \varepsilon_{it+1} \quad (3.2)$$

式（3.2）的估计控制了收入和年龄的倒"U"形特征，但由于收入波动的影响，其估计弹性仍然是向下偏的。此外，式（3.2）也存在由于遗漏子代不可观察的能力而带来的估计偏误。因此，索伦（Solon，1992）对式（3.2）进行工具变量估计，将父亲的受教育程度作为父亲收入的工具变量对子代的收入决定方程进行两阶段回归，而工具变量估计结果又会使系数产生向上的偏误。因此，OLS 估计与 IV 估计被认为是代际收入弹性的下限和上限，通过同时进行 OLS 估计和 IV 估计我们可以得到代际收入弹性的一个合理区间，从而对代际流动性作出判断。

尽管对代际流动性的测度研究自索伦（Solon，1992）以后一直没有停止，但现有研究对测度方面的贡献也多集中在新数据的利用（特别是长期跟踪调查数据和行政管理数据），对于测度方法突破方面则进展不大，而克拉克（Clark，2015）和沃斯特斯（Vosters，2018）则对测度方法有了一定的改进。克拉克（Clark，2015）认为，传统的衡量代际流动性的方法由于将估计局限在社会经济地位的单一指标方面，会导致代际弹性被低估。他认为一般家庭都有一个综合的社会经济地位，而这一综合社会经济地位取决于收入、职业、教育程度以及一个潜在的不可观测的随机组成部分。考虑一个简化后的模型，那么代际流动性可以被描述为通行的流动性法则（$x_{it+1} = bx_{it} + e_{it}$，其中 x_{it} 表示父代潜在的社会经济地位），如果只用收入来进行度量，由于收入和真实的父代潜在的社会经济地位（x_{it}）之间存在偏差，因此对式（3.2）的估计会导致衰减的偏误（attenuation bias）。因此，克拉克（Clark，2015）认为，将收入根据姓氏进行平均之后再估计代际收入弹性就可以得到比较合理的估计系数。同时，克拉克（Clark，2015）也指出，如果姓氏数据不易获得，则可以通过将收入、职业和教育综合考虑进估计模型，作为父代潜在社会经济地位的代理，从而会降低传统估计方法的偏误。

据此，本章参考沃斯特斯（Vosters,2018）、沃斯特斯和尼博姆（Vosters & Nybom，2017），基于卢博斯特基和维滕贝格（Lubostky & Wittenberg，2006）

提出的加总信息的多重估计方法来估计我国的代际收入流动性和代际教育流动性。根据沃斯特斯和尼博姆（Vosters & Nybom，2017）的研究，我们首先考虑潜在的测量指标的表示方程为：

$$y_{jit} = \rho_i x_{it}^* + u_{jit} \tag{3.3}$$

其中，j 表示社会经济地位的代理指标（在本章中 j 指父辈收入、教育和职业）[①]，i 表示家庭，t 表示父代或子代，x_{it}^* 则是不可观测的潜变量，ρ_i 是潜在估计系数，u_{jit} 为随机误差项。那么代际流动性可以表示为：

$$y_{1it+1} = \beta x_{it}^* + \varepsilon_{it+1} \tag{3.4}$$

其中，β 衡量的就是潜变量的代际固化程度。这里本章同时考虑父代的收入、教育和职业，那么 y_{1it} 表示父代收入的对数，y_{2it} 表示父代的教育年限，$y_{3it} - y_{kit}$ 表示 $k-2$ 个父代职业虚拟变量指标。假设父母的衡量指标 y_{jit} 只通过潜变量 (x_{it+1}^*, x_{it}^*) 影响子代的收入，也就是说 $Cov(u_{jit}, \varepsilon_{it+1}) = 0$ 且 $Cov(u_{1it+1}, u_{jit}) = 0$。本章利用卢博斯特基和维滕贝格（Lubostky & Wittenberg，2006）提出的方法（以下简称"LW 估计"）对潜在变量方程进行估计。不同于工具变量估计或其他估计方法，LW 估计中衡量变量之间的相关性仅仅依赖于式（3.4）中的线性投影，而与分布或者其他假设条件无关，因此，LW 估计可以得到一个偏向于 0 的已知不一致的估计。LW 估计量可以表示为：

$$\beta_{LW} = \rho_1 \phi_1 + \rho_2 \phi_2 + \cdots + \rho_j \phi_j + \cdots + \rho_k \phi_k \tag{3.5}$$

其中，ρ_j 表示式（3.5）中的斜率系数，ϕ_j 可以通过下面呈现的辅助 OLS 回归得到，因此，这是一个分步计算得到的估计量。

第一步，首先通过将被解释变量对所有衡量变量进行回归得到辅助 OLS 回归系数 ϕ_j：

$$y_{it+1} = \phi_1 y_{1it} + \phi_2 y_{2it} + \cdots + \phi_j y_{jit} + \cdots + \phi_k y_{kit} + \xi_i \tag{3.6}$$

第二步，得到估计量 ρ_j，ρ_j 可以由如下式子计算得到：

$$\rho_j = \frac{Cov(y_{it+1}, y_{jit})}{Cov(y_{it+1}, y_{1it})} \tag{3.7}$$

[①] $j=1$ 时指父辈收入，$j=2$ 时指父辈教育，$j=3$ 时指父辈职业。

由此便可以计算得到 LW 估计量，同时，可以通过自助法（bootstrap）获得 LW 估计量的标准误。[①]

沃斯特斯和尼博姆（Vosters & Nybom，2017）指出，LW 估计主要有两个方面的优势：第一，LW 估计通过将各衡量变量结合起来，得到了一个可以准确知道偏误方向的估计量，而工具变量估计则需要满足额外的条件 $Cov(u_{jit}, u_{1it}) = 0$；第二，LW 估计将衰减偏误最小化。因此在一系列估计中得到了最小衰减估计量，也就是说，与直接将多个衡量变量直接进行权重加总，LW 估计构造的潜变量是最小衰减的，更大程度上将所有衡量变量的影响都考虑在内。

3.2.2　教育代际流动性测度方法

对代际教育流动性的测度最直接的方法是代际教育转换矩阵，即将父辈的教育水平按照一定的分类方式进行分类（例如可以分为小学以下、小学、初中、高中、大专及以上五类），然后分别分析不同教育水平的子女其所处教育水平的比例。通过代际教育转换矩阵可以较为直观地看出代际教育流动情况。代际教育矩阵尽管直观，但是其无法较为精确地度量教育的代际影响效应，同时也无法用于后续的进一步异质性分析。因此，更常见的测度代际流动性的方法是代际教育弹性的测度。经典的代际流动理论建立在贝克尔和汤姆斯（Becker & Tomes，1979，1986）的基础上，索伦（Solon，1999）对其进行了扩展。本章在索伦（Solon，1999）的基础上设计如下具体估计代际教育弹性的方程：

$$y_{it+1} = \alpha_0 + \alpha_1 y_{it} + X\alpha_X + \varepsilon_{it+1} \tag{3.8}$$

式（3.8）中的 y_{it+1} 表示子辈的教育程度，y_{it} 表示父辈的教育程度，X 代表了一系列的控制变量，本章的控制变量主要包括子辈的年龄、户口、民族和父辈的年龄。式（3.8）中的 β 即为本章要估计的代际教育弹性，β 越大表明代际教育弹性系数越大，子辈教育程度更多地受到父辈教育程度的影响，代际教育流动性越低。

---

① 在具体计算过程中，本章进行了 500 次的 boostrap 运算得到 LW 的标准误。

代际教育弹性可以用来较为方便地刻画和分析代际教育流动，但代际教育弹性无法解决不同时期教育程度所代表的价值不同的问题。参考现有柴提等（Chetty et al.，2014）的做法，本章在测度代际教育弹性的基础上，将父母教育程度和子女教育程度根据地区和出生队列转换为教育程度排序，即从绝对的教育程度转换为个体在组群中的相对教育程度排名，进而根据其教育程度排序来估计代际教育流动性。具体估计方程如下：

$$Rank_{it+1} = \beta_0 + \beta_1 Ranky_{it} + X\beta_X + \epsilon_{it+1} \tag{3.9}$$

式（3.9）中的$Rank_{it+1}$表示子辈教育程度在其组群（cohort-county）中的教育程度排序，$Ranky_{it}$表示父辈教育程度在其组群（cohort-county）中的教育程度排序，β_1度量的就是基于教育程度排序的代际教育流动性。

3.2.3 数据与基础统计分析

1. 数据来源

本章用于测度代际流动性的数据主要有中国家庭健康与营养调查数据（CHNS）1989~2011年和中国家庭追踪调查（CFPS）2010年。其中，CHNS数据是美国北卡大学和中国预防医学科学院联合执行的一套以居民健康和营养方面信息为主的跟踪调查。该调查根据地理位置、经济发展状况和公共资源的情况抽取了中国的9个省（区、市）进行调查。除了省会城市以外，CHNS在每个省随机抽取了代表性的4个县（市、区），然后每个县按收入分层抽取3个行政村，最后每村抽取20户作为调查对象。数据收集了调查对象的人口学基本特征、工作、收入等方面的信息。CHNS数据是微观调查数据中较为重要的数据，且其最大优势是提供了长期的追踪信息，尽管由于时间跨度长，能够长期追踪的家庭或个体样本量并不大，用于面板数据分析的样本量较小，但是其从1989~2011年长达22年的时间跨度是其他数据不具备的重要特征。本章主要利用CHNS数据进行代际流动性的时间趋势分析。

CFPS由北京大学中国社会科学调查中心（ISSS）实施的一项全国性、大规模、多学科的社会跟踪调查项目。CFPS样本覆盖25个省（区、市），目标样本规模为16 000户，调查对象包含样本家户中的全部家庭成员。

CFPS 数据调查了个体的教育、职业、收入以及家庭各成员的重要信息。CFPS 的优势如下：第一，其样本量大，调查区域覆盖广，具有全国代表性；第二，CFPS 还提供了家庭所有直系亲属（包括已经独立成家的父母）的基本特征信息，为本章分析代际流动提供了很好的必要信息；第三，截至 2018 年，CFPS 已有 5 期跨度 8 年的追踪调查数据①。CFPS 数据主要用于代际流动性的现状和区域差异分析。同时，两套数据也为对比分析提供了可能。

2. 主要变量

本章参考沃斯特斯和尼博姆（Vosters & Nybom，2017）的做法，综合考虑父代收入、教育和职业后的代际收入弹性和代际教育弹性。因此，本章涉及的核心变量有：父代收入、父代教育程度、父代职业分类指标、子代收入和子代教育程度。其中，父代收入和子代收入均指年度总收入，CHNS 数据中的收入统一使用 2011 年为基准进行平减；父代教育和子代教育为受教育年限；父代职业在 CHNS 中为数据提供的职业分类编码，在 CFPS 中为数据提供的 ISCO88 国际标准职业编码。除了主要变量外，本章在测算代际流动性时还控制了父代和子代的年龄及其平方项。参考一般做法，本章将研究对象限定为年龄为 20～60 岁的有工作的个体②。本章的主要分析基于父亲特征的代际流动性，同时，也提供了从母亲角度出发的代际流动性作为补充。对两套数据中主要变量的描述性统计见表 3.1。

表 3.1　　　　　　　　　父代和子代收入描述性统计分析

变量	CHNS 1989～1991 年		CHNS 2009～2011 年		CFPS 2010 年	
	均值	标准差	均值	标准差	均值	标准差
子代收入的对数	7.810	0.861	9.700	0.960	9.079	1.270
子代年龄	23.28	2.835	26.31	3.898	25.16	3.838
子代教育	8.619	3.031	11.40	2.981	10.31	3.659
子代性别	0.620	0.486	0.719	0.450	0.701	0.458

① CFPS 数据基期调查开始于 2010 年，每两年一次，截至本书写作时，最新的一期数据是 2018 年。

② 如果是农民，则以所有收入数据为准。

续表

变量	CHNS 1989～1991 年		CHNS 2009～2011 年		CFPS 2010 年	
	均值	标准差	均值	标准差	均值	标准差
父亲收入的对数	8.128	0.848	9.732	0.956	9.052	1.185
父亲年龄	51.02	4.903	52.52	4.827	52.41	4.830
父亲教育	5.551	4.108	8.598	3.252	7.288	4.265
观察值	3 123	3 123	512	512	1 613	1 613

资料来源：CHNS 1989～2011 年，CFPS 2010 年。

表 3.1 列（1）～列（2）报告的是 CHNS 数据中主要变量在 1989～2011 年的均值和标准差，列（3）～列（4）报告的是 CHNS 数据 2009～2011 年最新数据中主要变量的均值和标准差，列（5）～列（6）列报告的是 CFPS 2010 年数据主要变量的均值和标准差。通过 CHNS 数据的对比可以发现，子代和父代的平均收入、教育年限都有显著提高。子代收入的对数由 1989～1991 年的 7.8 提高到 2009～2011 年的 9.7，教育水平由平均 8.6 年提高到 11.4 年。CFPS 2010 年和 CHNS 2009～2011 年中的各项指标的均值也较为接近。从数据上可以看出，子代的平均年龄大概在 25 岁左右，而父代的平均年龄在 52 岁左右。

在对代际收入流动性的估计过程中，较为重要的问题就是对收入进行准确的衡量。国际上对代际收入流动性的测算大多都利用行政登记和税收数据，这样对收入的衡量较为准确。国内缺乏这方面的数据，因此一般是使用微观调查数据来计算代际收入流动性。但在使用一般的微观调查数据对两代人的收入进行度量时一般存在三个方面的衡量偏误问题。首先，单年调查的收入存在衡量偏误。一方面，由于收入比较敏感，被调查者不一定愿意填写真实的收入，因此对收入信息的收集会存在一定的偏误；另一方面，即使是成年人，其收入在各年之间可能存在较大的波动，特别是处于职业上升期的工作者，因此单年的收入也无法准确代表其收入水平，对于此问题，一般的做法是取几年收入的平均值作为收入水平的代理。其次，持久收入与基于生命周期的收入水平难以测度。要准确估计代际收入流动性，关键就是对持久收入进行度量，而一般的微观调查数据很难同时跟踪两代人的整个生命周期，如果直接使用调查当期的父代和子代收入，则存在子代年龄偏小而父代年龄偏大的问题。对于此问题，一般的做法是同时选择父代和子代都处于 30 岁左右时的收入水平作为代理。最后，家庭结构变化带来的样本选择问题。一般的微观调查数据都是以核心家庭为调查对象，而很多家庭在子女结婚后就会独立出去，因此这样就会缺失很多事实上是父子或父女关系而实际上并没有进入调查的父代样本。对于此问题，一般做法也只是尽量将户主父亲还同住的部分样本也纳入分析框架。

本章使用 CHNS 和 CFPS 两套数据测算代际收入流动性时同样存在上述问题，在数据限制的条件下，尽管无法完全解决以上问题，但本章从以下几个方面尽量减轻由于收入衡量偏差带来的估计偏误问题，从而使得对代际收入流动性的估计值尽量接近真实值。

第一，在数据方面，本章将子代的年龄限制在 20～40 岁，将父代的年龄限制在 40～60 岁，这样在一定程度上避免了由于子代年龄偏小和父代年龄偏大所带来的收入衡量偏差。实际上，本章分析的数据中学历水平在专科及以上的样本不到 5%，绝大多数样本都是 18 岁或者以前就进入劳动力市场，因此子代 20 岁以后的收入水平可以更好地代表其个人收入。同时，CHNS 数据为面板数据，长期的跟踪调查为追溯父辈早期的收入提供了素材，本章在稳健性检验部分利用父代在 30～40 岁的收入水平作为其持久收入的代理。另外，本章也通过两期甚至三期的收入平均替代单期的收入作为稳健性检验，这样可以部分解决单期收入衡量偏差的问题。

第二，在分析方法方面，本章使用了综合考虑了父代收入、教育程度和职业情况的潜在社会经济地位后父代收入与子代收入之间的关系。这样比单独只分析父代收入对子代收入的影响更能体现出真实的代际收入流动性。同时，本章也提供了传统的 OLS 估计和 IV 估计值作为对比。

第三，在结果解释方面，本章的趋势分析部分重点在于关注代际流动性的时间趋势，因此，在各期衡量指标基本一致的前提下，即使对收入的衡量偏离了真实的持久收入水平，但仍然可以看出代际流动性的一种趋势。同时，在代际流动性的程度估计方面，本章详细对比和讨论了在特定数据前提下使用不同方法的估计偏误及偏误的方向，力争使估计值的区间靠近真实值。

本章在估计代际收入流动性的同时，也对代际教育流动性进行了估计。一方面，代际教育流动性也是代际流动性研究中的一项重要指标，代际教育弹性也可以一定程度上反映一个社会的代际流动性问题，而且，由于代际收入流动性和代际教育流动性存在高度相关性，对代际教育流动性的估计也可以为收入流动性的测算结果提供一定的比较参考。另一方面，由于对教育程度的衡量比较容易和直观，教育衡量指标存在缺失和测量误差的比例相对于收入来说要小得多，因此，对代际教育流动性的估计结果比代际收入流动性要准确，更加具有说服力。特别地，本章使用的 CFPS 数据提供了所有样本对象（包括已经独立出去的子代的父母）的年龄、教育和职业的信息，这样对代际教育流动性的估计结果更具一般性和代表性。

因此，本章综合使用长期跟踪调查数据 CHNS 和大样本短面板数据 CFPS 同时对我国代际收入流动性和代际教育流动性进行测算，并对其趋势和异质性进行分析。

3.3　代际收入流动性的测度与分析

3.3.1　代际收入流动性的趋势

在分析代际收入和教育的时间趋势之前，本章首先使用 CHNS 数据整体地测算 1989~2011 年我国的代际收入流动性程度。参考沃斯特斯和尼博姆（Vosters & Nybom，2017），本章使用卢博茨基和维滕贝格（Lubotsky & Wittenberg，2006）提出的综合考虑了父代收入、教育和职业所构成的潜在社会经济地位后的估计模型对代际收入流动性进行估计，同时也提供了 OLS 估计和 IV 估计结果作为对照和参考。表 3.2 报告了 CHNS 数据测算的整体的代际收入流动性，其中，列（1）只考虑了父代收入的影响，列（2）和列（3）分别将父代教育程度和职业情况也加入测算模型，列（4）则综合考虑同时加入了父亲教育和职业后的代际收入流动性。

表 3.2　　　　代际收入流动性的整体估计：CHNS 1989~2011 年

项目	变量	(1)	(2)	(3)	(4)
Panel A OLS 估计	父亲收入的对数	0.418 *** (0.016)	0.417 *** (0.017)	0.418 *** (0.017)	0.413 *** (0.017)
	父亲教育		控制		控制
	父亲职业			控制	控制
Panel B IV 估计	父亲收入的对数 第二阶段		0.473 *** (0.065)	0.518 *** (0.063)	0.521 *** (0.063)
Panel C LW 估计	父亲收入的对数	0.418 *** (0.016)	0.421 *** (0.024)	0.422 *** (0.170)	0.420 *** (0.178)
样本量		3 123	3 123	3 123	3 123

注：在回归中控制了父亲和子女的年龄及其平方项，控制了时间固定效应；*** 表示在 1% 水平上显著；括号中是稳健标准误。

表中 Panel A 和 Panel B 分别汇报了 OLS 估计结果和 IV 估计第二阶段结果[①]，Panel C 汇报了代际收入流动性的 LW 估计量。参考索伦（Solon，1992）对代际流动性的估计方程，本章所有的对代际收入流动性的测度中都控制了子代和父亲的年龄及其平方项。索伦（Solon，1992）指出，OLS 会低估代际收入流动性，而 IV 估计则会高估代际流动性，OLS 估计和 IV 估计为代际流动性的准确估计值提供了一个区间。而根据沃斯特斯和尼博姆（Vosters & Nybom，2017）的研究，LW 估计会部分修正 OLS 的向下偏误，使得估计结果更加接近真实值。[②]因此，本章在对结果进行解释时，以 LW 估计量为主，而将 OLS 和 IV 估计结果作为参考。表 3.2 的结果表明，在综合考虑父亲教育和职业的情况下，LW 估计值比 OLS 估计值高而比 IV 估计值低。LW 估计结果表明从整体上看，1989~2011 年，我国的代际收入弹性为 0.42 左右，这意味着过去这 20 多年中，我国的代际收入流动性并不高，子代收入的 42% 可以被父亲的收入所解释。

在整体估计的基础上根据 CHNS 调查期的特点，本章将 1989~2011 这 20 多年的跨度时间分为 1989~1993 年、1993~1997 年、1997~2000 年、

① 按照现有文献的一般做法，这里选取父辈的教育作为父辈收入的工具变量。

② 根据 LW 估计量的计算方法，当只考虑父代收入而不考虑父代教育和职业时，LW 估计量和 OLS 估计值是一样的。

2000～2004 年、2004～2006 年和 2006～2011 年六个阶段，从这六个阶段来分析代际流动性的时间变化趋势。这样划分实际阶段由两个方面的考虑，一个是代际流动性一般不会在一两年之内有很大变化，因此以 4～6 年这样一个跨度比较适合趋势分析，各阶段数据的结尾年份和下一阶段的开始年份重复，一方面可以扩大样本量便于估计，另一方面也保证估计的系数不会由于数据完全变化而出现较大波动，有利于进行稳定的趋势的分析。

表3.3 的列（1）～列（6）分别汇报了估计结果，同样地，本章同时汇报了代际收入流动性的 OLS 估计、IV 估计和 LW 估计。通过 LW 估计结果发现，1989～2011 年，我国的代际收入流动性并没有太明显地上升或者下降的趋势，代际收入弹性整体上保持在 0.4 以上的一个较高的水平。尽管 2006～2011 年的代际收入弹性出现了较大幅度的下降，但只有这一期数据的下降也并不能解释为代际流动性有了上升的趋势，也有可能是数据原因带来的波动。[①]因此，通过时期的趋势分析可以看到代际流动性有微小的先上升后下降的趋势，但整体上的趋势并不明显，我国的代际流动性长期来看仍然处于一个较低的水平。

表 3.3　　　　　　基于时期的代际收入流动性的趋势分析：CHNS1989～2011

项目	(1)	(2)	(3)	(4)	(5)	(6)
	1989～1993 年	1993～1997 年	1997～2000 年	2000～2004 年	2004～2006 年	2006～2011 年
OLS 估计	0.426 *** (0.027)	0.474 *** (0.032)	0.447 *** (0.031)	0.457 *** (0.037)	0.430 *** (0.040)	0.356 *** (0.038)
IV 估计	0.533 *** (0.096)	0.674 *** (0.118)	0.491 *** (0.118)	0.574 *** (0.118)	0.672 *** (0.125)	0.486 *** (0.111)
LW 估计	0.436 *** (0.049)	0.497 *** (0.037)	0.456 *** (0.039)	0.473 *** (0.040)	0.482 *** (0.048)	0.390 *** (0.048)
样本量（个）	1 323	884	923	680	593	676

注：在回归中控制了父亲和子女的年龄及其平方项，控制了时间固定效应；*** 表示在1% 水平上显著；括号中是稳健标准误。

———————————

① CHNS 数据中 2006 年以后匹配到两代的样本量明显下降，同时，2006～2011 年的时间段也包含了 2008 年的金融危机，这也可能会影响对结果的估计。

利用混合截面数据进行基于时期的趋势分析可能并不能完全体现代际流动性随时间变化的趋势。现有文献一般也从群组出发来分析代际流动性的时间趋势，即分析代际流动性是否在出生于不同年代的群体之间有所不同。基于群组的趋势分析：一方面可以避免由于不同年份的数据测量标准不同而带来的估计偏误；另一方面还可以比较直观地理解不同年代的群组的代际流动性。根据 CHNS 数据中的年龄和出生年份结构情况，本章将样本中的子代分为三个组群：出生于 1969 年前的"70 前"群体、出生于 1970 ~ 1979 年的"70 后"群体和出生于 1980 年以后的"80 后"群体。

表 3.4 的列（1）~ 列（3）分别汇报了这三个群体的代际收入弹性。LW 估计结果表明，"70 前"群体的代际流动性较低，而代际流动性在"70 后"群体中进一步降低，代际弹性高达 0.5 以上，但这一趋势并没有持续，代际收入弹性在"80 后"群体中降低到 0.4 以下，说明"80 后"群体相比"70 后"来说，具有更高的代际收入流动性。出现这种现象的原因可能有"80 后"所处的时代是一个市场化更加深入、劳动力流动更加频繁以及教育回报愈加提高的时代，根据代际流动理论，这些因素都可能带来代际流动性的提高，当然，这一变化趋势是否会持续以及其背后具体的原因还需要将来进行更进一步的研究。

表 3.4　　　　基于群组的代际收入流动性的趋势分析：CHNS1989 ~ 2011

项目	（1）	（2）	（3）
	"70 前"	"70 后"	"80 后"
OLS 估计	0.448 *** （0.029）	0.476 *** （0.025）	0.350 *** （0.041）
IV 估计	0.609 *** （0.108）	0.638 *** （0.087）	0.513 *** （0.111）
LW 估计	0.464 *** （0.049）	0.505 *** （0.033）	0.389 *** （0.073）
样本量（个）	1 138	1 351	578

注：在回归中控制了父亲和子女的年龄及其平方项；*** 表示在 1% 水平上显著；括号中是稳健标准误。

3.3.2 综合代际收入流动性的异质性分析

1. 比较分析

在分析了 1989～2011 年我国代际收入流动性和代际教育流动性的整体趋势后，本章重点使用 CHNS 2006～2011 年阶段的数据和 CFPS 2010～2012 年的数据分析当前我国代际收入流动性和代际教育流动性状况，并进一步地和其他研究的结论进行比较分析，同时分不同群体和地区的异质性进行分析。

和趋势分析部分类似，本章对于收入的代际流动性测度方面同时汇报了 OLS 估计、IV 估计和 LW 估计结果，对于代际教育流动性则汇报了 OLS 估计和 LW 估计结果。所有的估计方程中均控制了子代和父亲的年龄及其平方项，在 CHNS 多期数据中，还控制了时期虚拟变量，不论是 OLS 估计还是 LW 估计，都综合考虑了父亲的收入、教育和职业所代表的潜在社会经济地位。在对代际流动性测度方面，本节主要从以下三个方面进行考虑：第一，本章直接使用子代和父亲收入的对数和教育年限来对代际收入流动性和代际教育流动性进行测度；第二，本章将子代和父代的收入和教育情况转换为子代或父代在各自收入分布中的排序作为衡量其收入和教育水平的指标，对基于排序的代际收入流动性和代际教育流动性进行测算；第三，利用 CHNS 数据和 CFPS 数据的面板特征，本章分别采取将父亲的收入追溯到其 30～40 岁以及将子代收入和父亲收入取两期调查的平均作为代际收入流动性的稳健性估计检验。

首先，本章基于子代和父亲收入的对数和教育年限对代际收入流动性和代际教育流动性进行估计，表 3.5 报告了基于 CHNS 2006～2011 年数据和 CFPS 2010 年数据估计的代际收入弹性和代际教育弹性。列（1）和列（2）的结果表明，CHNS 数据和 CFPS 数据利用 OLS 估计方法的代际收入流动性非常接近，代际收入弹性在 0.35 左右，而 IV 估计结果则差异较大，CFPS 数据的 IV 估计代际收入弹性高达 0.6 以上，而 CHNS 数据的 IV 估计结果则不到 0.5。根据索伦（Solon，1992）的研究，OLS 估计会造成代际收入弹性的向下偏误，而 IV 虽然可以得到一致估计，但这也是在所选取的 IV

比较合适的前提下。尽管一般情况都会选取父亲的教育程度作为父亲收入的对数 IV，但是，一种可能的情况是，父亲收入的对数和教育程度的衡量之间的衡量偏误是相关的，这样会导致估计结果明显高估代际收入弹性，同时，使用不同的 IV 得到的估计结果也会明显不同。因此，本章解释结果时取 OLS 结果和 IV 结果为参照，而重点以 LW 估计结果为准。

表 3.5　　　　　　　　　　代际流动性的 log-log 测度

项目	(1)	(2)
	CHNS 数据	CFPS 数据
	代际收入流动性	代际收入流动性
OLS 估计	0.356 ***	0.351 ***
	(0.038)	(0.027)
IV 估计	0.486 ***	0.618 ***
	(0.111)	(0.098)
LW 估计	0.390 ***	0.354 ***
	(0.048)	(0.043)
样本量（个）	676	1 613

注：在回归中控制了父亲和子女的年龄及其平方项，控制了时间固定效应；*** 表示在 1% 水平上显著；括号中是稳健标准误。

LW 估计结果在 CHNS 数据和 CFPS 数据之间有所差异，但差异并不大。CHNS 数据的 LW 估计代际收入弹性为 0.39，CFPS 数据的 LW 估计代际收入弹性为 0.35，而且这两个估计值均在 OLS 估计值和 IV 估计值之间。据此可以推断，我国的代际收入弹性在 0.35~0.4，而且不论是 OLS 估计还是 LW 估计，其结果都是向下偏误的，只是 LW 结果更加接近于真实值（Vosters & Nybom，2017）。因此，根据 CHNS 2006~2011 年和 CFPS 2010 年数据测算的代际收入弹性表明，我国的代际收入流动性仍处于一个比较低的水平。而在代际教育流动性上，这一情况更为严重。尽管 OLS 估计的代际教育流动性和代际收入流动性比较接近，但当综合考虑了父亲的收入和职业后，CHNS 数据和 CFPS 数据估计的代际教育弹性分别达到了 0.5 和 0.45 以上。这说明作为人力资本在代际的传递效应比作为结果变量的收入的代际传递更大。

其次，在分析了基于子代和父亲收入的对数和教育年限的代际收入和教育流动性后，本章进一步考虑基于排序的代际收入和教育的流动性问题。收入的对数和教育年限是最直接的衡量，这样测算的代际流动性可以直观地理解收入和教育的代际传递问题。但是，除了关心这种直接的影响效应外，本章还想知道子女收入和教育在同辈中的排序是否也受到父亲收入和教育排序的影响，这样可以部分避免由于在对收入进行具体衡量的不准确带来的偏误。

因此本章将表3.5中的收入和教育年限替换成子女和父亲收入以及教育在其同组群中的排名，然后重新估计基于排序的代际收入和教育弹性。[①]表3.6报告了基于排序的代际收入和教育弹性，其中列（1）和列（2）分别是基于CHNS数据和CFPS数据测算的代际收入流动性。和表3.5对比发现，基于排序的代际流动性和基于收入的对数计算较为一致，其中基于排序的代际收入弹性指标在CHNS数据上相比基于收入的对数估计的代际收入弹性要低，而CFPS数据计算的这一指标则略高于表3.5中的结果，这一区别可能是两套数据中的数据结构不同导致的，但偏差的范围都不太大，说明基于排序的代际收入流动性和基于收入的对数估计的代际收入流动性是比较一致的，这说明即使存在部分由于收入的衡量方面带来的偏误，表3.5中得到的代际收入弹性仍然是可信的。同时，对于基于教育排序的代际教育流动性的估计结果也和表3.5中基于教育年限的估计结果基本一致。综合来看，表3.6中的基于排序的代际流动性的估计进一步支持了表3.5中的主要结果。

表3.6 代际流动性的排序（rank-rank）测度

项目	（1）	（2）
	CHNS 数据	CFPS 数据
	代际收入流动性	代际收入流动性
OLS 估计	0.341 *** (0.047)	0.294 *** (0.026)
IV 估计	0.472 *** (0.118)	0.821 *** (0.122)

---

① 这里的组群是指同一年龄段和同一地区的个体。其中，CHNS多期数据的排序是基于每一年内进行排序，而不是多年一起排序，这样的排序方式排除了收入和教育的时间变化效应，所以更加客观。

项目	(1)	(2)
	CHNS 数据	CFPS 数据
	代际收入流动性	代际收入流动性
LW 估计	0.365 *** (0.057)	0.322 *** (0.032)
样本量（个）	676	1 613

注：在回归中控制了父亲和子女的年龄及其平方项，控制了时间固定效应；*** 表示在1% 水平上显著；括号中是稳健标准误。

在上述对代际收入弹性的估计分析中，本章均使用的是当期的子女和父亲的收入，正如前面所讨论的，使用同期调查获得的子女和父母的收入估计代际收入代际流动性时会存在持久收入衡量偏误带来的误差，也就是同时观察到子女和父母时，子女的年纪往往较小而父辈年纪较大，此时子女收入处于上升期而父母收入已经处于下降期，并不能代表其持久收入水平。同时，单期的收入也无法克服收入的衡量带来的估计误差。尽管CHNS 和 CFPS 数据都是跟踪调查数据，利用 CHNS 数据的面板特征使用多期的收入数据对代际流动性进行估计可以一定程度上减轻由于父亲年龄过大而带来的估计偏误。但是，由于 CHNS 数据的追踪率非常低，能够同时获得三期以上收入数据的样本较少，这样一方面会导致样本选择偏误，另一方面也会产生由于样本量过小而使得数据代表性不足的问题。而 CFPS 数据各年份之间对收入的定义有所不同，也无法使用多期的收入数据对代际收入弹性进行估计。因此本章在估计代际收入弹性时只是用了单期的收入数据。

现有文献研究发现，相比多期收入数据，使用单期收入数据对代际收入弹性进行估计时会低估了代际收入弹性（Solon，1992）。因此，这里需要说明的是，本章使用单期收入数据估计得到的代际收入弹性仍然是一个低估值。本章表 3.5 中得到的主要估计结果可以解释为是代际收入弹性真实值的一个向下偏差值，而真实的代际收入流动性比表 3.5 中估计得到的结果更低。

2. 异质性分析

本章前面的内容对我国代际收入流动性和代际教育流动性的时间变化

趋势和现状分别进行了分析，但值得注意的是，以上所有分析都是从所有群体上的整体分析，所估计的代际收入弹性和教育弹性也是依据所有样本所计算的均值。而实际上，不论是代际收入流动性还是代际教育流动性，不同群体之间可能存在不同的流动性水平。例如，已有研究表明，农村地区和城镇地区的代际流动性存在差异，不同收入群体之间的代际流动性也有所不同（吴晓刚，2017；徐舒，2014；徐舒和李江，2015）。因此，本节在整体分析的基础上，进一步考察不同地区和群体之间的代际流动性差异。

具体地，本章从四个不同的维度来分析代际收入流动性和代际教育流动性的异质性：第一，由于男性和女性在家庭资源分配方面以及劳动力市场的各方面表现都存在差异，而且女性在结婚成立新的家庭后可能受到来自原生家庭的影响相对男性来说更小一点，那么，代际流动性在性别之间可能有所不同，因此本章在异质性分析时首要考察代际收入流动性和代际教育流动性在不同性别之间的差异。第二，高人力资本水平和低人力资本水平的个体在劳动力市场上的表现以及所处的行业都有较大差异，那么父代收入或者教育对于不同教育程度的子女的影响是否有异质性影响？因此，本章也关注代际收入流动性和代际教育流动性在不同教育程度群体之间的差异性。第三，在从性别和教育程度等个体特征角度进行异质性分析后，本章同时也考虑代际流动性的区域差异。现有研究表明代际流动性在不同国家或地区间存在着较大差异，北欧国家和地区代际收入流动性较高，代际弹性一般在 0.2 左右，而其他发达国家如美国，代际收入流动性较低，代际弹性在 0.4 以上（Solon，1999）。近年来也有研究开始关注一国内部不同城市和地区的代际流动性，如柴提等（Chetty et al.，2014）的研究就表明美国各州之间存在较大的代际流动性的差异。我国在经济高速发展社会经济极速转型的同时，城乡之间、区域之间在经济发展等各方面都有较大的差异，那么代际流动性是否也在城乡和区域之间存在差异？因此，本节最后从城乡和地区的角度探索代际流动性的异质性。

由于前面的分析已经表明使用 CFPS 数据和 CHNS 数据测度的代际收入流动性和代际教育流动性是基本一致的，而且 CFPS 的样本覆盖面更广，样本量更大更具全国代表性，在进行分组分析时具有更大的优势，因此，本章在进行异质性分析时使用的是 CFPS 2010 年数据。表 3.7 报告了分组异质性分析的结果，对代际收入流动性和代际教育弹性的测度结果均由 LW 估计给出。其中 Panel A 的性别差异结果表明，代际收入流动性和代际教育流动性确实存在着较大的性别差异。具体来看，男性的代际收入弹性为 0.358，而女性的代际收入弹性为 0.444，不论是收入还是教育，男性的代际流动性都要强于女性。这里可能有两个方面的解释：第一，数据结构的原因导致了代际流动性的性别差异。由于 CFPS 数据只调查了核心家庭成员的信息，子女成年另组家庭后，如果不和父母一起生活，那么就不会对其父母进行调查。一般情况下成年男性结婚后可能仍然和父母一起生活，而成年女性在结婚以后大多都会将户口迁至新组成的家庭中，因此能够匹配到其父母样本的女性比男性少得多，这一点从样本量对比也可以看出来。样本结构的变化可能带来最后估计结果出现男女性别之间的差异。第二，男性和女性之间本身就存在的差异。在不考虑数据结构导致的结果差异前提下，由于男性和女性在家庭资源分配以及劳动力市场中的回报中都存在差异，相比于女儿，有些父母可能更愿意对儿子进行人力资本投资，使得儿子各方面的回报可以超越自身禀赋的影响；同时，在劳动力市场上，男性也面临着更多的机遇，因此有更多的机会弱化家庭对自身的影响。总的来说，代际流动性在男性和女性之间体现出来的差异还是较为显著的，这一现象值得进一步关注。

表 3.7 代际流动性的异质性分析

Panel A 性别差异			Panel B 教育程度差异			Panel C 城乡差异			Panel D 地区差异		
性别	代际收入流动	观察值	受教育程度	代际收入流动	观察值	城乡	代际收入流动	观察值	地区	代际收入流动	观察值
男	0.358 *** (0.052)	1 016	高等	0.239 *** (0.044)	619	城	0.312 *** (0.085)	420	东	0.310 *** (0.047)	598
女	0.444 *** (0.054)	438	低等	0.367 *** (0.074)	855	乡	0.351 *** (0.053)	1 054	中	0.380 *** (0.093)	443
									西	0.336 *** (0.054)	433

注：在回归中控制了父亲和子女的年龄及其平方项；*** 表示在 1% 水平上显著；括号中是稳健标准误。

　　Panel B 的教育程度差异分析结果表明，教育程度更低的子女，其收入和教育对父代的依赖性更大，即其代际收入和教育的流动性都更低，而高教育程度的个体拥有更高的社会流动性。对于代际流动性在个体不同教育程度之间的差异性，同样可以用家庭对子女的人力资本投资不同以及劳动力市场的机会不同来解释。父母对子女的人力资本投资会直接影响子代的人力资本发展和进入劳动力市场后的收入水平，一般来说，低教育程度的个体父母在早期可能对他的人力资本投入较低，而由于受教育程度低，那么在进入劳动力市场后，他面临的各种机会也相对较少，这样就导致了低教育程度的个体在超越自身家庭背景而获得更高的收入和教育的概率更小，因此造成了最后代际流动性水平的低下。当然，这只是可能的两种解释，背后的具体原因还需要日后更深入地研究。

　　Panel C 和 Panel D 分别报告了代际流动性在城乡和地区之间的差异。代际流动性在收入和教育层面也确实存在城乡差异，农村的代际收入流动性和代际教育流动性都明显地高于城市。但代际流动性的城乡差异并没有性别差异和不同教育程度之间的差异大，这里可能的原因之一是劳动力的自由流动在一定程度上改善了这种差异。孙三百等（2012）的研究表明，劳动力流动显著地提高了代际流动性。劳动力流动对农村收入流动性的改善体现在两个方面：一方面，父辈从农村流向城市可能会使得其有更高的收入和更多的认知获得，从而增加了对子女的投资；另一方面，子女自身的流动使得其能够获得更高的收入和更多的劳动力市场机会，因此会更少地受到父辈收入和教育的影响。因此，劳动力流动对农村代际流动性是否有改善作用以及其背后的影响机制到底如何，也是未来研究中值得关注的问题。另外，除了城乡差异以外，Panel D 的结果表明，代际流动性在不同地区之间也表现出一定的差异性。本章发现东部地区不论是在收入方面还是在教育方面，其流动性都是最高的，而中部地区的代际收入流动性最低，西部地区的代际教育流动性最低。可以从宏观上初步判断，经济发展条件较好的地方，其代际流动性要更高，而经济落后的地方其代际流动性相对较低。但是，在分析代际流动性的地区差异时，同样不可忽略劳动力流动的影响。

3.4 代际教育流动性的测度与分析

在代际教育测度分析方面，本章首先通过代际教育转换矩阵对代际教育流动情况有一个直观的认识，其次通过受教育年限和组群教育次序计算代际教育弹性，最后根据出生组群对代际教育弹性的趋势进行分析，由于 CFPS 数据提供了单独的父母教育背景数据，因此本章对代际教育流动性方面的样本量更大，在测度代际教育流动性时使用了 CFPS 2010 年和 CFPS 2018 年的数据，并结合多种方式对代际教育流动进行测度分析。

3.4.1 代际教育转换矩阵

代际教育转换矩阵是最直观反映代际教育流动性的方式，根据数据基本情况，本章将子辈和父母的受教育程度分为五类：小学以下、小学、初中、高中和大专及以上。代际教育矩阵主要是看不同受教育程度的父母其子女所完成教育的情况。和代际收入转换矩阵类似，如果低收入阶层父母，其子女仍然出现在低收入阶层的比例较高，那么说明代际收入流动性较低。在代际教育转换矩阵中，如果低学历的父母其子女获得低学历的比例高，说明代际教育流动性较低。表 3.8 报告了根据 CFPS 数据计算的代际教育转换矩阵，从表 3.8 的结果可知，不论是父亲教育还是母亲教育，子女的受教育程度都和父辈高度相关。父亲或母亲的教育水平如果在小学以下，其子女教育程度也在小学以下的概率为 30% 左右，相反，其能获得高中及大专以上的概率比较低，只有 10% 左右。而如果父母教育水平在大专及以上，子女获得同等高学历的概率较高，子女教育程度为小学以下的概率非常低。从代际教育转换矩阵来看，父母受教育程度和子女受教育程度之间的相关性为 30% 左右（转换矩阵对角线的数值多在 30% 附近）。

表 3.8 代际教育转换矩阵 单位：%

项目		子辈受教育程度				
		小学以下	小学	初中	高中	大专及以上
父亲受教育程度	小学以下	30.09	26.29	29.57	9.93	4.12
	小学	8.52	23.16	40.93	17.47	9.92
	初中	3.40	13.83	39.51	23.81	19.45
	高中	2.82	8.75	29.53	28.46	30.43
	大专及以上	0.88	3.17	19.54	25.00	51.41
母亲受教育程度	小学以下	23.5	25.54	33.09	12.92	4.95
	小学	4.78	19.61	40.87	21.51	13.22
	初中	1.37	8.52	36.48	27.32	26.30
	高中	0.82	4.12	22.89	29.95	42.22
	大专及以上	0.82	2.04	17.14	26.94	36.33

3.4.2 代际教育弹性估计结果

代际转换矩阵可以很直观地反映代际教育流动情况，但无法更为精确地刻画代际教育流动性以及进一步地分析代际教育流动性。按照一般做法，本章在代际教育转换矩阵的基础上，对基于代际教育年限的代际教育弹性进行估计。我们按照式（3.1）给出的估计方程对代际教育弹性进行估计。在对代际教育弹性进行估计时，除了整体的代际教育弹性，我们将子女—父母样本分为四组：父亲—儿子、父亲—女儿、母亲—儿子、母亲—女儿，分别分析这四类组合的代际教育弹性，同时，我们也分析了以父母平均教育水平为代理变量的家庭教育水平对子女教育的影响。

表 3.9 的列（1）和列（4）报告了全样本的代际教育弹性估计结果，从父亲受教育程度看，代际教育弹性系数为 0.29，从母亲受教育程度看，代际教育弹性系数为 0.27，总体来看，父母的受教育程度对子女教育的影响区别不大，子女的教育程度中有 30% 左右决定于父母的受教育程度，说明总体代际教育流动性较低。分样本看，父亲—儿子之间的代际教育弹性和母亲—儿子之间的代际教育弹性较低，说明男性的代际教育流动性较高。对比来看，父亲—女儿和母亲—女儿之间的代际教育弹性系数较高，说明女性的代际教

育流动性较低，女性的受教育程度更大地受到父母受教育程度的影响。而综合看来，以父母平均教育水平为代理变量的家庭教育水平综合对子女的受教育程度影响更大，家庭层面的代际教育弹性系数为0.38。需要说明的是，在对代际教育弹性进行估计时，我们控制了子女兄弟姐妹数量解决人力资本理论中的质量—数量替代问题（Q-Q trade-off），兄弟姐妹数量的系数显著为负也进一步验证了质量—数量替代问题。同时，我们也控制了子女和父母的出生组群以缓解不同时期经济结构不同所带来的影响。

表3.9 代际教育弹性基准估计

	(1)	(2)	(3)	(4)	(5)	(6)	(7)
	全样本	男性	女性	全样本	男性	女性	全样本
父亲教育	0.2875 *** (0.0145)	0.2620 *** (0.0150)	0.3096 *** (0.0171)				
母亲教育				0.2734 *** (0.0141)	0.2366 *** (0.0138)	0.3099 *** (0.0175)	
父母平均教育							0.3793 *** (0.0463)
性别	0.6445 *** (0.0965)			0.8273 *** (0.0886)			0.5590 *** (0.0913)
户口	2.0949 *** (0.1423)	1.8174 *** (0.1391)	2.3485 *** (0.1807)	2.0712 *** (0.1418)	1.7931 *** (0.1505)	2.3360 *** (0.1665)	1.7372 *** (0.1266)
兄弟姐妹数量	− 0.3603 *** (0.0418)	− 0.2667 *** (0.0438)	− 0.4455 *** (0.0518)	− 0.2971 *** (0.0359)	− 0.2138 *** (0.0400)	− 0.3781 *** (0.0447)	− 0.3239 *** (0.0429)
民族	1.2663 *** (0.4340)	1.3590 *** (0.4012)	1.2159 ** (0.5015)	1.5188 *** (0.4888)	1.5990 *** (0.4686)	1.4650 *** (0.5290)	1.2125 *** (0.4311)
子辈出生组群	控制	控制	控制	控制	控制	控制	控制
父亲出生组群	控制	控制	控制	控制	控制	控制	控制
母亲出生组群	控制	控制	控制	控制	控制	控制	控制
N	14 699	7 259	7 440	17 388	8 674	8 714	12 702
R^2	0.355	0.286	0.414	0.339	0.265	0.404	0.372

注：*** 表示在1%的水平上显著；括号里为聚类在城市层面的聚类稳健标准误。

尽管上述估计代际教育弹性的过程中，对通过子女和父母的出生组群来控制不同时期经济结构对估计带来的影响，但直接用代际教育弹性进行估计仍然存在不同时期同一教育程度不可比的情况，即在不同时期获得高中或本科学历可能具有不同的回报或意义。为了克服这一偏差，本章进一步估计了基于出生组群的教育次序的代际教育弹性。具体地，我们按照个体的出生时间进行分组，然后按照出生组群和所在地区对其教育程度进行排序，即不再用绝对的教育获得水平来衡量其教育情况，而是用其在同一组群同一地区的教育程度排名来进行度量，这也是衡量代际流动性的常用方法（Chetty et al.，2014）。在按照教育排序对代际教育弹性进行重新估计时，我们仍然采取了全样本和分样本进行估计的思路。表3.10的估计结果表明，整体来看，按照教育排序估计的代际教育弹性比直接利用教育年限估计的代际教育弹性要高，即不论以父亲受教育程度还是母亲受教育程度为代表，代际教育弹性系数均为0.45左右，说明我国代际教育流动性较低，而如果以父母平均教育水平为代表计算的代际教育弹性系数为0.524，超过了0.5，表明代际教育固化较为严重。

表3.10　　　　　　　代际教育流动：基于组群教育次序的估计

项目	（1）	（2）	（3）	（4）	（5）	（6）	（7）
	全样本	男性	女性	全样本	男性	女性	全样本
父亲教育排序	0.449 *** (0.018)	0.485 *** (0.019)	0.417 *** (0.019)				
母亲教育排序				0.434 *** (0.018)	0.478 *** (0.020)	0.395 *** (0.018)	
父母平均 教育排序							0.524 *** (0.017)
控制变量	控制	控制	控制	控制	控制	控制	控制
子辈出生组群	控制	控制	控制	控制	控制	控制	控制
父亲出生组群	控制	控制	控制	控制	控制	控制	控制
母亲出生组群	控制	控制	控制	控制	控制	控制	控制
N	14 699	7 259	7 440	17 388	8 674	8 714	12 702
R^2	0.303	0.345	0.262	0.297	0.340	0.255	0.294

注：*** 表示在1%的水平上显著；括号里为聚类在城市层面的聚类稳健标准误。

3.4.3　基于组群教育次序的代际教育流动趋势分析

在对代际教育流动性进行整体估计分析以后，我们进一步对代际教育流动性的变化趋势进行分析。由于缺少长时期的跟踪调查数据，我们无法利用多期的数据对代际教育流动性的趋势进行分析，但是，我们可以利用数据中的全年龄段样本结构，从出生组群的角度对代际教育弹性的变化趋势进行分析。根据样本数据的年龄分布情况，我们将子辈按照出生时间划分为四类：出生于 1970 年以前的"70 前"、出生于 1970~1979 年的"70 后"、出生于 1980~1989 年的"80 后"和 1990 年以后的"90 后"。通过对比出生于不同年份的个体的代际教育弹性即可知道代际教育流动性随时间的变化趋势。表 3.11 分别汇报了基于教育年限和基于教育排序的估计结果，列（1）~列（4）分别汇报了不同组群的代际教育弹性。根据表 3.11 的报告的估计结果，不论是以教育年限进行的估计还是以教育排序进行的估计，代际教育弹性随着出生时间的推后会减少，即代际教育流动性有随着时间推移而提高的趋势。不过，尽管晚出生的个体其教育情况受父母教育程度影响的程度降低了，但仍然处于较高的水平，代际流动性的情况并没有明显改善的情况。

表 3.11　　　　　　　　　　　代际教育流动变化趋势

结果	变量	(1) 组群 1 "70 前"	(2) 组群 2 "70 后"	(3) 组群 3 "80 后"	(4) 组群 4 "90 后"
结果 A 基于教育 年限的估计	父母平均教育	0.3820 *** (0.0247)	0.4324 *** (0.0233)	0.3950 *** (0.0293)	0.2568 *** (0.0310)
	控制变量	控制	控制	控制	控制
	父亲出生组群	控制	控制	控制	控制
	母亲出生组群	控制	控制	控制	控制
结果 B 基于教育 排序的估计	父母平均教育排序	0.5890 *** (0.0211)	0.5175 *** (0.0225)	0.5073 *** (0.0196)	0.4375 *** (0.0186)
	控制变量	控制	控制	控制	控制
	父亲出生组群	控制	控制	控制	控制
	母亲出生组群	控制	控制	控制	控制
	N	2 514	3 444	3 845	2 853

注：*** 表示在 1% 的水平上显著；括号里为聚类在城市层面的聚类稳健标准误。

3.4.4　代际流动性的异质性分析

本章之前的内容对我国代际教育流动性的整体情况以及变化状况分别进行了分析，但值得注意的是，以上所有分析都是在所有群体上的整体分析，所估计的代际收入弹性和教育弹性也是依据所有样本计算的均值。而实际上，不论是代际收入流动性还是代际教育流动性，不同群体之间可能存在不同的流动性水平。例如，已有研究表明，农村地区和城镇地区的代际流动性存在差异，不同收入群体之间的代际流动性也有所不同。因此，本节在整体分析的基础上，进一步考察不同群体之间的代际流动性差异。同时，现有研究对代际流动性的个体异质性有较多的分析，但少有研究关注代际流动性的地区异质性，因此，代际流动性的地区差异及其原因是本章关注的重点。

1. 个体异质性

在个体异质性方面，本章分别从性别、居住地和户口三个维度来分析代际教育流动性的异质性表现。首先，由于男性和女性在家庭资源分配方面以及劳动力市场的各方面表现都存在差异，而且相对男性来说，女性在结婚成立新的家庭后受到原生家庭的影响可能更小一点，那么，代际流动性在性别之间可能有所不同。因此本章在异质性分析时首要考察代际教育流动性在不同性别之间的差异。其次，孙三百等（2012）的研究表明自由流动和迁移有利于提高代际流动性，那么现在居住地和出生户籍地等因素是否会影响代际流动性？本章也关注代际教育流动性在不同居住地（居住在城市还是农村）和不同出生户籍（出生地在城市还是农村）之间的异质性。

表3.12的教育程度差异分析结果表明，相对于男性，女性的教育对父代教育程度的依赖性更大，即其代际教育流动性更低。而从人口流动的角度看，当前工作和生活地的不同并不会带来代际教育流动性的变化，反倒是出生地的不同会导致代际教育流动性有较大不同。出生在农村的个体其代际教育流动性更低，说明农村出生的个体其教育的获得要更加依赖父母的教育程度，而后期向城市的自由流动会缓解这种依赖性。劳动力流动对

农村收入流动性的改善体现在两方面：第一，父辈从农村流向城市可能会使得其有更高的收入和更多的认知获得，从而增加了对子女的投资；第二，子女自身的流动使得其能够获得更高的收入和更多的劳动力市场机会，因此会更少地受到父辈收入和教育的影响。劳动力流动对农村代际流动性是否有改善作用以及其背后的影响机制到底如何，也是未来研究中值得关注的问题。

表 3. 12　　　　　　　　　　　代际教育弹性个体异质性

项目	(1) 男性	(2) 女性	(3) 生活在城市	(4) 生活在农村	(5) 出生在城市	(6) 出生在农村
父母平均教育	0. 3395 *** (0. 0185)	0. 4163 *** (0. 0224)	0. 3812 *** (0. 0172)	0. 3750 *** (0. 0313)	0. 2750 *** (0. 0215)	0. 3713 *** (0. 0234)
控制变量	控制	控制	控制	控制	控制	控制
子辈出生组群	控制	控制	控制	控制	控制	控制
父亲出生组群	控制	控制	控制	控制	控制	控制
母亲出生组群	控制	控制	控制	控制	控制	控制
N	6 346	6 356	6 070	6 632	2 245	10 457
R^2	0. 298	0. 441	0. 290	0. 314	0. 254	0. 313

注：*** 表示在1%的水平上显著；括号里为聚类在城市层面的聚类稳健标准误。

2. 地区异质性

在从性别和户籍等个体特征角度进行异质性分析后，本章进一步考虑代际流动性的区域差异。现有研究表明代际流动性在不同国家或地区间存在着较大差异，北欧国家和地区代际收入流动性较高，代际弹性一般在0.2左右，而其他发达国家如美国，代际收入流动性较低，代际弹性在0.4以上（Solon，1999）。近年来也有研究开始关注一国内部不同城市和地区的代际流动性。我国在经济高速发展社会经济极速转型的同时，区域之间在经济发展等各方面都体现出巨大的差异性，那么代际流动性是否也在区域之间存在差异？因此，本节从地区差异的角度探索代际流动性的异质性。

我们主要从经济发展程度、城市化水平和收入不平等程度三个维度进行地区异质性分析，表3.13对主要结果进行了汇报。列（1）和列（2）的结果表明，相对于经济发展较好的地区，经济发展较为一般的地区其代际教育流动性较差。列（3）~列（4）的结果表明，相对于高城市化水平地区，低城市化水平地区的代际教育流动性较低。上述结果说明经济发展有助于缓解代际流动性，同时也进一步佐证了上面所分析的人口的自由流动会促进代际流动这一观点。列（5）和列（6）对比了不同收入差距情况下代际教育流动性的差异，结果表明收入越不平等的地区代际流动性越低。收入不平等确实和代际流动性存在相关性，为了进一步分析二者之间的关系，本书第8章将对此进行单独的讨论。

表3.13　　　　　　　　　　代际教育弹性地区异质性

类别	（1）高经济发展水平地区	（2）低经济发展水平地区	（3）高城市化水平地区	（4）低城市化水平地区	（5）收入不平等地区	（6）低收入不平等地区
父母平均教育	0.3149 *** (0.0185)	0.3895 *** (0.0239)	0.3321 *** (0.0204)	0.3739 *** (0.0266)	0.4050 *** (0.0274)	0.3553 *** (0.0232)
控制变量	控制	控制	控制	控制	控制	控制
子辈出生组群	控制	控制	控制	控制	控制	控制
父亲出生组群	控制	控制	控制	控制	控制	控制
母亲出生组群	控制	控制	控制	控制	控制	控制
N	3 733	8 969	4 515	8 187	5 896	6 546
R^2	0.315	0.337	0.316	0.336	0.399	0.348

注：***表示在1%的水平上显著；括号里为聚类在城市层面的聚类稳健标准误。

3.5 代际流动性的国际对比分析

上两节分别对我国代际收入弹性和代际教育弹性进行了测度，发现当前我国代际收入弹性在3.54~3.90，代际教育弹性在0.273~0.379，这一数据所刻画的代际流动性到底还是高还是低需要进行国际比较分析。本节搜集整理了部分代表性国家的代际收入和代际教育数据以进行横向比较。

表 3.14 报告的是美国、德国、意大利、瑞典、加拿大和印度等国家的代际收入弹性，也同时汇报了测度代际收入弹性的时间范围和测度方法。从各国的数据来看，代际收入弹性的区间分布较广，最低的是加拿大的0.212，最高的是印度的0.648。具体来看，印度的代际流动性最低，加拿大和瑞典的代际流动性最高，而美国和德国的代际流动性居中。横向比较看，中国的代际收入流动性略低于美国和德国，但比印度要高。中国目前是世界第二大经济体，经济总产出仅次于美国，而我们的代际收入流动性和美国较为类似，我国的代际收入流动性也与同为制造业大国的德国相近，这一结果说明我国的代际收入流动性仍在可接受范围内。但整体来看，我们与瑞典、加拿大等公认代际流动性较高的国家还有不少差距，在追求竞争增长的同时，我们仍然需要重点关注代际流动性问题。

表 3.14 主要国家的代际收入弹性

国家	时间范围 （子代出生年份）	估计方法	代际收入弹性	研究来源
美国	1971～1982	Log-log	0.316～0.361	柴提等（Chetty et al.，2014）
德国	1955～1976	Log-log	0.318～0.397	施尼茨林（Schnitzlein，2016）
意大利	1972～1983	Rank-rank	0.233～0.267	阿西瑞等（Acciari et al.，2022）
瑞典	1968～1976	Rank-rank	0.238～0.245	海德里希（Heidrich，2017）
加拿大	1982～2001	Rank-rank	0.212～0.228	康诺等（Connolly et al.，2019）
印度	1970～1982	Log-log	0.440～0.648	哈萨克等（Hnatkovska et al.，2013）

除了对代际收入弹性进行横向比较分析外，本章同时也关注代际教育弹性的国际比较。表 3.15 报告了美国、丹麦、意大利、加拿大和印度等代表性国家的代际教育弹性数据。这几个国家的代际教育弹性最低是加拿大的0.2633，最高是印度的0.533。而中国的代际教育弹性比美国、丹麦和意大利要低，比加拿大要高。通过对代际教育弹性的横向比较发现，我国代际教育流动性和代际收入流动性并不完全同步。整体上看，各国的代际教育弹性普遍高于代际收入弹性，但我国的代际教育弹性却低于代际收入弹性。这一结果一定程度上说明我国的代际收入流动性相对较低而代际教育流动性相对较高。这里可能的原因有两点：一是我国自 1986 年以来实行的义务教育政策的影响，在政策的作用下，父代教育程度对子女教育获得

的影响会降低；二是改革开放以来，我国社会经济结构变化较快，随着我国市场化改革深化和经济的高速增长，教育的回报并不稳定，因此教育代际弹性并没有完全和收入代际弹性紧密关联。代际教育流动和代际收入流动可能存在一定联系，但它们之间的差异更能反映代际流动性的本质，这一问题有待未来进一步地深入研究。

表 3.15 主要国家的代际教育弹性

国家	时间范围 （子代出生年份）	估计方法	代际教育弹性	研究来源
美国	1980~1984	Year-year	0.40~0.47	安德拉德和汤姆森（Andrade & Thomsen，2018）
丹麦	1980~1984	Year-year	0.35~0.42	安德拉德和汤姆森（Andrade & Thomsen，2018）
意大利	1975~1980	Year-year	0.50	切奇等（Checchi et al.，2013）
加拿大	1976~1986	Year-year	0.2653	拉蒂夫（Latif，2017）
印度	1976~1985	Year-year	0.508~0.533	阿扎姆和巴特（Azam& Bhatt，2015）

3.6 本章小结

本章利用两套代表性面板数据分别从趋势、现状和异质性三个方面测度和分析了我国的代际收入流动性和代际教育流动性。本章充分对比利用三套数据的优势，并综合运用卢博茨基和威登堡（Lubostky & Wittenberg，2006）提出的加总信息的多重估计方法，从多个角度对我国的代际流动性问题进行了细致的分析，得到的主要结论如下：第一，1989~2011年，我国的代际收入流动性不存在十分明显的时间变化，只是在整体上存在着先上升后下降的趋势，且这种趋势在分组群考虑时更为明显，"80后"具有比"70后"更高的代际流动性。第二，1989~2011年，我国的代际教育流动性存在着较为明显的时间趋势，代际教育流动性在这段时间内随时间的推移不断降低，在2011年前后代际教育弹性高于0.5。第三，利用CHNS数据和CFPS对比发现，在2010年前后，估计出的代际收入弹性在0.35~0.39，代际教育弹性在0.46~0.52，而真实值可能比估计值还要高。第四，不论是收入层面还是教育层面，我国的代际流动性在不同性别之间、不同子代教育程度之间、城乡之间和地区之间均存在着显著的差异。这其中的差异可能的解释在于家庭对子女的人力资本投资、劳动力市场的回报率以及人口流动。第五，我国的代际收入流动性和代际教育流动性在国际横向比较中处于中等偏低的位置，整体代际流动性还需要提高。同时，和其他国家不同，我国的代际教育流动性比代际收入流动性相对较高。

本章对代际流动性的测度问题进行了全面的分析。但是，代际流动性只是从整体层面对一个客观结果的刻画和描述，代际收入和教育弹性尽管反映了父辈对子代的影响程度，但这其中并不涉及因果推断，而且，对代际流动性的测度直接关注在两代人最后的结果变量（收入和教育）上，没有考虑代际流动性的早期决定机制。对于代际流动性研究的进一步突破：一方面在于对父代收入/教育对子代的影响的因果效应识别；另一方面在于从子女人力资本发展过程来剖析其中的具体的决定机制。本书接下来各部分内容正是从这两个角度出发，以子代早期人力资本发展为研究重点，分析家庭教育背景对子女早期人力资本发展的影响及其机制，从而理解代际流动性的早期决定问题。

第 4 章

基于早期人力资本发展的代际
流动决定理论框架

代际流动性的理论研究在不同学科有不同的发展脉络，社会学对于代际流动性的研究主要关注的是职业的代际流动性（Erikson & Goldthorpe，1992），经济学对代际流动性的研究则主要关注收入和人力资本的代际传递（Solon，1999）。在对代际流动性的决定机制方面，经济学也同时从家庭（Becker & Tomes，1979）、学校（Card & Krueger，1996）、社区（Chetty et al.，2016）以及政府政策（Cunha et al.，2010）等角度出发进行了理论探索。不论是收入、人力资本还是个人能力的代际传递，在研究背后的决定机制，一个重要的问题就是识别先天遗传因素和后天影响因素的作用。而对后天影响因素的系统分析就必须从劳动力市场中的结果变量深入个体的发展过程，特别是人的早期发展。在代际流动性研究中，人的早期发展最主要的部分就是个体人力资本的早期生产过程。本章即是从个体早期人力资本生产的视角研究家庭教育背景如何影响了子女的早期人力资本发展。

库尼亚和赫克曼（Cunha & Heckman，2007）对子代早期人力资本发展进行了开创性的理论延展，将经典的贝克尔和汤姆斯（Becker & Tomes，1979，1986）代际流动模型与人力资本发展理论进行结合，提出了能力形成的技术（the technology of skill formation）理论框架。本书的理论分析主要以经典的贝克尔和汤姆斯（Becker & Tomes，1979，1986）代际流动模型、库尼亚和赫克曼（Cunha & Heckman，2007）的早期人力资本发展理论为基础。本章首先对贝克尔和汤姆斯（Becker & Tomes，1979，1986）

的经典代际流动性的理论、库尼亚和赫克曼（Cunha & Heckman，2007）的能力形成的技术理论进行回顾和梳理，并在此基础上，提出本书的理论分析框架。

4.1　经典的代际流动模型

贝克尔和汤姆斯（Becker & Tomes，1979）最早开始对代际流动性进行理论研究，根据贝克尔和汤姆斯（Becker & Tomes，1979）的分析，假设家庭内部不存在成员之间的议价和互动，家庭是以一个整体进行决策，同时假设每个家庭只有一个孩子，那么父母的效用函数取决于自己的消费水平和孩子在劳动力市场上的表现：

$$U_t = U_t(C_t, Y_{t+1}) \tag{4.1}$$

其中，C_t 为父母的消费水平，Y_{t+1} 为子女在劳动力市场上的收入情况，父母在时期 t 选择自己的消费并对子女进行人力资本和非人力资本的投资，子女在 $t+1$ 时期进入劳动力市场后获得回报。父母的效用最大化受到的预算约束为：

$$Z_{t,} + P_t I_t = Y_t \tag{4.2}$$

其中，I_t 为父母对子女的资本投资，P_t 为这种资本投资的价格，Y_t 为父母的收入。假设对子女来说单位资本投资的价值为 w_{t+1}，则父母对子女的资本投资的回报可以表示为：

$$P_t I_t = \frac{w_{t+1} I_t}{1 + r_t} \tag{4.3}$$

其中，r_t 为每代人的回报率。

假设子女的收入全部决定于自己的禀赋、父母的投资以及市场运气获得的资本所得，且所有形式的资本具有相同收益率，那么子女的收入可以表示为：

$$Y_{t+1} = w_{t+1} I_t + w_{t+1} e_{t+1} + w_{t+1} u_{t+1} \tag{4.4}$$

其中，e_{t+1} 表示子女自身的禀赋，u_{t+1} 表示由于市场运气获得的资本所得。

将式（4.4）和式（4.3）代入式（4.2）得到：

$$C_t + \frac{Y_{t+1}}{Y+r_t} = Y_t + \frac{w_{t+1}e_{t+1}}{1+r_t} + \frac{w_{t+1}e_{t+1}}{1+r_t} = S_t \tag{4.5}$$

其中，S_t 表示加总的家庭收入，子女的收入被贴现到了 t 期。父母考虑自身消费和子女的收入以最大化其效用，而父母效用最大化也取决于其对家庭总收入 S_t 的预期、对子女的禀赋和市场运气的预期，由此可以得到如下平衡方程：

$$\frac{\partial U}{\partial C_t} \bigg/ \frac{\partial U}{\partial Y_{t+1}} = \frac{1}{r_1} \tag{4.6}$$

假设效用函数为相似函数，那么式（4.6）可以表述为：

$$\frac{Y_{t+1}}{1+r_t} = \alpha(\gamma, 1+r)S_t \tag{4.7}$$

$$C_t = (1-\alpha)S_t \tag{4.8}$$

$$\frac{1}{1+r_1}w_{t+1}p_t = \alpha S_t - \frac{1}{1+r_1}w_{t+1}e_{t+1} - \frac{1}{1+r_1}w_{t+1}u_{t+1} \tag{4.9}$$

其中，γ 为一个参数，表示父母在子女收入和自己消费水平之间的偏好程度。

由此，子女的收入决定方程可以表示为：

$$Y_{t+1} = \alpha(1+r_t)Y_t + \alpha w_{t+1}e_{t+1} + \alpha w_{t+1}u_{t+1} \tag{4.10}$$

其中，$\alpha(1+r_t)$ 表示父母对子女的投资倾向，式（4.10）表明子女的收入 Y_{t+1} 和禀赋 e_{t+1} 之间的关系取决于家庭总收入中分配到孩子身上的份额，在分析子女的收入决定时，子女的禀赋是重要的决定因素，因此需要对子女的禀赋进行进一步的分析。

假设子女的预期禀赋取决于父母的禀赋和社会平均禀赋，那么子女的禀赋方程决定为：

$$e_{t+1} = (1-h+f)\bar{e}_t + he_t + v_{t+1} \tag{4.11}$$

其中，e_t 表示父母的禀赋，$\bar{e}_t$ 表示子代的平均禀赋，而 h 为禀赋在代际的遗传因子，v_{t+1} 表示随机干扰项。将式（4.11）代入式（4.10）得到：

$$Y_{t+1} = \alpha w_{t+1}(1-h+f)\,\overline{e}_t + \alpha(1+r_t)Y_t + \alpha h w_{t+1}e_t + \alpha w_{t+1}u_{t+1} + \alpha w_{t+1}v_{t+1}$$

$$(4.12)$$

那么父母禀赋的变化所带来的孩子收入的变化为：

$$\frac{dY_{t+1}}{dw_{t+1}e_t} = \alpha h + \alpha(1+r_t)\frac{dY_t}{dw_{t+1}e_t} = \alpha h + \alpha(1+r_t)\frac{\alpha w_t}{w_{t+1}}$$

$$= \alpha\left(h + \alpha(1+r_t)\frac{w_t}{w_{t+1}}\right) \tag{4.13}$$

以上便是贝克尔和汤姆斯（Becker & Tomes，1979）经典代际流动模型的基础分析框架，贝克尔和汤姆斯（Becker & Tomes，1979）随后对基准模型进行了分析和讨论，并通过不断放松假设和引入新的参数从而增加了模型对现实的解释力度。贝克尔和汤姆斯（Becker & Tomes，1979）的代际流动模型表明，子女的收入受到父母的影响，这种影响主要通过父母的收入、父母的禀赋、父母对子女的投资以及父母对子女的遗传所决定，除此之外，子女收入也受到市场运气、禀赋运气和政府投资的影响。

贝克尔和汤姆斯（Becker & Tomes，1986）则对上述代际流动模型进行了进一步的扩展，他们在收入之外，增加了对人力资本的讨论，将个人禀赋从收入决定方程中提取出来加入人力资本决定方程中，同时，也考虑了父母对子女的直接的财富转移。贝克尔和汤姆斯（Becker & Tomes，1986）对代际流动模型进行了完善，从而奠定了代际流动研究的理论基础，为后续的实证研究提供了基础的理论分析框架。

4.2　扩展的代际流动理论

贝克尔和汤姆斯（Becker & Tomes，1979，1986）提出了代际流动的基础理论模型，索伦（Solon，2004）则在此基础上对代际流动理论进行了整合和发展，并推导出了实证分析的一般框架。

根据索伦（Solon，2004）的研究，假设在一个家庭中包含分别出生于 $t-1$ 期的一位家长，和在 t 期出生的一个子女：在 $t-1$ 期家长收入为 $y_{i,t-1}$，政府的税收比率税为 τ，因而家长在 $t-1$ 期的可支配收入为

$(1-\tau)y_{i,t-1}$。家长的选择集为两种：一是保障其自身的消费需求 $C_{i,t-1}$；二是对子女的人力资本进行投资决策 $I_{i,t-1}$。同时，假定家长不能在当期从事储蓄或者贷款，那么有等式：

$$(1-\tau)y_{i,t-1} = C_{i,t-1} + I_{i,t-1} \tag{4.14}$$

家长对于子女的投资会通过一定的渠道转化子女自身的人力资本，因而有转换等式为：

$$h_{it} = \theta\log(G_{i,t-1} + I_{i,t-1}) + e_{it} \tag{4.15}$$

其中，h_{it} 代表子女的人力资本，θ 代表投资转化为人力资本的边际产品，半对数形式标明了其边际产品递减，$G_{i,t-1}$ 代表政府对于子女的人力资本投资，e_{it} 代表子女个体的天赋（这部分因素不由后天的投资影响，而是先天决定）。式（4.15）刻画了所有先天和后天因素对子女人力资本存量的影响。

式（4.15）可以顺理成章地推理出，子女的禀赋于上一代人的禀赋联系最为紧密，因而 e_{it} 可以看作服从一阶自回归过程：

$$e_{it} = \delta + \lambda e_{i,t-1} + \nu_{it} \tag{4.16}$$

其中，ν_{it} 是白噪声，$\lambda \in [0,1]$。

对于父母的收入而言，其由一个半对数函数形式决定：

$$\log y_{it} = \mu + ph_{it} \tag{4.17}$$

其中，p 为人力资本的回报率，μ 则代表在劳动力市场上的各种意外偶然因素（通常被视作运气）。

以上式（4.14）~式（4.17）被看作模型的背景描述（包含预算约束在内）。那么家长的效用函数被假定为柯布道格拉斯函数形式：

$$U_i = (1-\alpha)\log C_{i,t-1} + \alpha\log y_{it} \tag{4.18}$$

其中，参数 α 被称作利他主义因子且 $\in [0,1]$，衡量的是作为决策主体的家长对于自身消费和子女人力资本投资的偏好。将式（4.14）~式（4.17）等式带入式（4.18）得到：

$$U_i = (1-\alpha)\log[(1-\tau)y_{i,t-1} - I_{i,t-1}] + \alpha\mu + \alpha\theta p\log[G_{i,t-1} + I_{i,t-1}] + \alpha p e_{it} \tag{4.19}$$

此时，式（4.19）将最优化问题化为了家长对子女投资 I 的选择，那么其一阶条件为：

$$\partial U_i / \partial I_{i,t-1} = = -\frac{1-\alpha}{[(1-\tau)y_{i,t-1}-I_{i,t-1}]} + \frac{\alpha\theta p}{(I_{i,t-1}+G_{i,t-1})} \quad (4.20)$$

解出 $I_{i,t-1}$ 得到：

$$I_{i,t-1} = \frac{\alpha\theta p}{1-\alpha(1-\theta p)}(1-\tau) - \frac{1-\alpha}{1-\alpha(1-\theta p)}G_{i,t-1} \quad (4.21)$$

式（4.21）具有重要含义：投资为家庭收入的增函数，为政府投资的减函数。说明家庭收入越高，家长对子女的投资越大，且政府的公共投资对于私人投资有一定的挤出效应，$I_{i,t-1}$ 为利他因子 α 的增函数，说明家长越重视子女的利益，对于人力资本的投资越大；$I_{i,t-1}$ 为 θp 的增函数，说明人力资本投资的回报率越高，对于人力资本的投资力度越大。

若将式（4.15）代入式（4.17），可以得到：

$$\log y_{it} = p\big[\theta\log(G_{i,t-1}+I_{i,t-1})+e_{it}\big] \quad (4.22)$$

将式（4.21）代入式（4.22）得到：

$$\log y_{it} = \mu + \theta p\log\frac{\alpha\theta p(1-\tau)}{1-\alpha(1-\theta p)} + \theta p\log\Big\{\log y_{i,t-1}\Big[\frac{G_{i,t-1}}{(1-\tau)y_{i,t-1}}\Big]\Big\} + pe_{it}$$

$$(4.23)$$

若 $\dfrac{G_{i,t-1}}{(1-\tau)\log y_{it}}$ 值较小时，则（4.23）可以近似改写为：

$$\log y_{it} \cong \mu + \theta p\log\frac{\alpha\theta p(1-\tau)}{1-\alpha(1-\theta p)} + \theta p\log y_{i,t-1} + \theta p\frac{G_{i,t-1}}{(1-\tau)y_{i,t-1}} + pe_{it}$$

$$(4.24)$$

式（4.24）说明代际收入的传递还受到政府对于社会未成年人的人力资本投资政策的影响，并假设政策可以被描述为：

$$\frac{G_{i,t-1}}{(1-\tau)y_{i,t-1}} \cong \varphi - \gamma\log y_{it} \quad (4.25)$$

其中，$\gamma > 0$ 表示政府人力资本投资占家庭总收入的比例随着家庭收入水平的下降而降低，呈现梯度性质，其中 γ 越大，则梯度性越强。将式（4.25）代入式（4.24）中，得到：

$$\log y_{it} \cong \mu^* + \left[(1-\gamma)\theta p\right]\log y_{i,t-1} + pe_{it} \tag{4.26}$$

其中，$\mu^* = \mu + \varphi\theta p + \theta p\log\dfrac{\alpha\theta p\ (1-\tau)}{1-\alpha\ (1-\theta p)}$。式（4.26）则为通常所说的代际收入弹性的双对数模型。但观察式（4.26）可以发现，作为误差项的 pe_{it} 和自变量 $\log y_{it}$ 是相关的，因为 e_{it} 和 $e_{i,t-1}$ 是一阶自相关的，而 $\log y_{i,t-1}$ 和 $e_{i,t-1}$ 是相关的。

由简单的计量可以知道，当随机误差项存在一阶自相关，由于 $\log y_{it}$ 和 $\log y_{i,t-1}$ 在稳态下具有相同的方差，两者之间的总体回归系数即为两者样本之间的相关系数，记为 β，其值为等式的斜率与一阶自相关系数之和，除以1加上两者乘积的商：

$$\beta = \frac{(1-\gamma)\theta p + \lambda}{1 + (1-\gamma)\theta P\lambda} \tag{4.27}$$

式（4.27）充分展现了代际收入弹性 β 与各个因素之间的关系。代际收入弹性 β 是 λ、θ、p 和（$1-\gamma$）的增函数，代际基因的继承性越强，人力资本投资的转换率越高，人力资本回报率越高，公共投资的梯度性越弱，则代际收入弹性系数越大。特别值得注意的是，在以上所有等式中，只有式（4.26）被看作回归模型的基础，且由于式（4.26）存在的内生性可知，由于 $\log y_{i,t-1}$ 和 $e_{i,t-1}$ 具有较强的相关性，所以估计的弹性系数只能看作父辈和子代收入相关程度的总体反映指标，是一种统计上的相关关系，而并不能被视为对父辈与子代收入之间因果关系的直接描述。

贝克尔和汤姆斯（Becker & Tomes，1979，1986）和索伦（Solon，2004）对代际流动性的理论分析主要集中在代际收入流动性，且其对代际收入流动性的决定机制的探讨并不深入，在后续的部分关于代际流动性的理论研究中，都将人力资本这一重要变量假设为单一维度的标量，没有从人力资本发展的角度探讨代际流动性的决定机制问题。库尼亚和赫克曼（Cunha & Heckman，2007）则在前人研究的基础上，开创性地提出了能力的形成技术（the technology of skill formation）理论框架，尝试从打开人力资本这个"黑匣子"的角度对代际流动性的决定机制进行进一步研究，为后代际流动性的后续研究，特别是从子代早期人力资本发展角度进行的代际流动性研究奠定了理论基础。

4.3 早期人力资本发展理论

4.3.1 赫克曼（Heckman）早期人力资本理论

库尼亚和赫克曼（Cunha & Heckman，2007）在传统人力资本理论的基础上建立了新的家庭投资与子女人力资本积累的模型。这一新人力资本发展理论包含了基于生命周期的多阶段生产性投资活动、人力资本发展过程中的动态互补性以及市场活动中的家庭交易行为，重点解释了基于能力的人力资本在代际的传递，从人力资本发展的角度对代际流动性背后的决定机制进行了解释。

库尼亚和赫克曼（Cunha & Heckman，2007）的基础模型假设存在一个四期的生命周期，子女在未进入劳动力市场获取工资时可以分为两期，此时，子女从父母处获得投入。劳动力市场上的父母也分为两期。设定 θ_1 为子女通过分布函数 $J(\theta_1)$ 分配到的初始禀赋，这一分配函数取决于父母的能力和父母对子女处于胎儿期时对子女的照料情况（Gluckman & Hanson，2004）那么子女的人力资本积累过程取决于父母在第一期和第二期对子女的人力资本投资，而父母投资的生产力又由其自身的人力资本 θ_p 决定。根据传统的研究设定，定义 θ_3 为子女成年后进入劳动力市场时（第三期）的人力资本积累情况，利用 CES 生产函数可以得到：

$$\theta_3 = \delta_2[\theta_1, \theta_p, (\gamma (I_1)^{\phi} + (1-\gamma)(I_2)^{\phi})\phi^{\frac{\rho}{\phi}}] \tag{4.28}$$

其中，$0 < \rho \leq 1, \phi \leq 1, 0 \leq \gamma \leq 1, \gamma$ 是人力资本乘数。为了更直观地理解式（4.28），考虑如下的参数化的生产函数方程：

$$\theta_{t+1} = \delta_t \{\gamma_{1,t}\theta_t^{\phi_t} + \gamma_{2,t}I_t^{\phi_t} + \gamma_{3,t}\theta_p^{\phi_t}\}^{\frac{\rho_t}{\phi_t}} \tag{4.29}$$

其中，$\gamma_{1,t} > 0, \gamma_{2,t>0}, \gamma_{3,t} > 0, \rho_t \leq 1, \phi_t \leq 1, \sum_{k=1}^{3} \gamma_{k,t} = 1$。

往复替代，如果 $T=2$，$\rho_1=\rho_2=1$，$\delta_1=1$，$\phi_1=\phi_2=\phi\leqslant1$，那么子女成年后的能力 $\theta_3=\theta_{T+2}$ 可以表示为：

$$\theta_3=\delta_2[\gamma_{1,2}\gamma_{1,1}\theta_t^\phi+\gamma_{1,2}\gamma_{2,1}I_t^\phi+\gamma_{2,2}I_2^\phi+(\gamma_{3,2}+\gamma_{1,2}\gamma_{3,1})\theta_p^\phi] \quad (4.30)$$

其中，$\gamma=\gamma_{1,2}\gamma_{2,1}$ 是人力资本乘数，它由能力的自我生产系数 $\gamma_{2,1}$ 和投资的生产力 $\gamma_{1,2}$ 所决定。能力的自我生产和投资的生产力联合起来就形成了子代在能力形成过程中的动态互补。$\gamma_{2,1}$ 表示对第一期子女的人力资本投资多大程度上转化成了子女的能力，ϕ 刻画的是投资的替代和互补关系。如果 $\phi=1$，那么父母对不同阶段的子女的人力资本投资是完全替代的，并且当 $\gamma_{1,2}\gamma_{2,1}=\gamma_{2,2}$ 时，这种替代关系是完美的。这就是贝克尔和汤姆斯（Becker & Tomes，1979，1986）中的情形。而另一种极端情况是 $\theta_3=\delta_2(\theta_1,\theta_p,\min(I_1,I_2))$，这是一种比完全替代更接近现实的假定。

父母决定将自己的财富在家庭消费、对子女各阶段的人力资本投资以及遗产之间进行分配。设定父母初期的资产为 α，同时允许父母在劳动力市场上的生产能力按照外生的速率 g 增长，那么父母面临的预算约束为：

$$c_1+I_1+\frac{\alpha}{1+r}=w\theta_p+b \quad (4.31)$$

和

$$c_2+I_2+\frac{b'}{1+r}=w(1+g)\theta_p+\alpha \quad (4.32)$$

当允许代内和代际的借贷行为，即 $\alpha\geqslant\alpha_0$，$b'\geqslant0$。设定 $u(\cdot)$ 为父母的效用方程，β 为折现率，ν 为利他性参数，假设 θ_1' 为子女不确定的初始禀赋，那么父母的目的是要最大化如下效用：

$$V(\theta_p,b,\theta_1)=\max_{c_1,c_2,I_1,I_2}\{u(c_1)+\beta u(c_2)+\beta^2\nu E[V(\theta_3,b',\theta_1')]\} \quad (4.33)$$

如果父母没有受到任何代际和代内的预算约束，那么就如同贝克尔和汤姆斯（Becker & Tomes，1979，1986）所表明的，父母的初始财富、对子女的利他性在决定对子女的最优人力资本投资水平的过程中都没有发挥作用。因为父母可以自由地在劳动力市场进行借贷从而实现对子女投资的最优化。然而，即使在这种设定框架下，父母的投资回报率仍决定于父母的能力 θ_p，因为父母的能力影响了对子女人力资本投资的效率。具有高能

力 θ_p 的父母其对子女进行人力资本投资的回报也高。这部分子女将从父母处获得较高的人力资本投资。同时，子女的初始禀赋 θ_1 也会影响投资，这就是由出生带来的代际传承的第二个渠道。

如果父母在不完全信贷市场上面临着信贷约束，同样也会从两个渠道影响到代际依赖性。第一种情况是父母不可能将子女将来的收入借过来对子女进行人力资本投资。当这种情况存在时，由于 $b' \geq 0$，那么父母的财富就在子女的人力资本积累过程中起着重要的作用。受到信贷约束的家庭，其子女往往获得了较为低水平的初期和晚期人力资本投资。第二种情况是父母可能面临在对自己未来的收入进行借贷时存在障碍，在这种情况下，父母对子女的人力资本投资就不是完全替代的，$\phi < 1$，且父母的效用由 $u(c) = (c^\lambda - 1)/\lambda$ 决定，那么早期和晚期的投资比例是：

$$I_1/I_2 = \left[\frac{\gamma}{(1-\gamma)(1+r)} \right] \left[\beta(1+r) \right]^{\frac{1}{1-\phi}} \left(\frac{c_1}{c_2} \right)^{\frac{1-\lambda}{1-\phi}} \qquad (4.34)$$

在受到信贷约束的情景下，I_1/I_2 比没受到信贷约束的情景下要小，同时 I_1 也要小于最优值。父母对子女的早期和晚期人力资本投资比率取决于父母的偏好和禀赋。如果父母早期的收入比晚期的要低，或者 λ 很小，那么父母的财富将会影响到其对子女的人力资本投资。这种信贷约束将会严重不利于子女的人力资本发展。

4.3.2 对早期人力资本发展理论的进一步解释

自库尼亚和赫克曼（Cunha & Heckman，2007）提出早期新的人力资本发展理论框架后，现有文献在其基础上对人力资本理论的早期发展进行了进一步深入系统研究，取得了一定的成果。在此基础上，阿塔纳西奥等（Attanasio et al.，2020）对早期人力资本发展理论框架进行了梳理分析，他从人力资本生产函数、偏好以及资源三个方面出发对早期人力资本发展理论框架进行了阐释。

1. 人力资本生产函数

对于人力资本生产函数的研究最早可以追溯到加里·贝克尔早期对代

际流动性的研究（Becker & Tomes，1979，1986，1994；Becker，1975），而詹姆斯·赫克曼等人最近提出的基于能力形成技术的人力资本发展分析框架（Cunha & Heckman，2007；Heckman，2007）又将加里·贝克尔等早期的人力资本形成理论进行了扩充和发展。根据扩展后的人力资本发展理论，人力资本被认为是在生命的早期就开始形成的一个多维度的能力集，这里的多维度包括认知能力、非认知能力、健康或营养状况等。这些不同维度的人力资本状况的发展受到早期的人力资本水平、一些固定不变的因素（如不随时间变化的家庭背景等）和一些随时间变化的因素（如社区环境和政策等）的共同影响。对于这些因素，其中部分是可以被家庭或政府等所主动选择的，而另一些则可以被认为是外生无法改变的。对于这两类环境因素，其主要区别在于那些固定的因素存在某种主观的选择性，可以称其为人力资本投资，而那些随时间变化的外生的因素则可以被认为是独立于人力资本各维度的一种演化过程。

　　人力资本的形成过程在经济学中被称为人力资本生产过程，环境因素、外生冲击、主动的投入以及早期的人力资本水平都是人力资本生产函数中重要的组成部分，且以一种复杂的非线性形式决定了人力资本的生产。根据经典生产函数理论，各生产要素存在替代和互补的关系。同样，在人力资本生产函数中，各生产要素也可能存在替代或互补关系，而现有实证研究则表明，在人力资本的动态生产过程中，各要素之间存在明显的互补性，这种生产要素的互补性则说明对于人力资本进行早期的投资将会有助于人力资本的长远发展。而对人力资本的投资中，最主要的部分来源于父母对子女的人力资本投资，这种父母对子女的人力资本投资行为是一种父母主动选择的内生行为，是作为内生变量出现在子女人力资本的生产函数中。因此，在进行实证研究过程中，考虑父母投资的内生性以及将父母的行为内生化显得尤为重要。

2. 偏好

　　在分析子女人力资本生产函数时，父母对子女的人力资本投资是重要的生产要素。在子代人力资本发展理论中，一个基本的假设是父母的效用最大化取决于自己的消费和子女的人力资本发展状况。更高的人力资本则意味着更好的福利水平、更聪明和健康的孩子更有可能在成年后获得更多的资源和劳动力市场回报。传统的效用函数中父母的效用一般只由自己的消费决定，当考虑子女因素时，父母的效用除了来自于自己的消费外，还来自于子女的人力资本发展状况，这里存在两方面的因素：一是父母对子女的利他行为；二是父母考虑子女未来可能对自己养老的支持。尽管父母的效用最大化过程会考虑子女人力资本发展，但这并不意味着父母一定会对子女做出最优的人力资本投资行为。

第一个需要考虑的因素就是子女的数量或者生育行为是否被纳入基本模型中，这就是劳动经济学中经典的子女数量和质量的替代问题（the quantity/quality tradeoffs），现有文献对此已进行了大量的理论探讨和实证研究（Becker & Lewis，1973；Becker，1992）。第二个需要考虑的问题就是当存在多个子女的前提下，父母在不同子女之间的偏好问题。一般认为父母会倾向于对初始禀赋（更聪明或更健康）更高的子女进行更多的人力资本投资，因为这样的人力资本投资的回报最高。当然，也可能存在另一种情况，如果父母比较看重子女之间的公平，那么他们可能倾向于对禀赋低的子女投入更多。另外，父母还会在人力资本投资和直接财富转移综合地分配其对不同禀赋子女的投资行为。同时，除了子女的禀赋以外，子女性别也是父母人力资本投资决策的影响因素之一。

但是在一般的父母行为理论模型中，家庭是作为一个整体参与子女的人力资本生产函数中的。实际上，家庭内部可能存在父亲和母亲之间显性或隐性的议价行为，家庭决策也可能受到祖父母辈的影响，因此，在更加特殊化的模型中，需要考虑家庭内部成员之间的互动和议价过程。

3. 资源、信息和信任

子女的人力资本生产函数很大程度上取决于父母的行为，父母的理性行为选择即是在预算约束下的效用最大化过程。这里的预算约束首先就是资源的约束，父母能够获得的资源取决于其自身的人力资本水平和非劳动性收入。除了资源的约束，一个被长期忽略的预算约束便是信息的不完全，一般的理论认为父母基于给定的人力资本生产函数进行投资决策，他们对子女的时间投资和物质投资取决于他们自身的偏好、资源以及他们对人力资本生产函数的认识。但实际上，父母所面临的子女的人力资本生产函数并不是具有完全信息的，也就是说他们并不一定知道他们具体投资行为的回报率。因此，父母关于子女人力资本生产函数方面的信息也应该作为一种稀缺的资源，从而作为父母预算约束的一部分。

关于家庭社会经济地位对子女人力资本发展的影响，现有文献已得出了系列结论，主要包括：（1）家庭背景（收入、父母教育水平和能力等）对子女的早期人力资本发展有重要作用；（2）子女人力资本发展是多维度的，包括认知能力和非认知能力等；（3）子女早期人力资本发展状况对其后期和成年后的劳动力市场和非劳动力市场回报有显著影响；（4）家庭/父母对子女的影响也是多维度的，父母对子女的人力资本投资除了物质投资以外，还包括时间投资，而除了父母对子女的投资之外，父母还通过其他渠道（如榜样作用、遗传因素等）对子女的人力资本发展产生影响；（5）子女的人力资本生产过程是动态的，并不是静态的，子女人力资本生产函数中的各生产要素之间可能存在互补的关系。尽管对子女人力资本发展过程的研究已取得了一定的共识性成果，但对于人力资本生产过程中的更多细节还有待进一步的研究。如遗传因素和后天环境因素的互动关系，如父母的预算约束中各稀缺资源的互相影响问题，例如，家庭结构和家庭环境对子女人力资本发展的影响等。因此，作为代际流动理论和人力资本发展理论中重要的一环，子代早期人力资本发展过程还需要进行进一步细致深入的研究。

4.4 本书的理论分析框架

本书在测度我国代际流动性的基础上，重点研究家庭教育背景对子女早期人力资本发展的影响这一代际流动性的早期决定机制，具体地，本书分析了以父亲或母亲教育水平为代表的家庭教育背景如何通过家庭对子女的人力资本投资影响子女早期人力资本发展，通过这一家庭背景的早期代际影响效应问题来理解代际流动性的早期决定机制。因此，本书理论分析主要从父母教育水平对子女人力资本发展的影响以及从家庭对子女的人力资本投资的角度分析子女早期的人力资本生产过程。本书的理论分析框架建立在库尼亚等（Cunha et al.，2010）和阿塔纳西奥等（Attanasio et al.，2020）对早期人力资本形成决定因素的分析，在其基础上，本书将父母对子女人力资本生产函数的认识纳入分析框架。

4.4.1　基本设定

假设家庭 i 中的父母的效用取决于其自身的消费水平和子女的人力资本发展状况，那么父母将选择其自身的消费水平和对子女的人力资本投资水平来实现自身效用最大化。此时，父母的选择则取决于自身面临的预算约束和子女的人力资本生产函数。为了讨论的方便，这里进一步假设父母对子女人力资本发展的信息是完全的，同时，本书只考虑一种静态的模型，暂不考虑子女人力资本发展的关键窗口期以及父母的流动性约束问题。

令 $H_{i,t}$ 为家庭 i 中子女在年龄 t 时的人力资本水平，这里 $H_{i,t}$ 是一个多维向量，表示人力资本的不同组成部分，这里的人力资本主要包括认知能力和非认知能力。根据人力资本发展理论，子女的人力资本生产函数依赖于子女的初始（上一期）人力资本水平 $H_{i,t-1}$，背景变量 $Z_{i,t}$（包括父亲和母亲的特征、家庭背景、社区因素等）、对子女的人力资本投资 $X_{i,t}$（包括物质投资 M 和时间投资 T）以及随机误差项 $e_{i,t}^{H}$。这里随机误差项 $e_{i,t}^{H}$ 也可以解释为未被观察到的可能影响人力资本发展的因素。由此，子女人力资本生产函数可以表示为：

$$H_{i,t} = g_t(H_{i,t-1}, Z_{i,t}, X_{i,t}, e_{i,t}^{H}) \tag{4.35}$$

其中，变量 $H_{i,t}$，$Z_{i,t}$，$X_{i,t}$，$e_{i,t}^{H}$ 都是多维度的：

$$H_{i,t} = \{\theta_{i,t}^{c}, \theta_{i,t}^{s}\} \tag{4.36}$$

$$Z_{i,t} = \{\theta_{i,t}^{m}, \theta_{i,t}^{f}, \theta_{i,t}^{r}\} \tag{4.37}$$

$$X_{i,t} = \{\theta_{i,t}^{M}, \theta_{i,t}^{T}\} \tag{4.38}$$

其中，$\theta_{i,t}^{c}$，$\theta_{i,t}^{s}$ 分别表示子女的认知能力和非认知能力，$\theta_{i,t}^{m}$，$\theta_{i,t}^{f}$，$\theta_{i,t}^{r}$ 分别表示母亲、父亲特征和其他特征因素，$\theta_{i,t}^{M}$，$\theta_{i,t}^{T}$ 则分别表示对子女的物质投入和时间投入。在这一基本设定中，子女的人力资本水平被认为是家庭对子女物质投入和时间投入的单调增函数，即 $\frac{\partial H_t^i}{\partial X_t^i} > 0$。现有文献在设定子女的人力资本生产函数时，部分也会考虑子女的健康和除了父母投资之外的其他方面的投入，但本书重点研究父母投资对子女认知能力和非认知能力的影响。因此，本书的理论设定中没有考虑子女的健康以及其他方面对子女的投入，而在实证分析中只是将这些因素作为控制变量。

根据以上的设定，父母的最优决策可以表示为：

$$\text{Max}_{\{C_{i,t}, X_{i,t}\}} U(C_{i,t}, H_{i,t}) \tag{4.39}$$

$$\text{s. t. } C_{i,t} + P_t^x X_{i,t} = Y_{i,t} \tag{4.40}$$

其中，$C_{i,t}$ 表示父母的消费水平，P_t^x 表示父母对子女进行人力资本投资的价格。

传统的代际流动性理论认为父母对子女的影响主要包括对子女的人力资本投资、对子女的财富转移以及能力的遗传。而对子女的人力资本投资被认为由投资的成本和回报决定。但实际上，父母在对子女进行人力资本投资时可能并不一定知道投资的成本和预期收益。对于某一特定时期，假设父母对于子女的人力资本生产函数具有完全信息。在这一假设下，父母的效用最大化行为由父母对子女的投资及其消费水平决定。而他们对于投资水平和消费水平的选择则取决于他们的偏好、他们对子女人力资本生产函数的认识、对子女人力资本投资的价格以及他们的资源水平。

此时，子女的人力资本生产函数可以表示为：

$$H_{i,t} = g_t(H_{i,t-1}, X_{i,t}, Z_{i,t}, e_{i,t}) \tag{4.41}$$

式（4.41）中的生产函数 g_t 假设是随时间变化的，也就是说，其中的参数在不同的时间点也会不一样。同时，需要注意的是，这一基准模型没有考虑父母的储蓄行为而且只考虑家庭只有一个孩子的情形。根据库尼亚（Cunha et al.，2010）的研究，子女的人力资本是在生命周期中进行动态生产的，其人力资本水平除了受到当期的投入影响外，还受到更早期的人力资本投资的影响，即：

$$H_{i,t} = g_t(h_{i,0}, X_{i,1}, X_{i,2}, \cdots, X_{i,t}, Z_{i,t}, e_{i,t}) \tag{4.42}$$

假设父母对子女的利他性和自身的偏好是固定的，父母对子女的人力资本投资函数可以表示为：

$$X_t^i = f_t(H_t^i, P_t^i, Z_t^i, e_{i,t}^x, Y_t^i; \pi) \tag{4.43}$$

其中，π 为参数向量，包括父母感知的刻画效用函数以及子女人力资本生产函数的参数。由此可知，子女的人力资本发展状况同时受到父母特征和父母对子女的人力资本投资的影响，同时，父母对子女的人力资本投资又受到父母自身特征的影响。贝克尔等（Becker et al. , 2015）的研究表明，具有高经济社会地位的父母更加倾向于对子女进行人力资本投资，因此，对式（4.43）求一阶导数由 $\dfrac{\partial X_t^i}{\partial Z_t^i} > 0$。这里的 Z_t^i 主要包括父母的教育程度、认知能力和非认知能力等反映父母个人能力以及家庭规模、家庭结构等反映家庭基本情况的特征变量。本书重点研究控制了父母收入和职业状况后的教育程度对子女的人力资本的影响。

4.4.2　理论假设与分析框架

本书在现有理论分析的基础上，进一步放开父母对子女的人力资本生产函数具有完全信息这一假设。在本书的分析框架中，父母对子女人力资本生产函数的认识并不是完全的，而是取决于其自身的教育程度。父母教育程度主要从两方面影响了其对子女的人力资本投资：第一，父母的利他性、偏好和资源一定的前提下，父母教育程度较高，其对子女人力资本生产函数的认识就越清楚，因此更能意识到人力资本投资的重要性，从而增加对子女的人力资本投资。第二，父母的利他性、偏好和资源一定的前提下，父母教育程度越高，那么其对子女人力资本生产函数的信息越完全，从而知道如何对子女进行人力资本投资。进而提高对子女进行人力资本投资的质量（主要是时间投入方面），这样同时降低了其对子女进行人力资本投资的成本。

本书将父母其他特征变量全部放入环境变量 $e_{i,t}^x$ 中，重点分析以父母教育水平为代表的家庭教育背景对子女早期人力资本发展的影响。由此，家庭对子女的人力资本投资方程可以表示为：

$$X_t^i = f_t(E_t^i, H_t^i, P_t^i, e_{i,t}^x, Y_t^i; \pi) \tag{4.44}$$

参照库尼亚和赫克曼（Cunha & Heckman, 2007）技能形成的技术理论模型中对子女人力资本生产函数的设定，本书进一步对式（4.43）的人力资本生产函数进行具体化，假设子女在人力资本发展的早期存在两期，那么其人力资本生产的 CES 函数可以表示为：

$$H_2 = \delta_1 \left[H_1, E_p, (\gamma(X_1)^\phi) + (1-\gamma)((X_2)^\phi)^{\frac{1}{\phi}} \right] \quad (4.45)$$

其中，$0 < \rho \leqslant 1, \phi \leqslant 1, 0 \leqslant \gamma \leqslant 1, \delta_1$ 为人力资本乘数，γ 是权重系数，表示当期投资和上一期投资的权重情况，ϕ 则反映的是当期投资和上一期投资的替代情况。X_1 和 X_2 均包括物质投资和时间投资这两种类型的人力资本投资，且这两种投资之间也存在着权重系数。H_1 表示子女的人力资本禀赋，包括认知能力和非认知能力，E_p 表示父母的教育水平。式（4.44）和式（4.45）表明，父母的教育水平除了直接影响子女的人力资本发展以外，还通过对子女的人力资本投资影响了子女人力资本发展。同时，由于子女人力资本生产是动态进行的，因此，父母教育对子女人力资本发展的影响也是动态的，高教育背景家庭的子女可能在较早期就获得了来自父母的人力资本投资从而得到了较好的人力资源禀赋。

本书接下来的实证部分就重点对式（4.45）和式（4.44）进行分析。首先，本书从实证上识别家庭教育对子女人力资本发展的总影响效应（第5章），这一章的实证分析为所有实证分析的基础，从因果识别的角度研究家庭教育背景对子女认知能力和非认知能力的影响效应；其次，从家庭对子女的人力资本投资的角度进一步研究家庭教育背景的代际影响效应背后的机制，为理解代际流动性的早期决定提供证据（第6章）。根据上面的分析，对于子女人力资本发展状况，本书重点研究子女的认知能力和非认知能力的发展，对于家庭对子女的人力资本投资，本书则重点关注家庭对子女的物质投入和时间投入。

在实证分析过程中，一个关键的问题是父母的教育和家庭对子女的投资都是内生于模型中的，因此相应的实证分析中可能存在由于遗漏变量等而带来估计的偏误。对于父母教育存在的内生性问题，本书将1986年《义务教育法》的实施这一外生的冲击作为父母教育的工具变量；对于家庭对子女人力资本投资的内生性问题，本书采用累计附加值模型（Cumulative Value-added）和基于结构方程的中介效应模型来进行估计。CVA 模型可以对子女认知和非认知能力的发展进行动态刻画，而使用结构方程估计的好处还在于对于潜变量效应的直接估计。本书模型中讨论的家庭对子女的人力资本投资以及子女的人力资本发展状况都是潜变量，是无法直接观察到的，需要用系列的代理指标来衡量，而结构方程模型能很好地处理潜变量问题。

4.4.3 进一步地分析

以上的分析都是基于假设外部的大环境不变前提下，估计的家庭教育对子女的人力资本发展的平均影响效应，阿塔纳西奥（Attanasio et al.，2015）认为父母对子女人力资本发展的影响并不是单独发生的，而是和外部环境一起对子女的人力资本发展有互动作用。当外部大环境发生变化，也就是式（4.42）中的 π 发生改变时，父母教育水平对子女人力资本发展的影响可能发生变化。因此，本书进一步将基础的分析框架进行拓展，考虑外部环境因素变化对父母教育对子女人力资本发展影响效应的改变进行分析。

这里的外部环境因素本书考虑的是子女整个的成长环境，而对不同群体之间的早期人力资本发展差距进行分解则可以很好地反映外部环境对代际流动性的影响。现有研究表明，我国农村儿童和城镇儿童在健康、人力资本发展状况以及成年后的劳动力市场表现都有显著差异，因此，本书首先关注这种城乡环境的差别在父母教育对子女人力资本发展影响效应上的不同。另外，近 2.7 亿的农村—城镇流动人口产生了大量的留守儿童和流动儿童，已有部分文献研究了留守儿童与非留守儿童的发展差异问题（Zhang et al.，2014）。因此，本书其次关注农村人口向城镇转移而导致的外部环境变化对父母教育在子女人力资本发展的影响方面的变化。在具体的实证分析过程中，本书采用分位数分解的方法来研究这种外部环境的差异性对子女人力资本发展带来的影响（第7章）。

综合以上分析，本书接下来的实证研究按照如下过程展开：第5章利用1986年义务教育改革这一外生冲击作为父母教育的工具变量，研究家庭教育背景对子女认知能力和非认知能力的总体影响；第6章利用 CVA 模型和基于结构方程估计的中介效应模型从家庭对子女的人力资本投资角度研究家庭教育背景对子女人力资本发展的影响机制，为理解代际流动性的早期决定机制提供证据；第7章则利用分位数分解方法研究子代人力资本发展差距问题。

代际教育流动的早期决定：
子代人力资本发展的影响

本书第 4 章的理论分析表明，影响代际流动性的一个主要的机制就是父辈人力资本水平通过影响其对子女的人力资本投资从而影响了子女的早期和长远的人力资本发展。本书重点关注以父母教育程度为代表的家庭教育背景对子女早期人力资本发展的影响这一代际流动性传导机制。具体地，在第 4 章的理论分析基础上，本章主要研究以父亲或母亲的教育程度为代表的家庭教育背景是否对子女的早期人力资本发展产生影响以及家庭教育程度对子女早期人力资本发展的影响机制。因此，本章的主要内容是研究家庭教育背景对子女早期人力资本发展的影响，为认识代际流动性的早期决定提供直接证据。接下来的第 6 章的主要内容是研究家庭教育背景对子女早期人力资本发展的影响机制，将重点从家庭对子女的人力资本投资出发进行考虑，为进一步理解代际流动性的早期决定机制提供实证支撑。

5.1 / 代际流动性的早期决定

尽管部分文献在研究代际流动性时也会从代际教育弹性或代际教育相关性出发进行考虑，但不论是代际教育弹性还是代际教育相关度，其都是对现象或者结果的客观描述性的分析，并不涉及因果推断。在代际流动性研究文献中，对教育或其代表的人力资本的研究主要还是将其作为综合的代际流动性的重要影响机制之一。一方面，部分文献重点研究测算子代教育能够解释代际流动性的比例，即使用对代际收入弹性进行分解的方法来计算教育在其中的贡献度；另一方面，部分文献则重点关注人力资本在代际传递的因果关系，即分析父代的人力资本对子代人力资本发展是否有显著的因果效应（causal effect）。由于人力资本的代际传递本身也是代际流动性的重要部分，因此，直接研究父代人力资本对子代人力资本影响更能够体现出代际流动性背后的影响机制。在实证研究过程中，研究家庭背景的代际影响时涉及因果识别问题（先天遗传还是培养后天之争）一直是一大难点。在对人力资本的代际影响进行因果推断的研究中，主要文献（Oreopoulos et al.，2006；Black et al.，2005；Mazzonna，2012；Stella，2013；Havari & Savegnago，2016）都是利用各国家和地区的义务教育政策作为外生冲击来对估计模型进行识别，其中，对人力资本的衡量主要是从个体健康和教育水平出发。例如哈瓦里和萨维尼亚戈（Havari & Savegnago，2016）就利用欧洲各国的义务教育改革规定的教育年限和父亲的出生次序作为父亲教育的工具变量，估计了父亲教育对子女教育获得的因果效应，他们的研究结果发现，父亲教育确实对子女教育获得有显著的因果效应，而且在使用义务教育改革作为工具变量时，对于处于社会经济地位较低阶层的家庭来说，父亲教育对子女教育的影响更大。[①]

需要说明的是，上述研究子代的人力资本都是最终的结果变量，而家庭背景的代际影响效应可能在子女发展的早期（子女进入劳动力市场之前）便表现出来。更深入地理解代际流动性的早期决定机制，就需要进一步探究子代人力资本的早期生产过程。不论是在公共讨论领域，还是在经济学、心理学以及认知科学等学术研究层面，子代的早期发展情况越来越受到关注。根据现有文献（Heckman & Mosso，2014）以及本书第4章部分的理论分析，子代的早期人力资本发展情况对子代最终人力资本的获得以及劳动力市场的表现有着决定性作用。而在代际流动性研究领域，从家庭背景如何影响子代的早期人力资本发展的视角理解代际流动性的早期决定显得尤为重要。因此，本章重点研究家庭教育背景对子代早期人力资本

---

① 部分文献也使用了双胞胎数据或收养数据进行因果推断，具体的研究见本书第2章的文献综述部分。

发展的代际影响效应。

库尼亚和赫克曼（Cunha & Heckman，2007）提出能力发展的技术这一分析人力资本发展的新框架后，建议在对人力资本的研究时除了教育程度以外，更需要重点关注个体的实际能力，而这里的能力主要是指认知能力和非认知能力，同时，也需要更加关注人的早期的认知和非认知能力发展过程。而在研究早期人力资本发展过程（儿童发展）时，对人力资本的衡量也主要是从认知能力和非认知能力两方面进行考虑。因此，本章重点从家庭教育背景对子女认知能力和非认知能力影响的角度理解代际流动性的早期决定问题。具体地，本章分别考虑以父亲教育程度或母亲教育程度为代表的家庭教育背景对子女的认知能力和非认知能力的因果效应并初步探索背后的影响机制。同时，本章最后也对家庭教育背景对子女的辍学率以及教育获得期望进行了研究，并以此分析了子女早期认知和非认知能力发展的重要性。

5.2 / 家庭教育背景对子女早期人力资本发展的影响

5.2.1 子女早期人力资本

本章使用的主要数据来自中国家庭追踪调查（CFPS），中国家庭追踪调查是由北京大学中国社会科学调查中心（ISSS）实施的一项全国性、大规模、多学科的社会跟踪调查项目。CFPS 样本覆盖 25 个省（区、市），目标样本规模为 16 000 户，调查对象包含样本家户中的全部家庭成员。CFPS 数据除了包含成人教育、职业、收入以及家庭特征信息外，还包括丰富的 0～15 岁儿童的学习、生活等方面的信息，特别是家庭对子女的人力资本投资以及子女的人力资本发展情况。

本章选取 CFPS 2010 年调查数据中的成人库、儿童库和家庭库进行匹配。CFPS 数据对家庭中所有 0～16 岁子女均进行了调查，其中 0～9 岁子女的相关调查问题由家长代为回答，10～15 岁子女的相关信息除了由家长提供外，调查还针对 10～15 岁子女单独做了一份问卷，收集了更丰富的有关心理评估和行为表现等方面的信息。本章的研究对象为家庭中 10～15 岁子女，因此，首先将 10～15 岁子女样本与成人库中的父亲和母亲进行匹配，然后将匹配好后的父代—子代对应样本与家庭库进行匹配后得到最终用于分析的样本。在进行初步数据清理删除部分重要变量的缺失值和异常值后，本章用于分析的样本为 2 121 个 10～15 岁子女。在对子女的人力资本发展进行动态分析时，本章也使用了 CFPS 2014 年的追踪调查数据，具体分析过程中，将 CFPS 2014 年的数据和 CFPS 2010 年进行匹配。同时，本章在稳健性检验部分还使用了中国人民大学实施的中国教育追踪调查（CEPS）第一期数据（2013～2014 年）。CEPS 基于全国的中学进行抽样，在全国范围内抽取 112 所学校、438 个班级、约 2 万名学生作为调查样本，调查对象包括学生、家长、教师及校领导。抽取的学生样本包括七年级和九年级学生，学生年龄跨度主要在 12～16 岁，正好与 CFPS 数据中的 10～15 岁子女样本相对应。另外，CEPS 数据还提供了标准化的认知能力测试得分和一系列衡量非认知能力的指标，可以作为研究子女认知和非认知能力发展的一个重要的补充。

根据第 4 章的理论分析，本章主要内容是研究家庭教育背景对子代早期人力资本发展的因果效应。其中，家庭背景主要用父母的教育程度进行代理，在分析过程中控制了父母的职业和家庭财富等衡量家庭背景的其他重要指标。对于子代人力资本发展，本章主要分析子代的认知能力和非认知能力，同时，在分析父母教育程度对子代认知能力和非认知能力影响的前提下，进一步分析父母教育程度对子女的初中辍学率和升学期望的影响。核心变量的具体定义如下。

核心解释变量：本章重点研究父母受教育程度对子代人力资本发展的影响，因此核心解释变量为父亲和母亲的教育程度。参考一般文献的做法，这里的教育程度用父母受教育年限的连续变量来衡量。在稳健性检验部分，本章也考虑了父母是否有高中以上学历这一虚拟变量进行分析。

核心被解释变量：儿童早期的人力资本发展中主要的衡量指标就是认知能力和非认知能力（Heckman & Mosso，2014），因此本章的核心被解释变量就是子代的认知能力和非认知能力。在 CFPS 数据中，认知能力由子女的字词测试得分和数学测试得分进行衡量，这一标准化的测试值比考试成绩更能反映子女的综合认知水平，同时也具有横向可比性，在具体研究过程中，本章既单独分析了这两项能力测试得分，也对其加总水平进行了分析。非认知能力则用子女的自信力、社交能力、亲和力、专注度、坚毅度等指标进行代理，这些指标均通过 CFPS 问卷中的相应问题的回答获得，其中子女的自信力、社交能力、亲和力由子女自评得到，这三个维度的非认知能力分别通过子女回答对应的问题得到，在子女问卷中，被访问者需要对此类问题回答"非常同意""比较同意""一般""不同意""非常不同意"等答案，通过此五分位的回答对该维度的能力进行判断。而专注度和坚毅度由父母对子女的评价得到，是由父母对其子女该方面的表现进行回答。同样地，在具体研究中，本章既单独分析了每一项指标，也对其综合非认知表现进行了分析。在 CEPS 数据中，认知能力由标准化的认知能力测试结果得出，非认知能力则由一系列心理评估量表综合得到。参照一般文献的做法（Gong et al.，2018），为了使获得的结果易于解释，本章的认知能力指标和非认知能力指标均进行了均值为 0、标准差为 1 的标准化处理。①另外，除了认知能力和非认知能力外，本章也考察了父母教育水平对子女的初中和高中辍学率②以及升学期望的影响。

控制变量：尽管本章使用义务教育法这一外生事件进行了因果识别，但为了得到稳健可信的结论，本章也控制了一系列可能影响子代人力资本发展的重要指标。包括：子女的个人特征（年龄、性别、所在年级、民族、户口、是否独生子女等），父母的个人特征（包括年龄、职业、兄弟姐妹个数等），家庭特征（包括家庭规模、家庭收入等），同时，在回归分析过程中还控制了省份固定效应。

主要变量的描述性统计见表 5.1，从描述性统计看，字词能力标准化测试得分的满分为 34 分，数学能力标准化测试得分的满分为 24 分，样本中 10 ~ 15 岁的子女字词能力平均得分为 21.7 分，数学能力平均得分为 11.26 分。表征非认知能力的各指标都是从 1 至 5 的有序变量，数值越大表示该项能力越高。核心解释变量方面，父亲的平均教育年限约为 8 年，

① 认知能力直接由字词测试得分和数字测试得分加总取平均数后再进行均值为 0、标准差为 1 的标准化；非认知能力则由各项指标进行加总取平均数后进行均值为 0、标准差为 1 的标准化。由于本章中的非认知能力指标并不复杂，且指标的含义较为清晰，因此没有使用主成分方法进行加总。

② 这里辍学率只得是辍学概率，在分析过程中采用的是 0~1 表示虚拟变量，1 表示辍学，0 表示在校或已完成该阶段教育。

而母亲的平均教育程度为 6 年，一方面说明平均来看男性受教育程度仍然高于女性；另一方面也表明当前我国成年人普遍受教育程度还处在一个较低的水平。[①]图 5.1 和图 5.2 分别显示了不同父母受教育程度子女的认知能力和非认知能力的概率密度。由于非认知能力指标为 1 至 5 的有序变量，这里将两种衡量非认知能力的指标进行综合后获得取值在 0 和 1 之间的连续变量。图 5.1 显示父亲和母亲如果是初中及以上学历，那么子女的字词得分和数学得分整体上要高于父母教育程度为初中以下学历的个体。图 5.2 显示母亲为初中以上学历的个体，其子女非认知能力整体高于其他个体，但父亲学历对非认知能力的影响从图 5.2 看并不明显。以上只是基本的统计分析，可以得出一个直观的结果，本章接下来的工作就是进一步分析父母受教育程度对子女人力资本发展的因果效应以及其异质性。

表 5.1　　　　　　　　　　　　描述性统计

项目	变量	均值	标准差	最小值	最大值
认知能力	字词能力	21.70	7.271	0	34
	数学能力	11.26	4.491	0	24
	标准化的认知能力	0	1	−2.9	2.341
非认知能力	自信力	4.149	0.858	1	5
	社交能力	4.028	0.836	1	5
	亲和力	3.938	0.854	1	5
	专注度	3.664	0.802	1	5
	坚毅度	3.460	0.931	1	5
	标准化的非认知能力	0	1	−4.190	1.486
个体特征	年龄	12.52	1.726	10	15
	性别	0.508	0.500	0	1
	兄弟姐妹个数	2.056	0.947	0	6
	民族（汉族为 1）	0.879	0.326	0	1
	户口（农村为 1）	0.783	0.412	0	1

---

① CFPS 中农村地区样本占 70% 以上，因此平均教育年限较低。如果分城乡看，则城市样本父亲平均教育年限约为 11 年，母亲平均教育年限约为 10 年；而农村样本父亲平均教育年限为 7 年，母亲平均教育年限为 5 年。由此可以看出，我国教育水平的城乡差异较大。

续表

项目	变量	均值	标准差	最小值	最大值
父亲特征	父亲年龄	40. 34	4. 668	28	60
	父亲教育（年）	7. 64	3. 87	0	19
	父亲兄弟姐妹个数	3. 075	1. 748	0	13
	父亲职业声望	28. 09	13. 34	19	90
母亲特征	母亲年龄	38. 56	4. 440	26	58
	母亲教育（年）	6. 06	4. 42	0	19
	母亲兄弟姐妹个数	3. 054	1. 717	0	10
	母亲职业声望	25. 46	11. 61	19	88
家庭特征	家庭规模	4. 691	1. 457	3	14
	家庭收入的对数	9. 644	2. 042	0	13. 65

注：兄弟姐妹数量包括子女本人，也就是家庭孩子数量的总数。

资料来源：CFPS 2010。

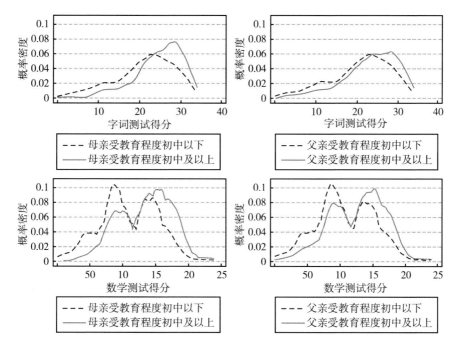

图 5. 1 子女字词测试得分和数学测试得分的概率密度

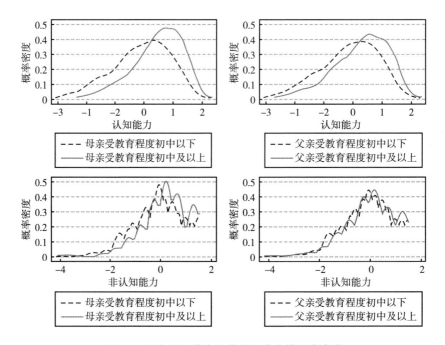

图 5.2 子女认知能力和非认知能力的概率密度

注：该概率密度图中的认知能力和非认知能力为进行了均值为 0、标准差为 1 的标准化处理后得到。

5.2.2 义务教育法与家庭教育背景

在研究教育的代际因果关系时，一个经典的分析模型是子代教育对父亲教育、子代经遗传从父辈获得的不可观测的能力以及其他人口学特征的线性回归模型。具体的模型如下：

$$E_{ij}^C = \beta_0 + \beta_1 E_j^P + \eta h_{ij}^C + \epsilon_{ij} \tag{5.1}$$

其中，E_{ij}^C 表示家庭 j 中子代 i 的人力资本情况，E_j^P 表示家庭 j 中父亲或母亲的教育水平。h_{ij}^C 表示子代经遗传从父辈获得的可能影响子女人力资本发展的不可观测到的能力，ϵ_{ij} 是不与其他任何变量相关的随机误差项。由于 h_{ij}^C 的不可观测性，对式（5.1）进行 OLS 估计可能会由于遗漏变量问题从而得到有偏的估计结果。如先天的能力能够通过代际传递，那么对式（5.1）的 OLS 估计量 β_1 就会产生向上的偏误，父辈个人可遗传的能力较强，那么其获得更高教育水平的概率会提高，这一能力会通过遗传等因素传递给下一代，那么观察到的子女人力资本水平的提高可能是因为回归方程中遗漏掉的个人能力这一变量，而不完全是父辈教育水平本身的影响。为了得到一致的估计量，需要为内生解释变量 E_j^p 寻找合适的工具变量。好的工具变量需要满足两个条件：相关性和排他性，即工具变量需要和内生解释变量相关，但又不直接影响核心被解释变量（仅通过内生变量影响被解释变量）。对于工具变量的选取，劳动经济学领域较多关注外生性的事件，而在各国都经历过的义务教育改革为教育这一变量选择工具变量提供了较好的自然实验。西勒斯（Silles，2011）以及哈瓦里和萨维尼亚戈（Havari & Savegnago，2016）等分别利用英国和欧洲各国的义务教育改革研究了父母教育对子女人力资本发展和教育获得的因果效应；刘生龙（2016）则利用我国 1986 年九年义务教育改革这一政策作为外生冲击研究了我国的教育回报率问题。

利用《中华人民共和国义务教育法》作为教育程度的工具变量在经济学研究中已被普遍使用，大量证据表明义务教育法的实施和教育年限高度正相关（Angrist & Krueger，1999；Oreopoulos et al.，2006；Brunello et al.，2009；Lundborg et al.，2014）。布鲁内洛等（Brunello et al.，2009）认为，第二次世界大战后欧洲各国旨在提高国民教育程度的义务教育法的实施提供了一个可信的外生冲击。现有文献一般认为《中华人民共和国义务教育法》的实施根据个体出生年月的不同随机分配了不同的教育程度，而这种外生的冲击也不会对个体将来的其他方面因素产生影响，因此满足工具变量的两个条件。具体到本章所研究的内容，义务教育法的实施影响了父母的受教育程度，但并不会通过其他渠道影响子女的人力资本发展。

尽管《中华人民共和国义务教育法》的实施是一个相对外生的冲击，但也有人会质疑义务教育法的实施除了直接影响父亲、母亲的受教育程度外，可能带来了一些其他的关于教育方面的改变，比如学校质量的提高和教育经费投入的增加，这些也有可能间接影响子女的人力资本发展。布鲁内洛等（Brunello et al.，2013）的研究利用一个测试检验了基于义务教育的模型识别策略是否会因为其他因素的干扰而造成结果的有偏误。他们的研究结果表明，即使确实存在上述讨论的这种情况，使用义务教育法作为父母教育程度的工具变量仍然满足内部有效性[①]。因此，本章使用 1986 年

---

① 为了得到稳健的估计结果，本章在稳健性检验部分通过模拟了一个假想的政策时间点对主要结果进行了安慰剂检验，具体见下面稳健性检验部分（placebo test）。

实行的九年义务教育改革作为父代教育水平的工具变量。

我国的《义务教育法》实施于 1986 年 7 月，目的在于将义务教育年限由小学的六年提高到初中毕业的九年。假设入小学年龄为 6 岁，那么完成正常小学教育后，将会在 13 岁进入初中。1986 年 9 月 1 日政策开始实施时，出生在 1971 年 9 月和 1973 年 8 月之间的个体正在读初中二年级和三年级，由于这部分群体已经在上初中了，那么义务教育不会影响他们的初中辍学行为，而只会影响他们的初中毕业行为。因此，这批个体将是被九年义务教育部分影响的群体。那么，在 1971 年 8 月之前出生的个体将会不受义务教育的影响，而在 1973 年 9 月以后的个体则完全受到九年义务教育的影响。值得注意的是，九年义务教育虽然是法律规定的，但并没有在每一个个体上强制保证执行，1986 年的义务教育只是在整体上影响了全民教育程度的提升。在政策的具体执行上，各地区的经济发展水平以及初始教育禀赋情况都决定了政策的执行效果。

因为个体如果出生于 1971 年 9 月之前，则完全不受到义务教育的影响，因此以往文献多采用是否出生在 1971 年 9 月以前这一虚拟变量作为教育年限的工具变量。但这样做存在两个缺点：第一，只有一个工具变量的两阶段估计模型是恰好识别的，因此无法进行过度识别检验来判断工具变量在统计上的合理性；第二，采用全国层面的这样一项改革很难排除群体效应（cohort effect），除非这项政策有一定的地区差异性（Holmlund et al.，2011）。因此，不同于以往文献直接使用出生年龄作为教育年限的工具变量，本章参考现有文献（Rawlings，2015；Huang，2015）的做法，根据义务教育法在具体执行中的实际情况，综合各地区的初始教育禀赋水平，构建了综合的工具变量来进行分析。本章构建的工具变量组如下：

$$Z_{pjt} = Post_{pjt}, E_j^P, Post_{pijt} \cdot E_j^P \qquad (5.2)$$

其中，E_j^P 是父母所在地区的基于县级市层面的未受到义务教育改革影响的群体（出生于 1971 年之前的个体）的平均教育水平。除了地区的初始教育禀赋水平，本章还将初始教育禀赋和是否受改革影响的虚拟变量的交互项也作为工具变量之一。地区的初始教育禀赋水平将作为改革前各地区教育水平差异的一个代理，这一指标可能会影响义务教育在该地区的实施情况，因此，同时纳入工具变量组后会使得结果更稳健可信。

本章的两阶段回归（2SLS）模型设定如下：

$$H_{ijc}^{C} = \beta_0 + \beta_1 E_{jc}^{p} + X_{ijc}'\beta_2 + f(c) + \eta h_{ijc}^{C} + \epsilon_{ijc}$$

$$E_{jc}^{P} = \alpha_0 + Z_{jc}'\alpha_1 + X_{ijc}'\alpha_2 + f(c) + \xi_{jc} \tag{5.3}$$

其中，H_{ijc}^{C} 表示县级市 c 的家庭 j 中子女 i 的人力资本发展情况，在本章中，H_{ij}^{C} 可以分别指代子女的字词测试得分、数学测试得分以及表征非认知能力的各变量的代理指标；E_{jc}^{p} 表示父亲或者母亲的受教育程度，可以分别用受教育年限和是否完成高中教育这一虚拟变量进行测度；h_{ijc}^{C} 表示子女不可观察的能力，ϵ_{ijc} 和 ξ_{jc} 分别表示不与其他变量相关的随机误差项；X_{ijc} 表示子女以及父母的人口学特征及其他相关重要特征，$f(c)$ 为省份固定效应。矩阵 Z_{jc} 则为基于 1986 年《中华人民共和国义务教育法》的实施而构造的工具变量组。在本章的实证结果部分将对工具变量回归的第一阶段结果以及相应的检验进行汇报和讨论。

5.2.3　估计结果

在本节中，本章重点分析以父母教育程度为代表的家庭背景对子女早期（10～15 岁阶段）人力资本发展（主要包括认知能力和非认知能力）的因果效应。本章首先采用普通最小二乘（OLS）估计方法进行估计并对估计结果进行基础的解释，进一步地，利用前文所讨论的工具变量进行两阶段回归（2SLS），对式（5.1）潜在的内生性问题进行修正。在具体的回归分析中，本章分别研究了父亲和母亲的教育程度对子女早期人力资本发展的影响，之所以没有同时将父亲和母亲的受教育程度纳入一个回归方程是因为父亲和母亲的受教育程度都是内生的，如果在研究父亲教育对子女影响的同时将母亲教育也纳入回归方程，则需要为母亲教育也寻找工具变量。而如果父亲和母亲的年龄相仿，那么使用义务教育这一外生冲击作为工具变量很可能会导致工具变量的方差波动太小而产生弱工具变量问题，弱工具变量问题会导致模型估计严重有偏。同时，霍尔姆隆德等（Holmlund et al. , 2011）的研究认为，在研究父亲的教育对子女教育程度的影响时，母亲的教育是否应该被引入模型也是值得商榷的。在不考虑母亲教育程度而重点研究父亲教育对子女的影响时，工具变量估计被认为是可信的，只是这种影响中部分包含了一部分婚姻匹配（assortative mating）

效应，因此，参考罗林斯（Rawlings，2015）以及哈瓦里和萨维尼亚戈（Havari & Savegnago，2016）的做法，本章分别研究父亲和母亲的教育对子女人力资本发展的影响。同时，在稳健性检验部分，本章也考虑了父母教育之和的总的影响效应。本章的回归分析中控制了子女的人口学特征和其他重要特征（如年龄、性别、所读年级、兄弟姐妹个数、出生体重、健康程度等），控制了父母的重要特征（如年龄、职业、兄弟姐妹个数等），控制了家庭的重要特征（如家庭收入、家庭规模等），也控制了省份固定效应。

5.2.4　基准估计

首先本章对父母的教育程度与子女的人力资本发展的相关关系进行OLS 估计，表 5.2 报告了 OLS 估计的回归结果。其中 Panel A 呈现的是父亲教育对子女人力资本发展的影响，Panel B 呈现的是母亲教育对子女人力资本发展的影响。列（1）报告了父母教育程度对子女字词测试得分的影响，回归结果表明，在控制了一系列重要变量后，父亲教育程度每提高一年，子女的字词得分会相应提高 0.085 个标准差；母亲教育每提高一年，会导致子女字词测试得分增加 0.082 个标准差。列（3）汇报了父亲和母亲的教育水平对子女整体认知能力发展的影响，其中父亲教育每提高一年，子女的综合的认知能力提高 0.01 个标准差；母亲教育每提高一年则子女认知能力提高 0.012 个标准差。列（4）~ 列（9）是非认知能力方面的回归结果，其中列（4）~ 列（8）是非认知能力单项指标的回归结果，列（9）则是综合的非认知能力回归结果。

表 5.2　　家庭教育背景与子代认知能力和非认知能力：OLS 估计

项目		认知能力			非认知能力					
		(1)	(2)	(3)	(4)	(5)	(6)	(7)	(8)	(9)
		字词能力	数学能力	综合认知	社交能力	自信力	亲和力	专注度	坚毅度	综合非认知
Panel A	父亲教育	0.085** (0.034)	0.030** (0.015)	0.011*** (0.004)	0.003 (0.006)	0.007 (0.005)	0.007 (0.006)	0.006 (0.006)	0.003 (0.006)	0.007 (0.006)
	控制变量	控制	控制	控制	控制	控制	控制	控制	控制	控制
	省份固定效应	控制	控制	控制	控制	控制	控制	控制	控制	控制
	调整 R^2	0.431	0.651	0.598	0.040	0.033	0.036	0.045	0.012	0.060

续表

项目		认知能力			非认知能力					
		(1)	(2)	(3)	(4)	(5)	(6)	(7)	(8)	(9)
		字词能力	数学能力	综合认知	社交能力	自信力	亲和力	专注度	坚毅度	综合非认知
Panel B	母亲教育	0.082** (0.036)	0.042*** (0.016)	0.012*** (0.004)	0.013** (0.007)	0.014** (0.006)	0.017*** (0.006)	0.001 (0.006)	0.011* (0.006)	0.019*** (0.006)
	控制变量	控制	控制	控制	控制	控制	控制	控制	控制	控制
	省份固定效应	控制	控制	控制	控制	控制	控制	控制	控制	控制
	调整 R^2	0.397	0.648	0.575	0.030	0.005	0.020	0.031	0.012	0.030
	N	2121	2121	2121	2121	2121	2121	2121	2121	2121

注：*** 表示在 1% 水平上显著，** 表示在 5% 水平上显著，* 表示在 10% 的水平上显著；表中的控制变量包括描述性统计中出现的父亲特征、母亲特征和家庭特征等；括号中是聚类在家庭层面的聚类稳健标准误差。

从父母教育水平对子女的非认知能力发展影响估计结果来看，相对于父亲的教育水平来说，母亲的受教育程度对子女的自信心、社会交往能力以及亲和力等都有显著的正向影响。这从一定程度上反映母亲在家庭教育中所扮演的重要角色，母亲教育对子女的影响不论是在认知能力方面还是非认知能力方面都要高于父亲，这与伦德伯德等（Lundbord et al.，2014）对瑞典的研究结论一致。[①] 这种差异性一方面可能来自于对于一般家庭，父亲更多在外工作，而母亲在家庭教育中付出得更多；另一方面可能相对于父亲，母亲更加关心子女各方面的发展。如章节 5.2 部分的讨论，在研究父母教育对子女人力资本发展的影响时，OLS 估计会由于子女不可观察的能力这一变量被遗漏而产生内生性问题，因此导致估计结果有偏，也就是经典的先天遗传和后天培养的问题。因此，本章构建了工具变量组进行两阶段回归。

表 5.3 报告了两阶段工具变量回归的估计结果。和表 5.2 类似，Panel A 和 Panel B 分别报告了父亲和母亲对子女人力资本发展的影响，列（1）和列（2）的被解释变量分别是衡量认知能力的字词测试得分和数学测试得分，列（3）被解释变量为标准化后的综合认知能力。列（4）~列（8）的被解释变量分别是衡量子女非认知能力的社交能力、自信力、亲和力、

---

① 需要说明的是，父亲教育和母亲教育对子女人力资本发展影响重要性的比较在学术界存在较多争论（Amin，2015），对于父亲和母亲对子女影响的差异性的系统分析有待未来进一步研究。

表 5.3　家庭教育背景与子代认知能力和非认知能力：IV 估计

结果	项目	认知能力			非认知能力					
		(1)	(2)	(3)	(4)	(5)	(6)	(7)	(8)	(9)
		字词能力	数学能力	综合认知	社交能力	自信力	亲和力	专注度	坚毅度	综合非认知
Panel A 父亲教育对子女人力资本发展的影响：两阶段估计结果	父亲教育	0.500 *** (0.168)	0.056 (0.087)	0.052 *** (0.020)	0.069 ** (0.030)	0.068 ** (0.029)	0.070 ** (0.029)	0.017 (0.029)	0.047 (0.031)	0.091 *** (0.030)
第一阶段估计结果	Post	1.315 *** (0.200)	1.315 *** (0.200)	1.315 *** (0.200)	1.315 *** (0.200)	1.315 *** (0.200)	1.315 *** (0.200)	1.315 *** (0.200)	1.315 *** (0.200)	1.315 *** (0.200)
	Education_pre	0.642 *** (0.083)	0.642 *** (0.083)	0.642 *** (0.083)	0.642 *** (0.083)	0.642 *** (0.083)	0.642 *** (0.083)	0.642 *** (0.083)	0.642 *** (0.083)	0.642 *** (0.083)
工具变量检验结果	F-stat	30.296	30.296	30.296	30.296	30.296	30.296	30.296	30.296	30.296
	Hansen J P-value	0.006	0.676	0.051	0.184	0.364	0.740	0.123	0.977	0.676
	N	2 121	2 121	2 121	2 121	2 121	2 121	2 121	2 121	2 121
Panel B 母亲教育对子女人力资本发展的影响：两阶段估计结果	母亲教育	1.150 *** (0.297)	0.098 (0.122)	0.117 *** (0.033)	0.106 ** (0.045)	0.059 (0.045)	0.089 * (0.046)	−0.066 (0.046)	−0.009 (0.047)	0.111 ** (0.047)
第一阶段估计结果	Post	1.187 *** (0.138)	1.187 *** (0.138)	1.187 *** (0.138)	1.187 *** (0.138)	1.187 *** (0.138)	1.187 *** (0.138)	1.187 *** (0.138)	1.187 *** (0.138)	1.187 *** (0.138)
	Education_pre	0.446 *** (0.061)	0.446 *** (0.061)	0.446 *** (0.061)	0.446 *** (0.061)	0.446 *** (0.061)	0.446 *** (0.061)	0.446 *** (0.061)	0.446 *** (0.061)	0.446 *** (0.061)
工具变量检验结果	F-stat	18.158	37.05	37.05	37.05	37.05	37.05	37.05	37.05	37.05
	Hansen J P-value	0.258	0.055	0.123	0.100	0.078	0.422	0.354	0.419	0.302
	N	2 121	2 121	2 121	2 121	2 121	2 121	2 121	2 121	2 121

注：*** 表示在 1% 水平上显著，** 表示在 5% 水平上显著，* 表示在 10% 的水平上显著；表 5.2 中对应的控制变量已控制；括号中是聚类稳健标准误。面的聚类是聚类在家庭层

专注度和坚毅度，列（9）则是标准化后的综合非认知能力。工具变量的估计结果表明，父亲受教育程度显著影响了子女的字词能力、自信力和社会交往能力；母亲教育水平除了对子女的字词能力、自信力、社交能力有显著影响外，还显著提高了子女的亲和力。同时，从结果系数直观看来，母亲受教育程度对子女人力资本发展的影响更大。[①] 工具变量估计结果表明，父亲教育程度每提高 1 年，子女认知能力提高 0.052 个标准差，非认知能力提高 0.091 个标准差；而母亲教育程度每提高 1 年，子女认知能力提高 0.117 个标准差，非认知能力提高 0.111 个标准差。

表 5.3 还报告了工具变量第一阶段的估计结果和过度识别检验结果。第一阶段回归结果表明，本章选取的工具变量和内生解释变量是高度相关的，而且第一阶段的 F 值远大于 10 这一临界值，说明不存在弱工具变量问题。同时，Hansen J 检验说明通过了过度识别检验。由此表明，工具变量估计的结果是可信的，父母教育程度确实对子女早期人力资本发展存在因果效应。由此可以说明，家庭的教育背景对子女认知和非认知能力的影响存在着后天的培养效应，提高父母的受教育水平有助于下一代子女的人力资本发展。

5.2.5　稳健性检验

1. 年龄组群效应

使用义务教育法等基于年龄组群来判断是否受到政策影响作为工具变量时，全样本估计存在着潜在的组群效应（cohort effect）的干扰。例如，尽管《中华人民共和国义务教育法》的实行是外生的事件，处理组和控制组相对来讲是随机的。但是根据出生年份划分的处理组和控制组之间由于出生年份的不同而具有不同的特质或者遭遇不同的环境影响。为了排除这种潜在的组群效应对结果的干扰，参考黄（Huang，2015）的一般做法，本章同时使用限制样本出生年份的分样本估计和安慰剂检验（placebo test）

[①] 这里可能存在两种解释：一是母亲对子女认知和非认知能力的影响确实比父亲大；二是母亲的平均教育程度较低，因此更容易受到义务教育的影响，所以使用工具变量回归时，母亲教育的回归系数可能会较大。

来进行稳健性估计。具体来看，在进行分样本估计时，本章将研究对象限制在出生在刚好受政策影响前五年和后五年的样本，也就是删掉那些父母出生在 1966 年以前和 1976 年以后的样本，这样可以部分避免由于组群效应带来的估计偏误。①受政策影响前后五年的母亲样本为 1 612 个，父亲样本为 1 698 个。估计结果如图 5.4 所示，分样本回归结果表明，在受政策影响前后五年的范围内，母亲教育程度对子女的认知能力和非认知能力仍然有显著的正向影响，父亲教育程度对子女的认知能力有正向影响效应但是不显著，对子女非认知能力则有显著正向影响。因此，总体来看，表 5.4 得到的结果基本是稳健的。

表 5.4　　　　家庭教育背景与子女认知能力和非认知能力发展：
政策前后五年的分样本估计

父母教育	（1）	（2）	（3）	（4）
	认知能力	非认知能力	认知能力	非认知能力
父亲教育	0.011 (0.011)	0.051 ** (0.018)		
母亲教育			0.039 *** (0.013)	0.081 *** (0.021)
adj. R^2	0.606	0.021	0.584	0.010
N	1 698	1 698	1 612	1 612

注：所有结果为 IV 估计得到；*** 表示在 1% 水平上显著，** 表示在 5% 水平上显著；表 5.2 中对应的控制变量已控制；括号中是聚类在家庭层面的聚类稳健标准误。

进一步地，本章也对义务教育的实施这一外生事件进行了 placebo 检验。我们假设义务教育提前和推后 3 年（1983 年和 1989 年）实行，按照上面叙述的同样规则可以重新确定受到政策影响和不受政策影响的群体，那么使用同样的方法进行估计后可以得到新的一组参数。如果实际发生的政策是有效的，那么预期利用这一假想的政策构造的工具变量得到的估计结果应该是不显著的。表 5.5 报告了 placebo 检验的结果，回归结果表明，当根据假设的 1983 年和 1989 年的《中华人民共和国义务教育法》构造工具变量进行估计时，不论是父亲的受教育程度还是母亲的受教育程度，其

———————

① 该处理方式同断点回归（regression discontinuity）方法中的窗宽选择较为类似，同时，由于总样本的限制，本章无法将分样本限制在更小的范围内。

对子女的认知能力和非认知能力的影响均不显著。说明可以一定程度上排除组群效应的干扰，本章的主要结论是比较稳健的。

表 5.5　　　　家庭教育背景与子女认知能力和非认知能力发展：placebo 检验

条件	父母教育	(1)	(2)	(3)	(4)
		认知能力	非认知能力	认知能力	非认知能力
假设政策提前 3 年	父亲教育	−0.008 (0.006)	−0.008 (0.008)		
	母亲教育			0.004 (0.009)	0.001 (0.015)
假设政策推后 3 年	父亲教育	−0.007 (0.007)	−0.008 (0.010)		
	母亲教育			0.004 (0.009)	0.001 (0.015)
	N	2 121	2 121	2 121	2 121

注：所有结果为 IV 估计得到；表 5.2 中对应的控制变量已控制；括号中是聚类在家庭层面的聚类稳健标准误。

2. 教育衡量方式

在基准回归中，本章分别使用父母的受教育年限这一连续变量作为核心变量进行分析，这里有两个问题值得关注：一是作为衡量人力资本的主要指标，教育程度的表现方式之一是受教育年限；二是完成教育的程度，如初中毕业、高中毕业或者大学毕业。在研究了教育年限的影响后，本章也关注父母完成教育程度对子女人力资本发展的影响。由描述性统计可知，父母的平均教育年限在 9 年左右，也就是说初中毕业为平均水平，而只有很少比例的父母完成了大学学业，因此，在研究教育年限的影响后，本部分重点关注父母是否高中毕业对子女人力资本发展的影响。在基准回归中本章分开研究了父亲和母亲受教育程度对子女人力资本发展的影响，而在一个家庭中，往往是父亲和母亲在同时发挥作用，因此，父母的总和或者说平均教育程度对子女人力资本发展的影响也值得关注。因此，在稳健性检验部分，本部分分别考虑了父母是否具有高中以上学历、父母的教育年限之和以及父母的最低教育水平对子女人力资本发展的影响。

表 5.6 报告了稳健性检验的结果，所有结果均采用工具变量估计方法得到。Panel A 和 Panel B 分表汇报了父亲和母亲是否高中以上学历毕业对

表 5.6　稳健性检验：更换教育的衡量方式

类型	父母教育状况	认知能力			非认知能力					
		(1) 字词能力	(2) 数学能力	(3) 综合认知	(4) 社交能力	(5) 自信力	(6) 亲和力	(7) 专注度	(8) 坚毅度	(9) 综合非认知
Panel A 父亲教育（高中）对子女人力资本发展的影响：IV 估计	父亲教育	5.128*** (1.655)	0.470 (0.842)	0.524*** (0.192)	0.661** (0.291)	0.621** (0.278)	0.690** (0.280)	0.158 (0.276)	0.451 (0.301)	0.862*** (0.288)
	N	2121	2121	2121	2121	2121	2121	2121	2121	2121
Panel B 母亲教育（高中）对子女人力资本发展的影响：IV 估计	母亲教育	12.355*** (3.345)	0.647 (1.415)	1.216*** (0.374)	1.030** (0.511)	0.580 (0.519)	0.879* (0.525)	-0.910* (0.541)	-0.209 (0.547)	1.085** (0.526)
	N	2121	2121	2121	2121	2121	2121	2121	2121	2121
Panel C 父母教育加总对子女人力资本发展的影响：IV 估计	父母教育	0.335*** (0.105)	0.065 (0.055)	0.037*** (0.012)	0.043** (0.018)	0.040** (0.018)	0.053*** (0.018)	0.018 (0.018)	0.024 (0.019)	0.060*** (0.019)
	N	2121	2121	2121	2121	2121	2121	2121	2121	2121
Panel D 父母最低水平对子女人力资本发展的影响：IV 估计	父母教育	0.715*** (0.233)	0.052 (0.115)	0.072*** (0.027)	0.050 (0.038)	0.039 (0.039)	0.101** (0.041)	0.006 (0.039)	0.012 (0.040)	0.083** (0.039)
	N	2121	2121	2121	2121	2121	2121	2121	2121	2121

注：*** 表示在 1% 水平上显著，** 表示在 5% 水平上显著，* 表示在 10% 的水平上显著；表 5.2 中的控制变量已控制；括号中是聚类在家庭层面的聚类稳健标准误。

子女认知能力和非认知能力的影响，Panel C 汇报了父母教育的加总对子女认知能力和非认知能力的影响，而 Panel D 汇报了父母的最低教育年限对子女认知和非认知能力的影响。从回归结果看，更换了父母教育衡量方式后，得到了和表格 5.3 相一致的主要结论。Panel A 和 Panel B 的回归结果表明，父亲和母亲如果是高中或以上学历，则子女在认知能力和非认知能力发展方面都要优于父母为初中或以下学历的个体，进一步地，通过系数的大小可以判断，高中及以上学历的影响效应要远大于教育年限每提高一年的影响效应，具有高中及以上学历的父亲其子女认知能力比没有高中学历父亲的个体要高 0.5 个标准差，而如果母亲具有高中及以上学历，那么其子女的认知能力将会提高 1.2 个标准差。父母高中及以上学历对子女非认知能力发展的影响也是显著的，具有高中及以上学历母亲的个体，其非认知能力要比其没有高中及以上学历母亲同伴高 1.3 个标准差。Panel C 和 Panel D 的结果表明，父母的加总的受教育年限和父母受教育年限的最低值对子女认知能力和非认知能力的影响仍然是正向显著的。

3. 来自 CEPS 数据的证据

本部分在使用 CFPS 数据得到主要结论后，同时使用另一套全国代表性数据 CEPS 作为稳健性检验。使用 CEPS 作为稳健性检验的好处如下：首先，和 CFPS 基于家庭的抽样不同，CEPS 数据是基于学校的抽样调查，在分析中本章可以控制学校甚至班级的固定效应，这样在分析的过程中可以很大程度上避免学校因素遗漏造成的影响，可以对 CFPS 数据做到很好的补充；其次，CEPS 除了学习成绩以外，还提供了一套经过标准化测试后得到的认知能力得分，该测试采用国际通行的认知能力测试题，对认知能力的评价更为客观和可信，同时，CEPS 也包含了更加丰富的可以用来衡量非认知能力的指标体系；最后，CEPS 样本量较大，大样本分析也使得结果更为可信。不过 CEPS 数据也存在一些不足，主要在于没有提供父母的年龄以及家庭收入，因此无法使用工具变量，也不能控制家庭收入这一关键信息，这也是本章只是将 CEPS 作为稳健性检验的原因。表 5.7 报告了回归的结果，本部分分析的对象为 7 年级和 9 年级的中学生，其中认知能力为标准化的测试结果，非认知能力根据一系列的问卷量表综合而来。在研究父母教育对综合非认知能力的影响时，本章参考现有文献（Kling et al. , 2007；Gong et al. , 2018）的做法，使用基于平均影响效应（average effect size）的估计方法对父母教育对子女非认知能力的影响效应进行估计。AES 方法通过赋予非认知能力每个组成指标相同的权重从而估计出父母教育水平对子女非认知能力的平均影响效应。CEPS 数据直接给出了子女认知能力测试得分指标，但是对于非认知能力则没有直接的度量。因此，本章参考以往文献，从问卷中提取了七个问题作为衡量非认知能力的指标。参考现有文献，本章对非认知能力的衡量主要根据如下问题的回答进行综合测度：第一，"就算身体有点不舒服，或者有其他理由可以留在家里，我仍然会尽量去上学"；第二，"就算是我不喜欢的功课，我也会尽全力去做"；第三，"就算功课需要花好长时间才能做完，我仍然会不断地尽力去做"；第四，"我能够很清楚地表述自己的意见"；第五，"我的反应很迅速"；第六，"我能够很快学会新知识"；第七，"我对新鲜事物很好奇"。[1]

表 5.7　　　　　　　　　　稳健性检验：来自 CEPS 的证据

变量		(1)	(2)	(3)	(4)	(5)	(6)
		认知能力			非认知能力		
		全样本	男孩	女孩	全样本	男孩	女孩
Panel A 父亲教育与子女早期认知能力和非认知能力	父亲教育	1.70*** (0.22)	1.46*** (0.32)	1.94*** (0.31)	0.59*** (0.07)	0.64*** (0.11)	0.58*** (0.11)
	个人特征	控制	控制	控制	控制	控制	控制
	家庭特征	控制	控制	控制	控制	控制	控制
	班级固定效应	控制	控制	控制	控制	控制	控制
	调整 R^2	0.336	0.356	0.354	0.105	0.122	0.141
Panel B 母亲教育与子女早期认知能力和非认知能力	母亲教育	1.19*** (0.22)	0.90*** (0.32)	1.49*** (0.31)	0.57*** (0.07)	0.53*** (0.10)	0.61*** (0.10)
	个人特征	控制	控制	控制	控制	控制	控制
	家庭特征	控制	控制	控制	控制	控制	控制
	班级固定效应	控制	控制	控制	控制	控制	控制
	调整 R^2	0.337	0.357	0.355	0.104	0.123	0.140
	N	18 090	9 110	8 980	17 068	8 535	8 533

注：*** 表示在 1% 水平上显著；控制变量包括个人特征（性别、年龄、民族、户口状况、迁移状况、是否为独生子女等）、家庭特征（家庭社会经济地位和家庭规模）和班级固定效应，括号中为聚类在家庭层面的聚类标准误。

——————————

[1] 在具体分析过程中，我们首先对这七个问题的回答结果进行均值为 0、标准差为 1 的标准化，然后使用 Stata 软件的外部命令 avg_effect 进行估计。

根据表 5.7 的结果，全样本分析表明，父母教育程度显著促进了子女认知能力和非认知能力的发展，而性别分样本的回归则发现，不论是父亲教育还是母亲教育，都是对女儿的影响要更大。本部分的主要结论表明在使用另一套代表性数据同样也发现了父母教育对子女早期人力资本发展的重要影响。

5.2.6 异质性分析

前面的一系列分析都表明，父母的受教育程度对子女的认知能力和非认知能力存在显著的正向影响，特别是母亲的受教育程度和高中以上学历父母的影响。但 OLS 回归估计的是一种整体平均的影响效应，工具变量估计得到的是局部平均效应（Angrist & Pischke，2009），而实际上，父母受教育程度对子女人力资本发展的影响可能在不同群体不同地区有着不同的影响效应。因此，本章进一步尝试从性别差异、贫富差异和城乡差异的角度进行分析。

首先，本章分析父母教育对子女人力资本发展影响的性别差异，具体来说，就是研究父亲或母亲对下一代人力资本发展的影响会不会因为子女的性别不同而有所差异。表 5.8 报告了性别差异的工具变量回归结果。研究发现，综合来看，母亲受教育程度对儿子的影响更大，母亲教育水平对女儿的影响仅限于在认知能力发展方面。另外，父亲教育水平对男孩的认知能力和非认知能力的影响没有体现出系统性差别。这一结论也和表 5.5 中通过 CEPS 数据获得的分性别回归结果基本类似。总体看来，父亲和母亲的教育水平对子女的认知和非认知能力发展的影响方面，没有显著的系统性差异。

表 5.8　家庭教育背景对子女人力资本发展影响的性别差异

项目	（1）	（2）	（3）	（4）
	男孩		女孩	
	认知能力	非认知能力	认知能力	非认知能力
父亲教育	0.044 * （0.027）	0.091 ** （0.044）	0.058 ** （0.028）	0.095 ** （0.043）

续表

项目	(1)	(2)	(3)	(4)
	男孩		女孩	
	认知能力	非认知能力	认知能力	非认知能力
母亲教育	0.110 **	0.118 *	0.135 ***	0.084
	(0.047)	(0.067)	(0.045)	(0.062)
N	1 077	1 077	1 044	1 044

注：所有结果为 IV 估计得到；*** 表示在 1% 水平上显著，** 表示在 5% 水平上显著，* 表示在 10% 的水平上显著；表 5.2 中的控制变量已控制；括号中是聚类在家庭层面的聚类稳健标准误。

其次，本章从贫富差异和城乡差异的角度分析了父母教育对子女人力资本发展的差异化影响。现有文献研究发现，富裕家庭和贫穷家庭在教育子女等多方面都表现出较大的差异，富裕家庭的父母会更倾向于对子女进行人力资本投资，包括物质投资和时间投资，而且相对于贫穷家庭来说，富裕家庭对于抚养和教育子女方面的知识积累也较高。此外，中国城乡家庭之间也存在着巨大的差距，这种家庭财富以及生长环境的差异可能也会影响子女早期的人力资本发展。在分析家庭教育背景影响子女认知和非认知能力发展的贫富差异时，参照一般文献的做法（李任玉等，2015），本章将家庭收入位于上 25% 分位点的家庭划分为富裕家庭，而将家庭收入位于下 25% 分位点的家庭划分为贫穷家庭。表 5.9 的列（1）~ 列（4）报告了父母教育对子女人力资本发展影响的贫富差异。回归结果表明，综合来看，不论是从母亲教育还是从父亲教育对子女的人力资本影响看，富裕家庭的父母对子女人力资本发展的影响更大，富裕家庭的父亲和母亲的教育程度的提高会显著提高子女的认知和非认知能力，而贫穷家庭的子女受父母教育的影响相对要小。而贫穷家庭的母亲教育对子女的影响更大。从这个角度来说，对贫穷家庭子女早期的人力资本发展进行适当干预显得尤为重要（Heckman & Mosso，2014）。

表 5.9　　　家庭教育背景对子女人力资本发展影响的贫富差异

父母教育状况	(1)	(2)	(3)	(4)	(5)	(6)	(7)	(8)
	富裕家庭（上 25%）		贫穷家庭（下 25%）		农村		城市	
	认知能力	非认知能力	认知能力	非认知能力	认知能力	非认知能力	认知能力	非认知能力
父亲教育	0.067 ***	0.082 **	- 0.000	0.100 *	0.055 **	0.090 **	0.073 *	0.114 *
	(0.023)	(0.036)	(0.034)	(0.054)	(0.027)	(0.040)	(0.037)	(0.064)

续表

父母教育状况	（1）	（2）	（3）	（4）	（5）	（6）	（7）	（8）
	富裕家庭（上25%）		贫穷家庭（下25%）		农村		城市	
	认知能力	非认知能力	认知能力	非认知能力	认知能力	非认知能力	认知能力	非认知能力
母亲教育	0.133 ***	0.106	0.089 **	0.101 *	0.114 ***	0.097 **	0.023	−0.054
	（0.051）	（0.070）	（0.042）	（0.060）	（0.032）	（0.046）	（0.061）	（0.120）
N	531	531	530	530	1 661	1 661	460	460

注：所有结果通过 IV 估计得到；*** 表示在1%水平上显著，** 表示在5%水平上显著，* 表示在10%的水平上显著；表5.2 中的所有控制变量已控制；括号中是聚类在家庭层面的聚类稳健标准误。

在分析家庭教育背景影响子女认知能力和非认知能力发展的贫富差异时，我们按照子女的户籍状态作为划分城乡的依据。表5.9 的列（5）~列（8）报告了父亲和母亲的教育水平对子女认知能力和非认知能力发展影响的城乡差异。回归结果表明，父亲的教育水平对子女认知能力和非认知能力的影响没有显著差异。而对于城市家庭来说，母亲教育水平对子女的认知能力和非认知能力没有显著影响，值得注意的是，分样本回归时城市家庭样本较小，这可能是导致结果不显著的原因。总体看来，不论是农村还是城市家庭，父母教育水平对子女的认知能力和非认知能力的发展都存在显著影响，且这种影响效应在城乡之间没有显著的系统性差异。

5.3　影响机制探讨

现有文献在对人力资本的代际传递进行机制解释时，一般是从能力的传递、子女数量与质量的替代、早期禀赋的作用、婚姻匹配等角度进行分析。本章结合现有文献和本章所获得的数据情况，也将从上述几个方面对母亲教育水平如何影响子女的认知能力和非认知能力进行初步的机制解释。第一，本章使用母亲的认知能力和非认知能力作为母亲能力的代理，分析母亲更高的教育水平是否对应着更高的认知能力和非认知能力，然后通过其自身认知能力和非认知能力的提高从而影响到了子女的认知和非认知能力。第二，本章通过子女的出生体重作为衡量子女早期人力资本禀赋的指标，分析母亲教育是否通过改善了子女的早期人力资本禀赋从而提高了其未来的认知能力和非认知能力发展。第三，本章通过子女的兄弟姐妹数量来识别家庭中子女数量和质量的替代问题。第四，本章通过母亲教育和父亲教育水平的相关关系来识别婚姻匹配在子女认知能力和非认知能力发展中的作用。第五，本章考虑了母亲收入的影响。

表5.10报告了上述几种可能机制的工具变量回归结果。列（1）~列（2）的结果表明，母亲教育水平的提高确实显著提高了母亲的认知能力，母亲认知能力的提高则可能通过先天遗传和后天养育等对子女的认知能力和非认知能力产生影响，已有文献研究发现，认知能力和非认知能力存在代际传递现象（Anger，2012）。列（3）的结果表明母亲教育水平显著提高了子女的出生体重，已有研究表明出生体重对子女后期的健康以及认知能力等方面的发展存在显著影响，因此，母亲教育可能通过影响了子女的出生体重从而影响了子女成长过程中的认知能力和非认知能力的发展。

表5.10　　家庭教育背景对子女早期人力资本发展的影响机制探讨

项目	(1) 母亲认知能力	(2) 母亲非认知能力	(3) 子女出生体重	(4) 子女兄弟姐妹个数	(5) 父亲教育	(6) 母亲收入
母亲教育	5.990 *** (0.637)	0.045 (0.226)	0.143 *** (0.035)	− 0.530 *** (0.153)	1.034 *** (0.143)	0.264 ** (0.118)
母亲民族	4.310 ** (1.753)	1.245 * (0.749)	0.162 (0.111)	− 0.355 ** (0.180)	0.171 (0.438)	0.337 (0.317)
母亲户口	− 1.854 (1.770)	1.289 ** (0.656)	0.000 (0.104)	0.143 (0.154)	− 0.471 (0.398)	− 1.385 *** (0.342)
母亲年龄	− 3.279 *** (0.336)	0.074 (0.115)			− 0.475 *** (0.084)	− 0.111 * (0.061)
母亲职业	控制	控制	控制	控制	控制	控制
母亲兄弟姐妹数量	控制	控制	控制	控制	控制	控制
母亲认知能力			0.013 (0.010)	0.041 ** (0.016)		
母亲非认知能力			0.005 (0.004)	0.004 (0.006)		
子女年龄			− 0.029 (0.025)	0.367 *** (0.101)		

续表

项目	（1）母亲认知能力	（2）母亲非认知能力	（3）子女出生体重	（4）子女兄弟姐妹个数	（5）父亲教育	（6）母亲收入
子女性别			−0.206 ***（0.077）	−0.166 ***（0.570）		
母亲初生子年龄			−0.071 ***（0.018）	0.323 ***（0.081）		
父亲年龄					0.526 ***（0.040）	
父亲职业					控制	
N	2 121	2 121	2 121	2 121	2 121	2 121

注：所有结果均为 IV 估计得到；*** 表示在 1% 水平上显著，** 表示在 5% 水平上显著，* 表示在 10% 的水平上显著；括号中为稳健标准误。

列（4）的回归结果说明母亲教育程度越高，其子女的兄弟姐妹数量越少，这一结论也和家庭内部资源分配中的数量和质量替代理论一致。列（5）的结果说明父亲和母亲确实存在较强的基于教育的婚姻匹配问题，教育程度高的女性倾向于同教育程度高的男性结婚，这样的婚姻匹配可能强化了父亲和母亲单方面的教育程度对子女认知能力和非认知能力的影响。最后，列（6）的母亲收入决定方程也表明，母亲教育水平也可能通过提高其收入从而对其子女的认知和非认知能力产生影响。

在数据可得的前提下，本章对母亲教育水平如何影响子女认知和非认知能力的发展进行了初步的机制探讨。虽然上述机制分析只是较为初步的分析，并不是严格的中介和路径研究。但是本章的初步分析结论基本和现有研究结论一致，也进一步表明父母教育水平对子女的人力资本发展的影响机制是多重的，也是复杂的。子女的人力资本发展过程是一个复杂并且动态的过程，家庭对子女人力资本发展的影响存在于方方面面，而从人力资本发展和社会干预的角度，家庭对子女的人力资本投资是一个非常重要的解释机制。因此，本书的第 6 章将主要从家庭对子女的人力资本投资的角度，研究父母教育水平对子女认知能力和非认知能力的影响。

5.4 本章小结

本章尝试从家庭教育背景对子女早期人力资本发展影响的角度探索代际流动性的早期决定机制。利用1986年实行的《中华人民共和国九年义务教育法》构造工具变量，本章重点研究了父母教育水平对子代早期认知能力和非认知能力发展的因果效应，并从多角度进行了稳健性检验和异质性分析。本章的主要研究结论表明四点。第一，家庭教育背景确实显著影响了子女早期的人力资本发展，这里的人力资本发展包括子女的认知能力和非认知能力。第二，异质性分析表明，父母受教育程度对子女的认知和非认知能力的影响并不存在显著的性别差异，而富裕家庭父母受教育程度对子女人力资本发展的影响要高于贫穷家庭，且相对于农村子女来说，城市的孩子其父母教育水平对其认知和非认知能力的影响效应更大。第三，母亲认知和非认知能力的发展、婚姻匹配、子女数量与质量的替代等可以部分解释父母教育对子女认知和非认知能力的影响。第四，父母教育水平通过影响子女的认知和非认知能力从而提高了子女对自身的期望教育程度，并且降低了子女从初中和高中辍学的概率。

本章的研究结论进一步支持了代际流动性中的人力资本传递这一渠道，特别是子代早期人力资本发展这一重要路径，父辈对子女的影响效应可能在子辈进入劳动力市场之前的早期发展阶段就已经发生了，这直接就影响了最终的收入或人力资本等的代际流动性。但是，父母的教育程度如何影响了子女早期的人力资本发展还是一个"黑匣子"，进一步理解家庭教育背景对子女人力资本发展的影响机制在子女人力资本发展进行早期干预中显得尤为重要。因此，第6章将在本章的基础上对这一问题进行回答，研究家庭教育背景、家庭对子女的人力资本投资对子女早期人力资本发展的影响。

人力资本投资与代际教育
流动的早期决定

第 5 章的实证研究结果表明家庭教育背景对子女的认知能力和非认知能力确实存在着因果关系，以父亲或母亲的受教育程度为代表的家庭教育背景对子女的认知能力和非认知能力均有正向显著的影响。同时，这种影响存在着城乡、性别以及贫富的差异。进一步地，本书发现父母的教育还通过影响子女的认知能力和非认知能力影响了子女的自我教育获得期望以及未来的辍学率，从而影响了长期的人力资本发展。这些结论都为基于早期人力资本发展视角的代际关系提供了证据，但父母的教育水平如何影响子女的早期人力资本发展这一机制问题是理解先天影响和后天培养的关键。现有文献分别从子女数量与质量的替代、父母婚姻教育匹配、母亲劳动力供给、家庭教育信念（Pungello，2010）等方面对父母教育如何影响子女人力资本发展以及未来劳动力市场的表现进行了机制分析的理论和实证探索研究，取得了初步的成果。本书第 5 章初步的机制分析也表明，人力资本的代际传递、子女数量和质量的替代、婚姻匹配等可以部分解释父母教育程度对子女早期人力资本发展的影响。但是，理解家庭教育背景对子女的人力资本发展的影响机制还需要从人力资本发展的角度进行细致的研究，理解代际流动性的早期决定机制需要去打开人力资本生产这一"黑匣子"。同时，随着新人力资本理论的发展，人力资本内涵的进一步拓展和细化以及人力资本动态生产理论的提出对家庭人力资本传递的机制研究提出了新的要求。

在理论上，以库尼亚和赫克曼（Cunha & Heckman，2007）等为代表的人的技能形成理论中充分考虑了家庭对子女人力资本投资在子女人力资本发展中的重要作用。其中，家庭对子女的人力资本投资主要包括物质投资和时间投资，也有部分文献开始关注家庭时间投资的质量，也就是父母的教育方式（parenting）对子女人力资本发展的影响。实证研究方面，直接研究家庭对子女的人力资本投入对子女人力资本发展影响的文献较多，家庭对子女的物质投入和时间投入以及家庭教育方式都被认为是影响子女人力资本发展以及未来劳动力市场表现的重要因素（Pungello et al.，2010；Blankenau & Youderian，2015；Cobb-Clark et al.，2016；Doyle et al.，2016）。但现有文献从家庭对子女人力资本投资的角度研究家庭教育背景对子女人力资本发展影响机制的还不多见，卡内罗（Carneiro，2013）尝试从家庭对子女的教育重视程度和家庭对子女的早期投入进行了机制分析，但并没有从家庭对子女的综合人力资本投入的角度进行考虑。此外，少有文献关注家庭对子女的人力资本投资与子女人力资本发展的动态影响效应。同时，关于中国等发展中国家的类似研究尚未看到。

因此，本章将从家庭对子代的人力资本投资出发，研究家庭教育背景对子女早期人力资本发展的影响机制，从而对第 4 章的理论分析进行验证。根据本章第 4 章的理论分析，父母教育背景高的家庭由于对子女的人力资本生产函数具有更加完全的信息，对子女进行人力资本投资的成本更低，因此父母人力资本投资更多，而且人力资本投资的质量也更高。同时，高教育背景的父母也能更早意识到子女早期人力资本投资的重要性，因此其子女的人力资本禀赋也会更高。较高的人力资本禀赋和后天的人力资本投资则直接决定了子女未来的人力资本发展。据此，本章将父母对子女的人力资本投资分为物质投入和时间投入，主要分析父母教育如何通过对子女的人力资本投资从而影响子女的早期人力资本发展。本章的主要内容如下：

第一，研究家庭教育背景与家庭对子女的人力资本投资的关系；

第二，研究多期家庭对子女的人力资本投资对子女的认知能力和非认知能力的影响；

第三，研究父母教育如何通过影响其对子女的人力资本投资从而影响了子女的认知能力和非认知能力。

6.1 / 早期人力资本投资

传统的代际流动和人力资本理论认为，子代的人力资本生产函数主要由子女的初始禀赋和父母对子女的物质投资所决定，而库尼亚和赫克曼（Cunha & Heckman，2007）等提出的新人力资本理论则认为，除了子女的人力资本形式是多维（健康、认知能力、非认知能力等）的以外，父母对子女的投资可能是多维度的，即除了传统的物质投资以外，还应该包括时间投资。在实证方面，现有文献也多研究家庭对子女的物质投入对子女人力资本发展的影响，而缺少对时间投入的关注，因此本章同时研究家庭对子女的物质投入和时间投入对子女早期人力资本发展的影响。

物质投入。家庭对子女的物质投资主要是指在金钱方面的投入，其中最主要的部分就是家庭对子女的教育支出。结合现有文献和 CFPS 数据中可以获得的信息，本章主要选取三个指标来衡量父母对子女的物质方面的人力资本投资，这三个指标分别是：过去一年父母对子女的教育总支出金额、过去一年对子女的课外投入总支出金额和过去一年是否送子女上课外辅导班，前两者是连续变量，根据一贯做法，本章将这两个金额取对数，[①] 后者是一个虚拟变量，1 表示有送子女参加过课外辅导班，0 则表示没有。在具体分析过程中，本章既单独考察了每一个指标的影响，也整体考虑了这三者的综合效应。[②]

时间投入。家庭对子女的时间投资现有文献的研究刚刚起步，对于时间投入的衡量方式还没有形成共识。部分研究有利用时间使用调查数据中量化了的对子女课业辅导时间和陪伴时间作为时间投入的代理，也有直接使用母亲是否在家全职养育子女来作为时间投入的代理，而国内也有研究从父母是否外出务工无法陪伴孩子导致时间投入的缺失来研究时间投入对子女人力资本发展的影响。同时，还有少部分文献从时间投入的数量和质量方面出发进行了探讨，而父母对子女时间投入的质量主要用教育方式

---

① 在具体分析中，为了避免金额为 0 无法取对数的情况，按照通行做法，本章将所有数值都加 1，然后再取对数。

② 本章使用主成分分析法对各指标进行加总。

（parenting）来代理，这一类文献与教育学和心理学中的家庭教育方式对子女成长的影响有共通之处。结合现有文献的研究和数据可得性，本章选取三类指标作为父母对子女时间投入的代理变量。一是父母与子女交流的频率，在 CFPS 数据中，这是一个有序变量，从 1 到 5 表示父母与子女交流更加频繁。二是在日常生活和学习中父母是否会对子女进行指导和帮助，这个指标由一系列问题的回答综合得到（见表 6.1 的变量定义）。以上两类代理变量可以认为是时间投入的数量。三是在面临子女学习退步或未达到期望时，父母采取何种方式处理，这里本章借鉴现有文献的做法（Cobb-Clark et al.，2016），将该变量进行归类，从而让其表征时间投入的质量。同样地，在具体分析过程中，既分别考察了这三种方式的时间投入的单独影响效应，又整体考虑了三者加总后的综合的影响效应。

表 6.1　　　　　　　家庭对子女的人力资本投资变量定义

人力资本投入	变量	变量定义	变量说明
物质投入	对数教育支出	上一年度总的教育支出	连续变量
	是否参加辅导班	上一年度是否有参加过辅导班	虚拟变量（1 表示有参加）
	对数课外教育支出	上一年度的课外教育方面的支出（取对数）	连续变量
时间投入	亲子交流	父母主动与孩子沟通交流情况	有序类别变量（1 表示十分不同意；5 表示十分同意）
		父母会主动和孩子谈论学校的事情	有序类别变量（1 表示十分不同意；5 表示十分同意）
	家庭辅导	孩子在学习时父母会经常放弃看电视	有序类别变量（1 表示十分不同意；5 表示十分同意）
		父母经常监督孩子完成作业	有序类别变量（1 表示十分不同意；5 表示十分同意）
		父母经常检查孩子的作业	有序类别变量（1 表示十分不同意；5 表示十分同意）
		父母是否有辅导孩子做作业	有序类别变量（1 表示十分不同意；5 表示十分同意）
	家庭教育方式	如果孩子成绩低于预期时父母的处理方式	类别变量（0 表示最差的责骂和体罚；2 表示最好的鼓励与帮助；1 表示其他）

续表

人力资本投入	变量	变量定义	变量说明
物质投入	参加辅导班	上一年度是否有参加过辅导班	虚拟变量（1 表示有参加）
	课外教育支出	上一年度的课外教育方面的支出（取对数）	连续变量
时间投入	功课辅导	父母是否经常监督孩子写作业	频率变量（从 1 到 4 表示频率增加）
		父母是否经常辅导孩子写作业	频率变量（从 1 到 4 表示频率增加）
	亲子活动	父母是否经常与孩子交流学校/朋友/老师/心情等方面的事情	频率变量（从 1 到 3 表示频率增加）
		父母是否经常陪孩子读书/去博物馆/做运动/看电影等	频率变量（从 1 到 6 表示频率增加）

资料来源：CFPS 2010 年和 CFPS 2014 年和 CEPS 2014 年。

参考一般文献的做法，本章使用主成分分析法对各项子指标进行加总，并对加总后的综合指标进行了均值为 0 和标准差为 1 的标准化处理。进一步地，根据库尼亚和赫克曼（Cunha & Heckman，2007）提出的人力资本发展过程中的动态互补性（dynamic complementarity），本章也考虑了家庭对子女多期人力资本投资对多期的认知能力和非认知能力的综合影响效应。这里本章综合使用 CFPS 2010 年和 CFPS 2014 年两期的数据利用累计附加值模型进行了动态分析。同时，在稳健性检验部分，本章使用了CEPS 数据进行稳健性检验。家庭对子女物质投入和时间投入的具体定义见表 6.1，本章主要使用 CFPS 数据进行分析，CFPS 数据中，加总并标准化后的家庭对子女物质投资和时间投资的概率分布见图 6.1 和图 6.2。

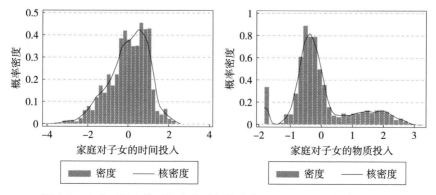

图 6.1　家庭对子女的时间和物质投资分布（CFPS 2010 年基期数据）

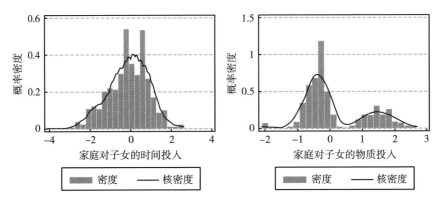

图 6.2   家庭对子女的时间和物质投资分布（CFPS 2014 年追踪数据）

6.2 / 家庭教育背景与对子代的人力资本投资

6.2.1   基础结果

为了分析父母教育程度如何通过影响子代的人力资本投资从而影响子代的人力资本发展，首先需要清楚父母教育程度是否会影响其对子女的人力资本投资。具体来看，父母的教育程度是否会影响对子女的物质投入和时间投入。

具体模型设定如下：

$$I_{ij}^C = \beta_0 + \beta_1 E_f^P + X_{ijc}' \beta_2 + \epsilon_{ij} \tag{6.1}$$

其中，I_{ij}^C 表示父母对子代的人力资本投资，这里的人力资本投资主要用父母对子女的物质投入和时间投入来衡量；E_f^P 表示父亲或母亲的教育水平；X_{ijc} 表示子女个体特征、父亲或母亲个体特征以及家庭特征的控制变量，ϵ_{ij} 是随机误差项。式（6.1）是本部分的基准回归方程，但根据人力资本理论以及家庭经济学的相关研究，父母对子女的投资也会受到子女自身禀赋的影响，禀赋越高的子女，其父母倾向于对其投资更多，符合理性人的假设。因此，在基础回归的基础上，本部分加入了子女上一期的认知能力和非认知能力作为控制变量，以控制子女自身的禀赋对父母投资的影响，模型设定如下：

$$I_{ij}^C = \beta_0 + \beta_1 E_f^P + X_{ijc}' \beta_2 + \eta H_{ij}^C + \epsilon_{ij} \tag{6.2}$$

其中，H_{ij}^C 表示子女的人力资本禀赋水平，这里本章使用子女上一期的认知能力和非认知能力作为代理。和第 5 章研究父母教育对子女人力资本发展的影响时相同，本部分也分别考察了父亲和母亲教育对子女的人力资本投资的影响。本部分的回归分三步进行，首先对式（6.1）进行 OLS 估计，从直观上判断父母教育程度对子女人力资本投资是否存在相关关系；其次，本章考虑了子女禀赋后对式（6.2）进行回归，研究在控制了子女禀赋后的父母教育对其对子女的人力资本投资的影响效应；最后，本部分同样使用了第 5 章中构建的工具变量组来解决其他不可观察变量的遗漏而带来的潜在内生性问题。[①]

6.2.2　基础结果

表 6.2 报告了对式（6.1）的 OLS 估计结果，其中，Panel A 报告的是父亲教育对其对子女进行物质投入和时间投入的影响，Panel B 报告的是母亲教育对其对子女进行物质投入和时间投入的影响。列（1）~列（3）分别考虑了三种不同类型的物质投入，主要包括过去一年对该子女总的教育投入、过去一年是否有送该子女上课外辅导班以及过去一年对子女课外投入总额。列（5）~列（7）分别考虑了三种不同类型的时间投入，主要包括父母与子女的交流频率、父母对子女的家庭辅导以及父母的家庭教育方式。

同时，在分别估计这不同形式的物质投入和时间投入的基础上，为了得到一个综合的结果，在列（4）汇报了父母教育水平对三种形式的物质投入的综合影响效应，在列（8）汇报了父母教育水平对三种形式的时间

---

① 关于工具变量的讨论与介绍见第 5 章方法部分，这里不再赘述。

表6.2　家庭教育背景与家庭对子女的人力资本投资：OLS估计结果

父母教育对子女的投入	a. 物质投入				b. 时间投入			
	(1)	(2)	(3)	(4)	(5)	(6)	(7)	(8)
	教育支出	辅导班	课外投入	总效应	亲子交流	家庭辅导	教育方式	总效应
Panel A 父亲教育对子女的投入								
父亲教育	0.033 *** (0.013)	0.008 *** (0.002)	0.088 *** (0.014)	0.046 *** (0.007)	0.027 *** (0.006)	0.035 *** (0.006)	0.017 *** (0.006)	0.042 *** (0.003)
个人特征	控制	控制	控制	控制	控制	控制	控制	控制
父亲特征	控制	控制	控制	控制	控制	控制	控制	控制
家庭规模	控制	控制	控制	控制	控制	控制	控制	控制
家庭收入	控制	控制	控制	控制	控制	控制	控制	控制
省份固定效应	控制	控制	控制	控制	控制	控制	控制	控制
Panel B 母亲教育对子女的投入								
母亲教育	0.067 *** (0.013)	0.014 *** (0.002)	0.131 *** (0.014)	0.071 *** (0.006)	0.038 *** (0.006)	0.045 *** (0.006)	0.020 *** (0.006)	0.034 *** (0.004)
个人特征	控制	控制	控制	控制	控制	控制	控制	控制
母亲特征	控制	控制	控制	控制	控制	控制	控制	控制
家庭规模	控制	控制	控制	控制	控制	控制	控制	控制
家庭收入	控制	控制	控制	控制	控制	控制	控制	控制
省份固定效应	控制	控制	控制	控制	控制	控制	控制	控制
N	2 109	2 109	2 109	2 109	2 109	2 109	2 109	2 109

注：*** 表示在1%水平上显著；括号中是聚类在家庭层面的聚类稳健标准误。

投入的综合影响效应。在所有回归中，子女的个人特征、父母的个体特征、家庭特征以及省份固定效应均已控制。表 6.2 所使用的数据与第 5 章的主要回归的 CFPS 2010 年数据相同，研究对象都是 10～15 岁的青少年，这里样本少了 12 个是因为剔除了关键变量存在缺失的样本。

列（1）的结果表明，父亲教育和母亲教育对家庭在子女总教育支出方面有显著的正向效应，具体来看，母亲教育每提高一年，对子女的教育总支出会提高 6.7%，父亲教育每提高一年，对子女的教育总支出会提高 3.3%。列（2）和列（3）也得到了类似的结论，而列（4）的综合效应也都是显著的，表明父亲和母亲的教育都对子女的时间投入有正向显著效应，而且母亲的影响大于父亲。列（5）～列（7）的结果表明母亲的教育对父母与子女的交流频率、父母参与子女家庭辅导情况以及父母的正面教育方式都有显著的正向影响。列（8）的综合效应结果也表明父母的教育对子女时间投入方面也有显著的正向影响，综合来看，母亲教育每提高一年，其对子女的时间投入会提高 3.4 个标准差。

简单 OLS 回归可能存在由于不可观察变量的遗漏而导致的估计结果偏误问题。因此，我们本章进一步地使用两阶段工具变量估计，分析在尝试解决内生性后父母教育对其对子女的人力资本投资的因果效应。采取的工具变量仍然为第 5 章中以 1986 年义务教育政策为基础构建的工具变量组。表 6.3 汇报了工具变量回归结果。列（1）～列（8）的结果表明，在考虑了遗漏变量偏误后父母对其对子女的人力资本投资仍然有显著正向影响。值得注意的是，工具变量估计的系数普遍比 OLS 估计系数要大，根据霍尔姆隆德等（Holmlund et al.，2011）的研究，在研究代际问题（即上一代对下一代的影响）时，工具变量估计结果一般会高于 OLS 估计结果，原因在于工具变量估计得到的实际上是一种局部的平均效应（Angrist & Pischke，2008）。具体到本章内容，工具变量估计结果反映的其实是会受到义务教育政策影响的这部分父母，他们的受教育程度对子女人力资本投资的影响，因此高估了父母教育的总体平均效应。

表 6.3　家庭教育背景与家庭对子女的人力资本投资：IV 估计结果

变量	a. 物质投入				b. 时间投入			
	(1)	(2)	(3)	(4)	(5)	(6)	(7)	(8)
	教育支出	辅导班	课外投入	总效应	亲子交流	家庭辅导	教育方式	总效应
Panel A 父亲教育与子女的投入：IV 估计								
父亲教育	0.138*** (0.033)	0.030*** (0.006)	0.296*** (0.046)	0.450*** (0.069)	0.027* (0.016)	0.049*** (0.016)	0.055*** (0.017)	0.129*** (.031)
个人特征	控制	控制	控制	控制	控制	控制	控制	控制
父亲特征	控制	控制	控制	控制	控制	控制	控制	控制
家庭规模	控制	控制	控制	控制	控制	控制	控制	控制
家庭收入	控制	控制	控制	控制	控制	控制	控制	控制
省份固定效应	控制	控制	控制	控制	控制	控制	控制	控制
Panel B 母亲教育与子女的投入：IV 估计								
母亲教育	0.366*** (0.046)	0.047*** (0.008)	0.442*** (0.060)	1.197*** (0.138)	0.058*** (0.020)	0.099*** (0.020)	0.062*** (0.021)	0.367*** (0.053)
个人特征	控制	控制	控制	控制	控制	控制	控制	控制
母亲特征	控制	控制	控制	控制	控制	控制	控制	控制
家庭规模	控制	控制	控制	控制	控制	控制	控制	控制
家庭收入	控制	控制	控制	控制	控制	控制	控制	控制
省份固定效应	控制	控制	控制	控制	控制	控制	控制	控制
N	2 109	2 109	2 109	2 109	2 109	2 109	2 109	2 109

注：*** 表示在 1% 水平上显著；括号中是聚类在家庭层面的聚类稳健标准误。

6.3 / 家庭对子女的人力资本投资与子女早期人力资本发展

6.3.1 基准回归

上一节估计了父母教育对父母对子女人力资本投资的影响效应，本节将重点研究父母对子女的人力资本投资是否会影响子女的人力资本发展。具体估计模型如下：

$$E_{ij} = \beta_0 + \beta_1 I_{ij} + X'_{ijc}\beta_2 + \epsilon_{ij} \qquad (6.3)$$

其中，E_{ij} 表示子女的人力资本水平，包括认知能力和非认知能力，I_{ij} 表示家庭对子女的人力资本投资，包括物质投入和时间投入，X_{ijc} 表示子女个体特征、父母特征、家庭特征以及省份固定效应，ϵ_{ij} 是随机误差项。在具体的分析过程中，本章分别考察了每一类型的物质投入和时间投入对子女认知能力和非认知能力的影响。而在认知能力方面，既分开关注字词能力和数学能力，也关注字词和数学能力的加总值；在非认知能力方面，由于第5章中的研究结论表明父母教育对子女自信力和社交能力有显著的影响，因此本章主要关注非认知能力中的这两个方面。同样地，本章既单独分析家庭对子女的人力资本投资对子女的自信心和社交能力的影响，也分析了家庭对人力资本的投资对综合非认知能力的影响。为了得到更加稳健的结果，本部分使用两套数据进行分析，一是章节 6.2 部分中用到的 CFPS 2010 年调查中的 10~15 岁青少年样本，二是第 5 章中稳健性检验部分用到的 CEPS 调查样本。CEPS 数据不仅提供了初中生的各科考试成绩和认知能力标准化测试得分，而且还提供了一套不同的非认知能力的测度指标，因此可以作为很好的稳健性分析样本。

表 6.4 的列（1）~列（6）分别汇报了单独和加总了的各项能力的估计结果，其中，Panel A ~ Panel C 汇报的是物质投入对子女人力资本发展的影响，Panel D ~ Panel F 汇报的是时间投入对子女人力资本发展的影响。列（1）~ 列（3）回归结果表明，不论何种形式的物质投入和时间投入，

其对子女字词测试得分、数学测试得分和综合的认知能力都有显著的正向影响。同时，列（4）~列（6）的结果表明家庭对子女的物质和时间投资对子女早期非认知能力的发展也有显著的促进作用。整体来看父母对子女的物质投入和时间投入对子女的认知能力和非认知能力发展均有显著的正向影响。父母对子女的物质投入除了影响了子女的字词能力和数学能力以外，也同时影响了子女的非认知能力。而父母对子女的时间投入也同时影响了子女的认知能力和非认知能力。

表 6.4　　家庭对子女的人力资本投资与子女的认知和非认知能力发展

项目		(1)	(2)	(3)	(4)	(5)	(6)
		认知能力			非认知能力		
		字词测试得分	数学测试得分	综合认知能力	自信心	社交能力	综合非认知能力
Panel A 家庭教育支出对子女认知能力和非认知能力的影响	finacial 1	0. 205 *** (0. 070)	0. 077 ** (0. 039)	0. 282 *** (0. 093)	0. 025 ** (0. 010)	0. 023 ** (0. 010)	0. 008 *** (0. 003)
	调整 R^2	0. 416	0. 640	0. 584	0. 023	0. 044	0. 044
Panel B 参加课外辅导班支出对子女认知能力和非认知能力的影响	finacial 2	1. 317 *** (0. 334)	0. 310 ** (0. 156)	1. 627 *** (0. 412)	0. 089 * (0. 050)	0. 121 ** (0. 051)	0. 028 * (0. 016)
	调整 R^2	0. 417	0. 640	0. 584	0. 021	0. 044	0. 041
Panel C 课外支出支出对子女认知能力和非认知能力的影响	finacial 3	0. 198 *** (0. 045)	0. 055 ** (0. 022)	0. 253 *** (0. 056)	0. 018 ** (0. 007)	0. 013 * (0. 007)	0. 005 ** (0. 002)
	调整 R^2	0. 418	0. 640	0. 585	0. 022	0. 043	0. 042
Panel D 父母与子女交流频率对子女认知能力和非认知能力的影响	time 1	0. 691 *** (0. 132)	0. 275 *** (0. 064)	0. 966 *** (0. 166)	0. 070 *** (0. 020)	0. 084 *** (0. 019)	0. 023 *** (0. 006)
	调整 R^2	0. 422	0. 642	0. 589	0. 026	0. 051	0. 047
Panel E 家庭教育时间对子女认知能力和非认知能力的影响	time 2	0. 537 *** (0. 145)	0. 094 (0. 069)	0. 632 *** (0. 185)	0. 099 *** (0. 021)	0. 100 *** (0. 019)	0. 039 *** (0. 006)
	调整 R^2	0. 418	0. 639	0. 585	0. 031	0. 054	0. 060
Panel F 家庭教育方式对子女认知能力和非认知能力的影响	time 3	0. 463 *** (0. 129)	0. 118 * (0. 063)	0. 581 *** (0. 160)	0. 030 *** (0. 010)	0. 029 ** (0. 014)	0. 012 ** (0. 006)
	调整 R^2	0. 417	0. 640	0. 585	0. 021	0. 043	0. 042
	N	2 109	2 109	2 109	2 109	2 109	2 109

注：*** 表示在 1% 水平上显著，** 表示在 5% 水平上显著，* 表示在 10% 的水平上显著；表 6.2 中所有控制变量均已控制；括号中是聚类在家庭层面的聚类稳健标准误。

进一步地，本章使用 CEPS 数据也得到了类似的结论。在 CEPS 数据中，认知能力是在调查过程中通过国际通行的认知能力测试量表测量得到，非认知能力则是通过一系列的自评量表综合得到。这里家庭对子女的时间投资主要分为功课辅导和亲子活动两类，而物质投资则包括是否参加辅导班以及课外教育支出费用。因此，在用 CEPS 进行估计时，家庭对子女的物质投入和时间投入的定义与衡量同 CFPS 数据基本类似，而子女的认知能力和非认知能力的衡量更具有代表性。表 6.5 的结果表明，父母对子女的物质投入和时间投入都显著地影响了子女认知和非认知能力的发展。需要说明的是，在控制了一系列变量包括家庭、社区和学校环境后，家庭对子女的物质投入对子女认知和非认知能力的影响不显著了，而时间投入的影响仍然是显著的，这也一定程度上说明，家庭对子女的时间投入对子女认知和非认知的影响效应更大。

表 6.5　　　　　家庭对子女的人力资本投资与子代认知能力和
非认知能力发展：CEPS 数据

变量	(1)	(2)	(3)	(4)
	认知能力	认知能力	非认知能力	非认知能力
功课辅导	0.058 ***	0.055 ***	0.102 ***	0.103 ***
	(0.011)	(0.009)	(0.008)	(0.008)
亲子活动	0.076 ***	0.017 *	0.124 ***	0.065 ***
	(0.014)	(0.010)	(0.009)	(0.009)
参加辅导班	0.072 *	− 0.017	0.111 ***	0.038
	(0.043)	(0.035)	(0.029)	(0.030)
课外教育支出	0.027 ***	0.009	0.012 ***	− 0.001
	(0.006)	(0.006)	(0.004)	(0.004)
母亲教育		0.019 ***		0.019 ***
		(0.003)		(0.003)
性别		0.029 *		0.024 *
		(0.016)		(0.013)
年龄		− 0.163 ***		− 0.039 ***
		(0.014)		(0.010)

续表

变量	(1)	(2)	(3)	(4)
	认知能力	认知能力	非认知能力	非认知能力
年级		0.300 *** (0.044)		0.118 *** (0.027)
是否为独生子女		0.108 *** (0.031)		0.080 *** (0.025)
兄弟姐妹中的排行		-0.002 (0.009)		0.004 (0.008)
家庭背景		0.060 *** (0.014)		0.089 *** (0.015)
居住环境		0.029 *** (0.010)		0.021 *** (0.007)
社区因素		控制		控制
学校因素		控制		控制
N	15 541	14 092	14 809	13 579

注: *** 表示在 1% 水平上显著，* 表示在 10% 的水平上显著；社区因素指的是社区类型（如城中村、城乡接合部、农村、一般小区等），学校因素包括学校质量、类型和规模等；括号中是聚类在家庭层面的聚类稳健标准误。

6.3.2　累计附加值（Cumulative Value-added）模型估计

在估计家庭对子女的人力资本投资对子女认知和非认知能力的影响时，一个主要的问题就是潜在的内生性问题。这里内生性的来源主要有三个方面。第一个方面是双向因果问题。家庭对子女的物质和时间投资在影响子女认知和非认知能力的同时，子女的认知和非认知能力的发展可能会反过来影响到家庭对其的投资。根据贝克尔和汤姆斯（Becker & Tomes，1986）的理论分析，一方面，理性父母会对能力更高的子女进行更多的人力资本投资以达到更高的投资效率和投资回报。另一方面，父母在对子女的人力资本投资方面进行决策时，可能也并不是完全理性的，部分父母可能会对能力更差的子女进行更多的人力资本投资从而使其能够追赶上同伴。因此，识别家庭对子女的人力资本投资对子女人力资本发展的影响需要考虑这种潜在的双向因果问题。第二个方面是遗漏变量问题，在式（6.3）中可能遗漏了重要的变量，这些变量会同时影响家庭对子女的人力资本投资和子女的人力资本发展。例如子女的先天禀赋等条件。第三个方面是衡量偏误问题，即核心变量家庭对子女的物质和时间投入存在衡量偏误从而导致估计结果有偏。针对双向因果和遗漏变量问题，本章采用累计附加值模型（Culumative Value-Added，以下简称"CVA 模型"）进行解决（Todd & Wolpin，2007，2010）。CVA 模型通过在基准的 OLS 回归模型中引入过去家庭对子女人力资本投入来克服双向因果问题，而通过引入子女往期的认知和非认知能力来克服遗漏变量偏误问题。而对于核心变量衡量偏误问题，本章在第 6.4 节尝试用结构方程估计进行处理。

参照戴尔波诺（Del Bono et al.，2016）对 CVA 模型的应用，本章将 CVA 模型设定如下：

$$Y_{ia} = \sum_{k=0}^{a} F_{i,a-k}\beta_{a-k} + \sum_{k=0}^{a} T_{i,a-k}\delta_{a-k} + \lambda Y_{i,a-1} + \epsilon_{ia} \qquad (6.4)$$

其中，Y_{ia} 为子女当期的认知或非认知能力，$F_{i,a}$ 表示家庭对子女的物质投入，$T_{i,a}$ 表示家庭对子女的时间投入，$Y_{i,a-1}$ 表示子女上一期的认知或非认知能力。使用 CVA 模型估计家庭对子女的人力资本投资对子女认知和非认知能力的影响一方面解决了潜在的由于双向因果和遗漏变量带来的内生性问题，另一方面也综合考虑了子女早期人力资本的动态生产过程。在子女的人力资本生产方程中纳入往期的投入和人力资本水平有助于进一步理解子女的人力资本生产决定。

在估计 CVA 模型之前，本章首先考虑一个简化的两期模型。表 6.6 汇报了在式（6.3）的基础上引入了上一期家庭对子女的物质和时间投入后的估计结果。估计结果表明，在考虑上一期的时间和物质投入以后，当期的时间和物质投入对子女认知和非认知能力的影响系数和显著性都降低了，上一期的时间投入对子女的认知和非认知能力都有显著的正向影响效应，但上一期物质投入对子女当期的认知和非认知能力的影响不显著。这一结果表明，家庭对子女更早的人力资本投入对子女的认知和非认知能力发展存在着长期的影响，而且相对于物质投入来说，更早期的时间投入对子女未来认知和非认知能力发展的长期影响更大。

表 6.6 　　　　　　　家庭对子女的人力资本投资与子代认知和

非认知能力发展：基于两期数据的估计①

变量	(1)	(2)	(3)	(4)
	认知能力	非认知能力	认知能力	非认知能力
当期时间投入	0.109 ** (0.051)	0.140 *** (0.046)	0.071 (0.052)	0.120 *** (0.046)
当期物质投入	0.273 *** (0.035)	0.090 *** (0.033)	0.229 *** (0.039)	0.062 (0.038)
上一期时间投入			0.170 *** (0.038)	0.080 * (0.044)
上一期物质投入			0.042 (0.045)	0.037 (0.039)
N	648	648	648	648

注：这里的物质和时间投入采用的是综合的加总指标；*** 表示在 1% 水平上显著，** 表示在 5% 水平上显著；表 6.2 中的所有控制变量均已控制；括号中是聚类在家庭层面的聚类稳健标准误。

在初步考虑上期的时间投入和物质投入对子女认知和非认知能力发展的影响后，本章进一步将上一期的认知和非认知能力纳入分析框架，使用 CVA 模型对子女人力资本生产方程进行估计。表 6.7 报告了 CVA 模型的估计结果，其中，列（1）～列（2）和列（3）～列（4）分别加入了子女上一期的认知和非认知能力水平，列（5）～列（6）则将上一期的认知和非认知能力同时纳入到估计方程。列（1）～列（4）的回归结果表明，子女上一期的认知能力对子女当期的认知能力有显著促进作用，而子女上一期的非认知能力则同时对当期的认知能力和非认知能力存在显著正向影响效应，且此时上一期的时间投资对子女当期的认知和非认知能力发展的影响仍然是显著的。将上一期的认知能力和非认知能力同时引入模型后发现，当期的物质投入只对当期认知能力有显著的影响，当期的时间投入只对当期的非认知能力有显著的影响，而上一期的时间投入对当期的认知和

① 本部分使用的数据是 CFPS 2010 年和 CFPS 2014 年两期的追踪数据，由于本章使用的数据是 CFPS 青少年调查样本，样本对象为 10～15 岁的青少年，因此，2010 年参与调查的 10～15 岁的个体中在 2014 年时部分样本超过了 15 岁，没有成为青少年数据库的跟踪调查对象，在缺失掉那部分因为年龄而没有进入调查范围的样本后，这里的样本量为 648 个。

非认知能力都有显著正向的影响。这一结论表明，动态地看，家庭对子女更早期的人力资本投资对未来人力资本发展有显著的促进作用，而且相对于物质投入，时间投入对子女认知和非认知能力的长期影响效果更大。

表 6.7 CVA 模型估计结果

变量	(1)\n认知能力	(2)\n非认知能力	(3)\n认知能力	(4)\n非认知能力	(5)\n认知能力	(6)\n非认知能力
当期时间投入	0.042\n(0.049)	0.116 **\n(0.045)	0.070\n(0.053)	0.119 **\n(0.046)	0.042\n(0.050)	0.116 **\n(0.045)
当期物质投入	0.177 ***\n(0.038)	0.054\n(0.040)	0.224 ***\n(0.040)	0.048\n(0.037)	0.176 ***\n(0.039)	0.044\n(0.038)
上一期时间投入	0.083 **\n(0.035)	0.066 *\n(0.037)	0.161 ***\n(0.038)	0.057 *\n(0.032)	0.081 **\n(0.036)	0.050 *\n(0.028)
上一期物质投入	−0.012\n(0.044)	0.028\n(0.039)	0.042\n(0.046)	0.037\n(0.038)	−0.011\n(0.044)	0.031\n(0.038)
上一期认知能力	0.379 ***\n(0.046)	0.058\n(0.048)			0.378 ***\n(0.046)	0.035\n(0.048)
上一期非认知能力			0.061 *\n(0.034)	0.153 ***\n(0.040)	0.012\n(0.031)	0.148 ***\n(0.041)
N	648	648	648	648	648	648

注：*** 表示在 1% 水平上显著，** 表示在 5% 水平上显著，* 表示在 10% 水平上显著；表 6.2 中的所有控制变量均已控制；括号中是聚类在家庭层面的聚类稳健标准误。

6.4 家庭教育背景、对子代的人力资本投资与子代早期人力资本发展

以上内容分别分析了父母教育对其对子女的人力资本投资的影响以及这种人力资本投资对子女人力资本发展的影响。但是，以上分析过程仅仅说明了父母教育会影响其对子女的人力资本投资和父母对子女的人力资本投资会影响子女的人力资本发展，并没有解释父母教育是如何通过影响其对子女的人力资本投资从而影响了子女的人力资本发展。本节将从中介效应的角度对父母教育水平如何通过家庭对子女的投资从而影响子女的认知

和非认知能力进行进一步的分析。

6.4.1　中介效应分析框架

在研究一个变量对另一个变量的影响机制时，经济学、心理学以及其他社会科学常用的一种方法就是中介效应分析。中介效应分析就是找到一个或者多个中间变量，然后通过一系列的回归分析研究出核心自变量是否通过这个中介变量影响核心被解释变量，同时也能进一步分析这个自变量对被解释变量的直接影响和通过中介变量对被解释变量产生的影响的占比。因此，本章在研究父母教育如何通过影响其对子女的人力资本投资从而影响了子女人力资本发展时，采用中介效应模型进行估计。具体模型设定如下：

$$H_{ij}^C = \alpha_1 + \beta_1 E_f^P + X_{ijc}' \gamma_1 + \epsilon_{ij} \tag{6.5}$$

$$I_{ij} = \alpha_2 + \beta_2 E_f^P + X_{ijc}' \gamma_2 + \zeta_{ij} \tag{6.6}$$

$$H_{ij}^C = \alpha_3 + \beta_3 E_f^P + \delta I_{ij} + X_{ijc}' \gamma_3 + \mu_{ij} \tag{6.7}$$

其中，H_{ij}^C 表示子女的人力资本发展水平，包括认知能力和非认知能力，E_f^P 表示父亲或母亲的受教育程度，I_{ij} 为父母对子女的人力资本投资，包括物质投资和时间投资，是本章分析的中介变量，X_{ijc} 为控制变量。式（6.5）中的系数 β_1 为父母教育程度对子女人力资本发展的总效应，系数 β_2 为父母教育程度对中介变量父母对子女的人力资本投资的影响效应，β_3 为控制了中介变量后父母教育程度对子女人力资本发展的直接效应，而中介效应则可以表示为系数 β_2 和系数 β_3 的乘积，即中介效应为 $\delta \times \beta_2$，它与总效应和直接效应的关系为 $\beta_1 = \beta_3 + \delta \times \beta_2$。

需要说明的是，以上为中介模型的一般表示方法，主要适合单一中介变量和显变量的情况，但具体到本章所要分析的中介效应，除了显变量外，还存在系列的隐变量（latent variable），例如，物质投入和时间投入都是由一系列子指标合成的综合变量，认知能力和非认知能力也是由一系列子指标综合得到。同时，本章尝试分析的中介也有多个，包括父母对子女的物质投入和时间投入。因此，本章需要考虑的是含有隐变量的多重中介效应模型，这样基准的中介效应模型就不能达到本章的分析要求。借鉴现有文献的通用做法（温忠麟和叶宝娟，2014；Lugo-Gil & Tamis-LeMonda，2008；郭丛斌和闵维方，2009；阳义南和连玉君，2015），本章采用基于结构方程模型的中介效应分析方法进行估计。对于中介效应的联合检验，传统的 Soble 检验法在多重中介模型中需要正态性和大样本的问题还没有解决（方杰等，2014）。因此，本章采用 Boostrap 的方法对模型进行估计和检验。

使用结构方程估计的另外一个优势还在于可以允许方程之间的误差项是相关的。在前面两节，本章分别估计了父母受教育程度对其对子女人力资本投资的影响以及这种人力资本投资对子女人力资本发展的影响，而且在过程中，对物质投资、时间投资以及认知能力和非认知能力都是独立进行估计和分析的。但实际上父母对子女的物质投入和时间投入决定并不是独立的，而是相互决定的，如父母会因为投入了较多的物质而忽视了对时间的投入，也有可能重视教育的父母既对物质有较高的投入，也会更多关心时间方面的陪伴和指导，因此允许物质投入和时间投入决定方程的误差项相关是必要的。

通过上面的讨论，本章的结构方程模型主要包含两个部分：第一部分是对各潜变量的衡量方程（measurement equation），主要有父母对子女的物质投入（由父母对子女的总教育支出、课外支出以及是否送子女参加辅导班这三个显变量决定）和时间投入（由父母与子女的交流频率、父母对子女的教育辅导情况以及父母对子女的教育方式这三个显变量决定）的衡量以及子女认知能力（由子女的字词测试得分和数学测试得分这两个显变量决定）和非认知能力（由子女的自信心以及社交技能这两个显变量决定）的衡量；第二部分是在衡量方程基础上的结构方程（structure equation），主要是父母教育对其对子女的物质投入和时间投入的影响以及父母对子女的物质投入和时间投入对子女认知能力和非认知能力的影响。在结构方程估计中，本章允许子女的物质决定方程和时间决定方程误差项相关。

6.4.2　估计结果

在使用结构方程估计之前，本章首先进行初步的中介分析。参照现有文献（Gong et al.，2017；Huang，2015）一般做法，本章利用两步法计算家庭对子女的人力资本投资对于子女人力资本发展的贡献率。第一步，将父母的教育程度分别对子女的认知和非认知能力进行回归，得到回归父母教育的系数；第二步，在第一步的基础回归上加入家庭对子女的人力资本投资，得到一个父母教育新的回归系数。然后根据这两组系数计算家庭对子女人力资本投资的贡献率。

表6.8汇报了这两步估计的结果。根据回归结果可以计算得到，母亲教育程度对子女认知能力影响效应中的31%可以被家庭对子女的物质和时间投入所解释；母亲受教育程度对子女认知能力影响效应中的28%可以被家庭对子女的物质和时间投入所解释。而这一解释比例在父亲教育程度影响子女认知和非认知能力方面分别是35%和29%。由此可以发现，父母教育水平对子女认知和非认知能力的影响很大程度上取决于家庭对子女的人力资本投资。

表6.8中的回归并没有考虑物质投入和时间投入方程之间的互动关系，且物质投入和时间投入等核心变量可能存在衡量偏误。因此，本章接下来使用结构方程进行估计。本章首先使用基于中介效应的结构方程模型分别估计了父亲和母亲教育对子女人力资本发展的中介效应结果，然后估计了同时考虑父亲教育和母亲教育对子女人力资本影响的中介效应。在所有结构方程估计中，都对子女特征、父亲和母亲的个人特征以及家庭特征进行了控制。表6.9、表6.10和表6.11分别报告了这三次基于结构方程模型的中介效应估计的总效应、间接效应和直接效应以及对模型拟合的参数检验结果。

表6.9报告了父亲教育对子女人力资本发展影响的中介效应估计结果，其中，列（1）～列（3）分别呈现的是父亲教育对子女认知能力影响的总效应、直接效应和间接效应。这里间接效应的解释就是父亲教育对子女认知能力的影响多大程度上是通过家庭对子女的物质投入和时间投入这两个中介因素来实现的。列（4）汇报了间接效应占总效应的比重。同样的，列（5）～列（7）分别报告了父亲教育对子女非认知能力影响的总效应、直接效应和间接效应，列（8）汇报了间接效应占总效应的比重。另外，表格也报告了中介变量父母对子女的物质投入和时间投入对子女认知能力和非认知能力的影响。本章可以通过表6.9中汇报的各项判断模型拟合指标来判断模型的构建是否合适。首先，RMSEA（拟合标准误）的低零界值

表 6.8　家庭教育背景、家庭对子女的人力资本投资与代际早期人力资本发展

变量	(1) 认知能力	(2) 认知能力	(3) 认知能力	(4) 认知能力	(5) 非认知能力	(6) 非认知能力	(7) 非认知能力	(8) 非认知能力
Panel A 母亲教育，家庭对子女的人力资本投资与子代人力资本发展								
母亲教育	0.065*** (0.014)	0.053*** (0.015)	0.054*** (0.015)	0.045*** (0.015)	0.076*** (0.021)	0.062*** (0.022)	0.066*** (0.023)	0.055** (0.023)
时间投入		0.044*** (0.009)		0.044*** (0.009)		0.064*** (0.014)		0.064*** (0.014)
物质投入			0.012*** (0.004)	0.010** (0.004)			0.011* (0.006)	0.008 (0.006)
Panel B 父亲教育，家庭对子女的人力资本投资与子代人力资本发展								
父亲教育	0.040*** (0.011)	0.032*** (0.011)	0.032*** (0.011)	0.026** (0.012)	0.049*** (0.017)	0.039** (0.017)	0.042** (0.018)	0.035* (0.018)
时间投入		0.052*** (0.008)		0.050*** (0.008)		0.074*** (0.013)		0.072*** (0.013)
物质投入			0.015*** (0.004)	0.012*** (0.004)			0.015** (0.006)	0.011* (0.006)
N	2 121	2 121	2 121	2 121	2 121	2 121	2 121	2 121

注：所有结果均为 IV 估计得到；*** 表示在 1% 水平上显著；** 表示在 5% 水平上显著，* 表示在 10% 的水平上显著；括号中是聚类在家庭层面的聚类稳健标准误。表 6.2 中的所有控制变量均已控制。

表 6.9 父亲教育、家庭对子女人力资本投资与子女人力

资本发展：结构方程估计结果

变量	(1)	(2)	(3)	(4)	(5)	(6)	(7)	(8)
	认知能力				非认知能力			
	总效应	直接效应	间接效应	中介效应占比	总效应	直接效应	间接效应	中介效应占比
父亲教育	0.301 *** (0.032)	0.194 (0.036)	0.107 *** (0.023)	36%	0.005 (0.003)	−0.004 (0.003)	0.009 *** (0.002)	—
物质投入	0.353 (0.325)				0.057 (0.032)			
时间投入	5.942 *** (1.080)				0.656 *** (0.124)			
家庭规模	控制	控制	控制		控制	控制	控制	
家庭收入	控制	控制	控制		控制	控制	控制	
个体特征	控制	控制	控制		控制	控制	控制	
父亲特征	控制	控制	控制		控制	控制	控制	
N	2 109	2 109	2 109		2 109	2 109	2 109	

模型整体拟合度检验：RMSEA lower = 0.041, upper bound = 0.051, p-value（RMSEA ≤ 0.05）= 0.927, CFI = 0.948, TLI = 0.917

注：*** 表示在 1% 水平上显著；括号中是稳健标准误；表格中的系数均为标准化系数。

低于 0.05 而高临界值低于 0.1；其次，RMSEA < 0.05 检验的 p 值远大于零，不能拒绝模型较好地拟合这一原假设；最后，CFI 和 TLI 这两个值都高于 0.9 的临界值。以上三点均说明，模型拟合度较好。

表 6.9 的结果表明，父亲教育对子女的认知能力影响的总效应和间接影响效应都是正向显著的，父亲对子女的非认知能力影响的总效应和直接效应都不显著，而间接效应是显著的。一方面，整体结果说明父亲教育对子女的认知能力和非认知能力都有显著的正向影响，而且父亲教育通过对子女的物质投入和时间投入的渠道对子女的认知能力和非认知能力影响更大。另一方面，当关注物质投入和时间投入分别对子女认知能力和非认知能力的影响时，发现只有时间投入对子女认知能力和非认知能力的效应是显著为正的，物质投入的系数均不显著。而章节 6.3 部分的结论又表明，单独研究物质投入对子女的认知能力和非认知能力的影响时，发现物质投

入对子女的认知和非认知能力都有显著的正向影响。综合两种结论可以知道，在同时考虑物质投入和时间投入时，物质投入对子女认知能力和非认知能力的影响不显著了，部分说明父母对子女的时间投入和物质投入是相关的，而且时间投入的影响比物质投入的影响更大，这里的估计结果和CVA 模型估计得到的结论基本一致。同时，对认知能力的影响方面，计算得到间接效应占总效应的比率为36%。而父亲教育对子女非认知能力的影响方面，只有间接效应是显著的，则表明父亲的教育主要通过后天的物质和时间的投入影响了子代的非认知能力。另外，从物质投入和时间投入对子女认知和非认知能力的影响上看，家庭对子女的时间投入对子女的认知和非认知能力的总效应都是正向显著的，物质投入的总效应均不显著，说明在同时考虑物质投入和时间投入时，家庭对子女的时间投入对子女的认知和非认知能力发展影响更大。

同样地，表6.10 汇报了母亲教育对子女人力资本发展的中介效应估计结果。模型的各项拟合指标均表明模型拟合度较好。除了母亲教育对子女非认知能力的总效应也是显著的外，其他系数的显著性和父亲教育的影响一致，同样地说明了母亲教育会通过父母对子女的物质投资和时间投资而对子女的认知能力和非认知能力产生影响，而且中介效应的比重较高，对认知能力的影响方面，家庭对子女的人力资本投资可以解释总影响效应的44%。

表 6.10　　　母亲教育、家庭对子女人力资本投资与子女人力
资本发展：结构方程估计结果

变量	(1)	(2)	(3)	(4)	(5)	(6)	(7)	(8)
	认知能力				非认知能力			
	总效应	直接效应	间接效应	中介效应占比	总效应	直接效应	间接效应	中介效应占比
母亲教育	0.385 *** (0.036)	0.031 (0.026)	0.171 *** (0.031)	44%	0.011 ** (0.003)	-0.004 (0.004)	0.015 *** (0.003)	—
物质投入	0.394 (0.317)				-0.056 (0.032)			
时间投入	5.599 *** (1.103)				0.662 *** (0.129)			
家庭规模	控制	控制	控制		控制	控制	控制	

续表

变量	(1)	(2)	(3)	(4)	(5)	(6)	(7)	(8)
	认知能力				非认知能力			
	总效应	直接效应	间接效应	中介效应占比	总效应	直接效应	间接效应	中介效应占比
家庭收入	控制	控制	控制		控制	控制	控制	
个体特征	控制	控制	控制		控制	控制	控制	
母亲特征	控制	控制	控制		控制	控制	控制	
N	2 109	2 109	2 109		2 109	2 109	2 109	

RMSEA lower = 0.041，upper bound = 0.050，p-value（RMSEA ≤ 0.05）= 0.933，CFI = 0.949，TLI = 0.918

注：*** 表示在1%水平上显著，** 表示在5%水平上显著；括号中是稳健标准误；表格中的系数均为标准化系数。

　　表6.11 汇报了同时考虑父亲和母亲教育时模型的估计结果。模型的各项拟合指标也显示模型拟合度较高，值得说明的是，在同时考虑父亲和母亲教育的影响时，父亲教育对子女的认知能力和非认知能力的影响效应不显著了。这里可能的解释是父亲和母亲存在前面所讨论过的婚姻匹配问题，也就是父亲和母亲的教育程度高度相关，而父母对子女人力资本的影响主要是通过母亲教育的影响来实现。因此，表6.11 的结论表明，家庭教育背景很大程度上通过影响了家庭对子女的人力资本投资从而影响了子女的认知和非认知能力。同时，相对于父亲的教育水平，母亲教育程度在子女早期人力资本（特别是非认知能力）发展的过程中扮演着更加重要的角色，而且相较于物质投入，家庭对子女的时间投资对子女的人力资本发展更为重要。

表6.11　　　　　父母教育、家庭对子女人力资本投资与子女人力资本发展：结构方程估计结果

变量	(1)	(2)	(3)	(4)	(5)	(6)	(7)	(8)
	认知能力				非认知能力			
	总效应	直接效应	间接效应	中介效应占比	总效应	直接效应	间接效应	中介效应占比
父亲教育	0.190 *** (0.034)	0.150 *** (0.036)	0.040 (0.201)	21%	0.0001 (0.003)	−0.002 (0.003)	0.003 (0.002)	—

续表

变量	（1）	（2）	（3）	（4）	（5）	（6）	（7）	（8）
	认知能力				非认知能力			
	总效应	直接效应	间接效应	中介效应占比	总效应	直接效应	间接效应	中介效应占比
母亲教育	0.285 *** (0.039)	0.145 *** (0.047)	0.140 *** (0.031)	49%	0.010 *** (0.004)	−0.004 (0.004)	0.014 *** (0.004)	—
物质投入	0.334 (0.309)				−0.548 (0.328)			
时间投入	5.341 *** (1.083)				0.659 *** (0.129)			
家庭规模	控制	控制	控制		控制	控制	控制	
家庭收入	控制	控制	控制		控制	控制	控制	
个体特征	控制	控制	控制		控制	控制	控制	
父亲特征	控制	控制	控制		控制	控制	控制	
母亲特征	控制	控制	控制		控制	控制	控制	
N	2 109	2 109	2 109		2 109	2 109	2 109	

RMSEA lower = 0.040, upper bound = 0.048, p-value （RMSEA ≤ 0.05） = 0.998, CFI = 0.948, TLI = 0.917

注： *** 表示在1%水平上显著；括号中是稳健标准误；表格中的系数均为标准化系数。

6.5 家庭教育背景、早期人力资本投资对教育的长期影响

以上的分析表明，父母的受教育程度显著地影响了子女早期的认知能力和非认知能力。那么，父母的受教育程度除了影响子代认知能力和非认知能力以外，是否会直接影响子女的早期受教育情况以及未来长远的受教育情况？进一步地，子女早期积累的认知能力和非认知能力在子女教育获得方面又发挥着什么作用？本部分尝试从父母教育对子女教育获得期望以及早期辍学率的影响进行分析。

6.5.1 家庭教育背景与子女升学期望

本书第4章理论部分的子女人力资本生产函数都忽略了子女主观能动性发挥的作用，子女的人力资本生产完全由父母的预算约束和效用最大化所产生。而实际上，当子女成长到一定的年龄，便开始有了自主选择权，在家庭普遍的预算约束不那么严格时，子女的主观意识也会影响到自身的人力资本发展，而这种意识同时也受到父母的影响。因此，本节尝试部分放松理论假设，将子女的主观意识也纳入分析框架。具体来说，本节尝试研究父母教育程度对子女自身的升学期望（教育获得期望）的影响。[1]同时，作为对比，本章也相应地分析了父母教育程度对父母所期望的子女获得的最高学历的影响。

同样地，本部分使用工具变量回归进行分析，结果汇报在表6.12。列（1）、列（2）分别是在控制了子女特征、父母特征、家庭特征以及省份固定效应后的父母教育对子女自身教育获得期望与父母对子女的教育获得期望的影响。工具变量回归结果表明，父亲受教育程度和母亲受教育程度都显著影响了子女教育获得期望，但没有证据支持父母的教育程度与自己对子女的教育获得期望有关。列（3）、列（4）在所有控制变量的基础上，加入了子女人力资本发展的重要指标，也就是分析在控制子女认知和非认知能力后父母教育对子女教育获得期望的影响。

表6.12　　　　　　　　家庭教育背景对子女教育获得期望的影响

项目	变量	(1)	(2)	(3)	(4)
		自身的教育获得期望	父母对子女的教育获得期望	自身的教育获得期望	父母对子女的教育获得期望
Panel A 父亲受教育程度对子代教育获得期望的影响	父亲教育程度	0.161 ** (0.082)	0.240 ** (0.116)	0.082 (0.077)	0.168 (0.108)
	子女认知能力			0.614 *** (0.100)	0.504 *** (0.120)

[1]　CFPS数据提供了子女对这一问题的回答，即"你希望获得的最高学历是什么"，这里将学历转换为对应的受教育年限。

续表

项目	变量	(1) 自身的教育 获得期望	(2) 父母对子女的 教育获得期望	(3) 自身的教育 获得期望	(4) 父母对子女的 教育获得期望
Panel A 父亲受教育程度对子代教育获得期望的影响	子女非认知能力			0.507 *** (0.067)	0.220 *** (0.071)
	个体特征	控制	控制	控制	控制
	父亲特征	控制	控制	控制	控制
	家庭特征	控制	控制	控制	控制
	省份固定效应	控制	控制	控制	控制
Panel B 母亲受教育程度对子代教育获得期望的影响	母亲教育程度	0.404 *** (0.133)	0.281 ** (0.124)	0.282 ** (0.126)	0.206 * (0.117)
	子女认知能力			0.583 *** (0.103)	0.488 *** (0.123)
	子女非认知能力			0.470 *** (0.071)	0.180 ** (0.074)
	个人特征	控制	控制	控制	控制
	母亲特征	控制	控制	控制	控制
	家庭特征	控制	控制	控制	控制
	省份固定效应	控制	控制	控制	控制
	N	2 121	1 040	2 121	1 040

注：所有结果为 IV 估计得到；*** 表示在 1% 水平上显著，** 表示在 5% 水平上显著，* 表示在 10% 的水平上显著；括号中是聚类在家庭层面的聚类稳健标准误。

估计结果表明，在控制子女人力资本水平后，父亲受教育程度不论是对子女自己的教育获得期望还是父母对子女的教育获得期望的影响都不显著了，而此时，子女的认知能力和非认知能力都对自身的教育获得期望有显著正向的影响。同时，母亲受教育程度对子女教育获得期望的影响在控制子女认知能力和非认知能力后，系数和显著性都降低了。这里的结论可以部分说明，父母教育程度正是通过促进子女早期人力资本发展从而影响了子女自身的教育获得期望。那些早期积累了较大人力资本的个体，对自我后期发展的要求也更高，这也为教育学中的教育的自我实现提供了证据。此外，父母对子女的教育获得期望也受到子女人力资本发展水平的影响，表明父母对子女的影响可能是一个互动过程。

6.5.2　家庭教育背景与子女辍学率

我国 2015 年全国 1% 人口抽样调查数据显示，到 2015 年，我国儿童初中毕业率仅有不到 70%，[①]即使已经实行九年义务教育 30 多年，但仍有大量适龄儿童在未完成初中阶段学业就辍学务工。而相关研究也表明，早期人力资本积累的差距很大程度上解释了成年后的收入差距。在 2006 年和 2008 年农村和城镇相继实行免费九年义务教育以来，家庭预算约束很大程度上减缓，那么父母的教育程度对子女的辍学率是否有显著影响？本部分同时使用了 CFPS 2010 年和 CFPS 2016 年的数据进行研究。在分析过程中，本章将 2010 年调查时处于 10 ~ 15 岁的子女和 2016 年成人数据库中 16 ~ 21 岁的个体进行匹配，匹配后的样本为 2060 个。本部分重点分析父母教育对子女初中和高中辍学率的影响。其中，初中辍学的定义是已不是学生但最高学历只是小学或以下，高中辍学的定义是已不是学生但最高学历只是初中或以下。高中辍学率和初中辍学率均是虚拟变量，1 表示辍学，0 表示没有辍学。本章同样使用工具变量估计分析了父母教育程度对子女初中和高中辍学率的影响，由于被解释变量为虚拟变量，因此，本章使用的是 iv-probit 模型进行估计。

表 6.13 报告了估计结果，列（1）和列（2）控制了个体、父母和家庭的基本特征变量，列（3）和列（4）加入了子女 10 ~ 15 岁时的人力资本水平，包括认知能力、非认知能力和心理健康程度。结果表明，父母受教育程度对子女的辍学率都有显著的负向影响，其中，父亲教育每提高 1 年，子女初中辍学的概率会下降 16.3%，高中辍学的概率下降 11.4%；母亲教育每提高 1 年，子女初中辍学的概率会下降 25.7%，高中辍学概率下降 15.8%，父母教育水平对子女辍学率影响非常大。进一步地，本章加入 10 ~ 15 岁子女的人力资本水平后发现，父母教育对子女初高中辍学率的影响不显著了，而子女早期的人力资本水平对其后来的辍学情况则有显著影响。这一点和子女的教育期望的回归结果类似，结合表 6.12 的回归结果，

---

① 国家统计局、联合国儿童基金会、联合国人口基金，"2015 年中国儿童人口状况：事实与数据"，2017 年。

本部分研究发现，子女的人力资本发展确实存在着部分的自我实现，也就是早期的人力资本很大程度上影响了最终的人力资本积累情况，因此对子女早期人力资本发展进行合理干预显得尤为必要。

表 6.13　　　　　　　家庭教育背景对子女辍学率的影响

项目	变量	(1) 初中辍学率	(2) 高中辍学率	(3) 初中辍学率	(4) 高中辍学率
Panel A 父亲受教育程度对子女辍学率的影响	父亲教育程度	−0.085 *** (0.024)	−0.061 ** (0.024)	−0.030 (0.027)	−0.006 (0.026)
	子女认知能力			−0.478 *** (0.045)	−0.472 *** (0.044)
	子女非认知能力			−0.064 * (0.033)	−0.064 * (0.033)
	个人特征	控制	控制	控制	控制
	父亲特征	控制	控制	控制	控制
	家庭特征	控制	控制	控制	控制
	省份固定效应	控制	控制	控制	控制
Panel B 母亲受教育程度对子女辍学率的影响	母亲教育程度	−0.118 *** (0.024)	−0.081 *** (0.026)	−0.041 (0.030)	−0.001 (0.030)
	子女认知能力			−0.470 *** (0.046)	−0.474 *** (0.044)
	子女非认知能力			−0.056 * (0.034)	−0.064 * (0.033)
	个人特征	控制	控制	控制	控制
	母亲特征	控制	控制	控制	控制
	家庭特征	控制	控制	控制	控制
	省份固定效应	控制	控制	控制	控制
	N	1 960	1 960	1 960	1 960

注：*** 表示在1% 水平上显著，** 表示在5% 水平上显著，* 表示在10% 的水平上显著；所有结果用 iv-probit 估计得到，系数为换算后的边际效应，括号中为标准误。

6.5.3　子女早期人力资本发展的长期影响

前面分别讨论了家庭教育背景对儿童教育获得期望和初高中辍学率的影

响,而子女早期人力资本发展的长期影响是否持续到其完成学业甚至进入劳动力市场呢? 国外诸多研究发现,子女早期人力资本的发展可以直接预测其教育获得以及进入劳动力市场的收入。因此,本章在上述分析的基础上进一步分析子女早期认知能力和非认知能力对其教育和收入的长期影响。但是,由于 CFPS 2010 年数据中,儿童样本是 10～15 岁,到最新一期 2020 年时这部分调查对象年龄为 20～15 岁,有部分可能还处于高等教育阶段①,未进入劳动力市场,而即使进入劳动力市场的,收入也还处于不稳定阶段,因此,本部分重点只分析儿童早期认知和非认知能力对最终教育获得的影响,无法进一步讨论其对收入的长期影响。为了直接分析家庭教育背景是否通过子女早期人力资本发展影响了子女最终教育获得,本部分将 CFPS 2010 年数据和 CFPS 2020 年数据进行匹配,最后匹配上的样本为 1 148 个。本部分的研究方法和表 6.12 和表 6.13 类似,表 6.14 列(2)和列(3)在父母教育对子女教育影响的基础上分别加入了子女早期的认知能力和非认知能力。列(4)则同时加入认知能力和非认知能力。结果表明,子女早期的认知能力对其最终教育获得具有显著正向影响,但非认知能力对教育的长期影响不显著。这一结论整体表明子女早期的人力资本发展对其长期发展有着重要作用。

表 6.14　　　　　子女早期人力资本发展对最终教育获得的影响

项目	变量	(1)	(2)	(3)	(4)
		子女教育年限	子女教育年限	子女教育年限	子女教育年限
Panel A 父亲受教育程度对子女最终教育获得的影响	父亲教育年限	0.112 *** (0.032)	0.094 *** (0.032)	0.111 *** (0.032)	0.094 *** (0.032)
	子女认知能力		1.312 *** (0.194)		1.310 *** (0.196)
	子女非认知能力			0.053 (0.062)	0.005 (0.061)
	个人特征	控制	控制	控制	控制
	父亲特征	控制	控制	控制	控制
	家庭特征	控制	控制	控制	控制
	省份固定效应	控制	控制	控制	控制

① 2010 年 10～15 岁儿童样本中,进入2020 年追踪调查样本的有 1 148 人,其中有 350 人在接受高等教育并未进入劳动力市场。在具体分析时,我们将这 250 人的教育年限统一设置为 16 年。

续表

项目	变量	（1）	（2）	（3）	（4）
		子女教育年限	子女教育年限	子女教育年限	子女教育年限
Panel B 母亲受教育程度对子女最终教育获得的影响	母亲教育程度	0.104 *** （0.035）	0.086 ** （0.034）	0.103 *** （0.035）	0.086 ** （0.034）
	子女认知能力		1.320 *** （0.197）		1.321 *** （0.199）
	子女非认知能力			0.044 （0.063）	−0.003 （0.061）
	个人特征	控制	控制	控制	控制
	母亲特征	控制	控制	控制	控制
	家庭特征	控制	控制	控制	控制
	省份固定效应	控制	控制	控制	控制
	N	1 148	1 148	1 148	1 148

6.6 本章小结

本章在第 5 章对父母的教育程度与子女认知、非认知能力发展的因果效应进行分析的基础上，重点从家庭对子女的物质投资和时间投资的角度，分析子女的认知能力和非认知能力的决定机制。首先，利用工具变量估计方法分析了父母教育程度对家庭在子女物质和时间投入方面的影响；其次，利用 CVA 模型对子女认知和非认知能力的动态形成过程进行了估计；再次，计算了家庭对子女物质和时间投入在父母教育影响子女认知和非认知能力发展中的贡献率，并进一步利用基于中介效应的结构方程模型，对父母教育如何通过影响家庭对子女的人力资本投资从而影响了子女早期人力资本发展进行了机制分析；最后，本章对儿童早期人力资本发展的长期影响效应进行了分析，由于数据限制，本章分析了儿童早期认知和非认知能力对教育获得预期、初高中辍学率和最终教育获得的影响。

本章的主要结论表明：第一，父亲和母亲的教育程度均对其对子女的物质投资和时间投资有着正向显著的影响，同时，家庭对子女的人力资本投资也对子女的认知能力和非认知能力有显著正向影响。第二，CVA 模型估计结果表明，更早期的物质投入和时间投入对子女未来的认知和非认知能力有显著正向的影响，而且时间投入对认知和非认知的长期影响效应更大。第三，父母对子女的人力资本发展的影响主要作用途径之一为父母对子女的物质和时间投资，家庭对子女的人力资本投资可以解释父母受教育程度对子女认知能力影响效应的 30% 左右，且相比于物质投入，家庭对子女的时间投入在子女人力资本发展过程中扮演着更重要的角色。第四，子女早期的认知能力和非认知能力对子女自己和父母对其教育获得期望均有显著的正向影响，对初中、高中辍学率有显著的负向影响，进一步地，子女早期认知能力发展对其最终教育获得有显著的促进作用。

　　本章的研究内容完善了第 5 章的研究结论，在识别父母教育程度对子女人力资本发展存在因果效应的前提下，从父母对子女的物质投入和时间投入的角度探讨了这种影响效应产生的机制，为本书理解代际流动性的早期决定提供了有力的证据。但是，正如第 4 章的理论部分所探讨的那样，除了家庭内部的因素，外部环境也会对教育的代际影响效应产生影响。第 5 章和第 6 章研究结论为家庭背景对子女的人力资本发展影响因果效应和机制提供了证据，接下来本书的第 7 章将从子代人力资本水平差异分解的角度，探索不同群体之间子代早期人力资本发展差异以及家庭教育背景在这种差异中的作用。

代际教育流动的早期决定：
人口流动的影响

在第 5 章通过《中华人民共和国义务教育法》这一外生冲击研究了父母教育对子女早期人力资本发展的因果效应后，第 6 章在第 5 章的基础上进一步分析了父母教育是如何影响了子女早期人力资本的，并主要从父母对子女的物质投资和时间投资这两个重要中介因素研究了父母教育对子女早期认知能力和非认知能力的影响机制。研究的主要结论表明，家庭背景（父母受教育程度）越好的子女，其父母对其进行的人力资本投资越多，由此孩子人力资本发展会越好。这样的一种传递机制就会导致人力资本的代内不平等发生代际转移，从而进一步导致阶层固化。父母教育程度的差异会通过代际关系而传递给子女造成下一代的人力资本的差异，而这种差异在子女的人力资本积累尚未结束时就已经产生。另外，本书第 4 章的理论分析表明，外部大环境可能会通过父母的教育对子女的人力资本发展产生叠加的效应。而大量研究表明我国城乡儿童以及由于迁移而产生的留守儿童、流动儿童和城镇儿童之间存在一定的发展差距（Zhang et al.，2014）。因此，在研究了父母教育如何影响了子女的人力资本发展的基础上，从分解的角度进一步探究环境与子女的人力资本发展不平等显得尤为重要。

7.1 / 人口流动与子女早期人力资本发展差异

中国古有"不患寡而患不均"的说法，现当代收入差距一直都是社会和学界所关注的重点，因此不平等问题自古以来就是非常重要的经济社会问题。一般意义上的不平等主要是指收入不平等，是一种结果上的不平等。而近年来被讨论得比较多的还有初始条件的不平等，也就是机会不平等，代际流动性实际上刻画的就是机会不平等。对于一个一般性的社会，其收入不平等和机会不平等之间本没有必然联系。索伦（Solon，1992）在对代际流动性进行定义时就解释到，一个收入分配高度平等的社会其社会阶层也可能是完全流动的，而一个阶层完全固化的社会其收入分配可能非常均等也可能会两极化。但是，近年来研究表明（Corak，2013；Perez-Arce et al.，2016），基于收入差距的结果不平等和基于代际流动的机会不平等之间存在较强的相关性，收入越不平等的地方其代际流动性会越低，从而造成了收入不平等的代际传递，最后造成的结果是收入不平等由于代际流动性的降低而得到了强化（Novaro et al.，2016）。因此，在研究代际流动性问题时，从不平等代际传递的角度出发，可以进一步理解代际流动性背后的影响机制。本书第 5 章和第 6 章的内容表明，以父母教育为代表的家庭背景，不论是其直接的影响，还是通过家庭对子女人力资本投资而产生的间接影响，其对子代人力资本发展的影响都是显著的，是从整体层面上研究的人力资本的代际传递问题，本章则从不平等的传递的角度，研究家庭教育背景对子代人力资本发展与代际流动性的早期决定的影响。

由于本书主要关注家庭教育背景在子代人力资本发展和代际流动性的早期决定中发挥的作用，因此，本章重点考虑父辈受教育程度的差异对子女早期人力资本发展不平等的影响。具体地，本章按照父辈家庭教育背景将子女分为高教育家庭背景和低教育家庭背景两类，然后对其早期人力资本发展差异进行分解，分析其家庭其他因素对子代早期人力资本发展差异的禀赋效应和回报效应，以此来研究家庭人力资本水平的不平等是否会通过家庭对子女的人力资本投资而传递给下一代，进而影响了代际流动性。另外，除了家庭教育背景外，我国儿童的发展也存在较大的城乡差异，随着迁移行为的大规模发生，留守儿童和流动儿童的发展问题也成为各方关注的重点。现有文献研究也表明，迁移对代际流动性以及不平等都有显著影响（Borjas，1993；孙三百等，2012）。因此，在直接研究家庭教育背景差异对子代早期人力资本发展差异影响的基础上，本章也分别从城乡差异、留守儿童与流动儿童发展差异、流动儿童与城镇儿童发展差异等角度出发，探究家庭教育背景在子代人力资本发展中的作用。

本章将从两个方面对子女人力资本发展差异进行分解分析：首先，从家庭教育背景出发，对不同家庭教育背景的子女的人力资本水平进行差异分解，探究高低家庭教育背景的子女其认知能力和非认知能力发展不平等的禀赋效应和回报效应。其次，进一步考虑城乡儿童、留守儿童与流动儿童以及流动儿童与城镇儿童之间的认知能力和非认知能力的发展差距问题，探究家庭教育背景以及迁移在这种差异中发挥的作用。

本章主要使用了中国人民大学实施的中国教育追踪调查（CEPS）第一期数据（2013～2014年）。CEPS基于全国的中学进行抽样，在全国范围内抽取112所学校、438个班级、约2万名学生作为调查样本，调查对象包括学生、家长、教师及校领导。抽取的学生样本包括七年级和九年级学生，学生年龄跨度主要在12～16岁。CEPS数据为本章分析子代人力资本水平不平等提供了很好的数据支持。一方面，CEPS数据提供了标准化的认知能力测试得分，可以直接使用认知能力得分进行分析，得到较为稳健的分析结果；另一方面，CEPS数据提供了丰富的关于子女非认知能力衡量方面的指标，这样综合得到非认知能力得分具有一定的代表性和说服力。同时，CEPS数据的大样本和比较好的全国代表性也让本章的分析结果具有较好的外部有效性。

根据前面的分析，本章重点关注子女的认知能力和非认知能力在高教育背景家庭和低教育背景家庭、农村和城市之间的差异分解。其中，在分析子女认知能力和非认知能力的城乡差异的基础上，本章进一步比较了流动儿童与城市儿童、流动儿童与留守儿童之间的差异。主要变量的定义和描述性统计如下：

认知能力。本章主要使用CEPS数据提供的学生的认知能力标准化测试得分作为认知能力的主要衡量指标，该指标采用国际通用的认知能力指标体系进行测度获得，具有较好的代表性。

非认知能力。本章主要使用CEPS数据提供的一系列衡量学生非认知能力的指标进行综合得到，本章选取的衡量认知能力的指标为父母对如下问题的回答：（1）孩子是否能够清楚地表达自己的意见；（2）孩子反应很迅速；（3）孩子能够很快学到新知识；（4）孩子对新鲜事物很好奇。以上问题均有四种回答方式，分别为非常不符合、不太符合、比较符合和非常符合。本章首先对这些指标进行加总求平均，其次对加总的指标进行均值为 0、标准差为 1 的标准化。

表 7.1 为主要变量的描述性统计，通过主要变量的描述性统计分析发现，标准化后的子女的认知能力测试得分最低为 −2.03，最高为 2.71，标准差为 0.86。标准化后加总的非认知能力得分最低为 −3.07，最高为 1.08，标准差为 0.81。子女母亲的平均受教育程度为 9.264 年，父亲平均受教育程度为 10.040 年。在所有样本中，农村户口占 55%，而这其中，有 11.4% 的流动儿童和 14.5% 的留守儿童。下面本章通过概率密度图初步分析不同家庭教育背景以及城乡之间的子代人力资本发展差异，同时也考虑了人口迁移对这种差异的影响。由于城镇留守儿童和城镇流动儿童比例较低，本章主要分析农村留守儿童和农村流动儿童。本章将农村留守儿童和农村流动儿童简称为"留守儿童"和"流动儿童"。

表 7.1 主要变量的描述性统计

变量	均值	标准差	最小值	最大值
认知能力	0	1	−2.03	2.71
非认知能力	0	1	−3.07	1.08
母亲教育程度（年限）	9.264	3.525	0	19
父亲教育程度（年限）	10.040	3.181	0	19
性别（男性为 1）	0.514	0.500	0	1
年龄	14.520	1.240	12	18
年级（九年级为 1，七年级为 0）	0.473	0.499	0	1
农业户口（农业户口为 1）	0.549	0.498	0	1
农村流动儿童（是为 1）	0.114	0.318	0	1
城镇流动儿童（是为 1）	0.065	0.247	0	1
流动儿童（是为 1）	0.179	0.384	0	1
农村留守儿童（是为 1）	0.145	0.353	0	1
城镇留守儿童（是为 1）	0.087	0.282	0	1
留守儿童（是为 1）	0.232	0.422	0	1
独生子女（是为 1）	0.434	0.496	0	1
家庭背景	2.816	0.599	1	5

资料来源：CEPS 2014 年。

根据本章所使用的 CEPS 数据结构情况以及现有文献对家庭教育背景

的一般分类，本章将母亲教育程度为小学及以下的划分为低教育背景家庭，将母亲教育程度为高中及以上的划分为高教育背景家庭。根据本部分的数据，具有高教育背景家庭的样本占总样本的26%，具有低教育背景家庭的样本占总样本的25%，高低教育背景家庭的样本各占总样本的1/4。图7.1呈现的是不同教育背景的家庭子代认知能力和非认知能力的差距，其中虚线代表母亲具有初中或以下学历的子女，实线代表母亲具有高中或以上学历的子女，图7.1（a）是认知能力的概率密度图，图7.1（b）是非认知能力的概率密度图。这里为了便于比较，认知能力和非认知能力均作了标准化处理。通过图7.1可以比较清楚地看到，从分布上来看，出生于高教育背景家庭的那部分子女，不论是其认知能力还是非认知能力，都比出生于低教育背景家庭的同伴要高。

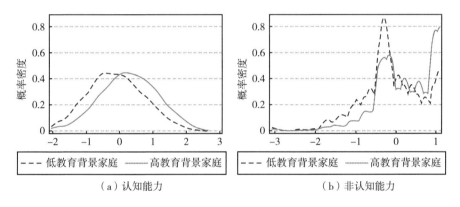

图7.1　不同家庭教育背景的子代认知能力和非认知能力差距

同样地，在分家庭教育背景之后，本章重点关注子女认知能力和非认知能力的城乡差距。图7.2中虚线代表具有农村户口的子女，实线代表具有城镇户籍的子女，图7.2（a）是认知能力的概率密度图，图7.2（b）是非认知能力的概率密度图。图7.2的结果表明，不论是认知能力还是非认知能力，从分布上看，城镇儿童都要好于农村儿童。在城乡差异的基础上，本章进一步关注农村儿童中的留守儿童和流动儿童。图7.3和图7.4分别呈现了留守儿童与流动儿童、农村儿童与城镇儿童的认知能力和非认知能力差距。从图7.3可以发现，流动儿童的认知能力和非认知能力都要好于留守儿童。而图7.4则表明，和城镇儿童相比，流动儿童尽管学习生活都在城市，但其认知能力和非认知能力仍然比城镇儿童要差。

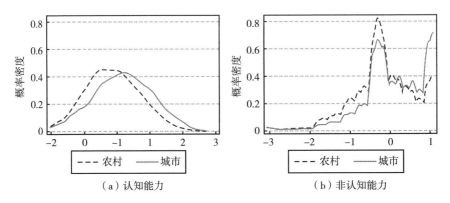

图 7.2　子代认知能力和非认知能力的城乡差距

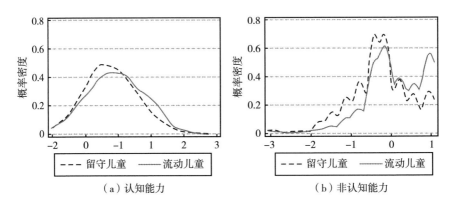

图 7.3　子代认知能力和非认知能力差距：留守儿童与流动儿童

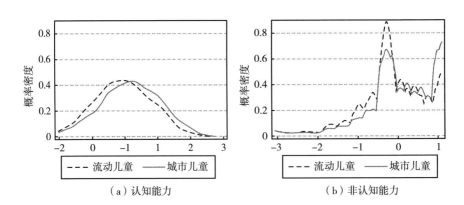

图 7.4　子代认知能力和非认知能力差距：流动儿童与城镇儿童

通过概率密度图可以直观地看到，子代的认知能力和非认知能力在城乡之间、留守儿童与流动儿童之间以及流动儿童与城镇儿童之间存在着差异。为了进一步分析这种差异性，本章对这种差异性进行初步的回归分析。首先，将子女的身份按照其户籍、流动状态以及父母是否在身边进行分类，在关注整体城乡差异的前提下，本章还重点关注农村户籍的留守儿童和农村户籍的流动儿童。其次，本章分四组进行回归分析，这四组分别是：农村与城镇、农村留守儿童与农村非流动非留守儿童、农村留守儿童与农村流动儿童以及农村流动儿童和城镇儿童。表7.2报告了回归的主要结果，其中，核心被解释变量仍然是子女的认知能力和非认知能力，核心解释变量分别为是否农村（是为1）、是否留守儿童（是为1）以及是否流动儿童（是为1）控制变量包含了子女自身的个人特征（性别、年龄、是否独生子女、所在年级等）、父亲和母亲的教育、家庭背景以及省份固定效应。列（1）~列（4）报告了对认知能力回归的结果，列（5）~列（8）报告了对非认知能力的回归结果。

表7.2　　　　　　　　　子女人力资本发展的差异分析

变量	(1)	(2)	(3)	(4)	(5)	(6)	(7)	(8)
	认知能力				非认知能力			
	农村 vs 城镇	留守 vs 农村	留守 vs 流动	流动 vs 城镇	农村 vs 城镇	留守 vs 农村	留守 vs 流动	流动 vs 城镇
农村	−5.131***				−0.027**			
	(1.380)				(0.118)			
留守		−4.591**				−0.055***		
		(1.885)				(0.014)		
留守			−11.030***				−0.127***	
			(2.554)				(0.022)	
流动				−0.073				0.027
				(0.025)				(0.019)
个体特征	控制	控制	控制	控制	控制	控制	控制	控制
父亲教育	控制	控制	控制	控制	控制	控制	控制	控制
母亲教育	控制	控制	控制	控制	控制	控制	控制	控制
省份固定效应	控制	控制	控制	控制	控制	控制	控制	控制
调整 R^2	0.119	0.075	0.070	0.116	−	−	−	−
N	18 735	8 122	4 190	7 700	16 963	7 673	3 782	6 984

注：*** 表示在1%水平上显著，** 表示在5%水平上显著；括号中是聚类在家庭层面的聚类稳健标准误。

列（1）~列（5）的回归结果表明，和城镇同伴相比，农村儿童其认知能力和非认知能力都要显著较低，说明同等情况下，农村儿童整体上的认知能力和非认知能力发展都要比其城镇同伴要差。同样地，列（2）和列（6）的结果表明，将农村样本进行细分后，留守儿童在认知能力和非认知能力的发展都要弱于非留守非流动的那部分农村同伴。也就是说，父母双方外出或单方外出的农村子女，他们各方面的发展不如父母没有外出工作的同伴。另外，近年来流动儿童的比例逐渐上升，流动儿童数量在农村儿童中所占的比重越来越大，那么儿童跟随在外地工作的父母迁移是否会影响其认知能力和非认知能力发展呢？列（3）和列（7）的结果表明，相比于农村留守儿童来说，跟随父母随迁到城市的流动儿童在认知能力和非认知能力均要好于留守儿童。这说明，在父母选择到城市工作时，将其子女带在身边会显著提高其认知能力和非认知能力。进一步地，列（4）和列（8）结果说明这部分流动儿童在城市学习和生活，其认知能力和非认知能力并不比其城镇的同伴差，流动儿童和本地城镇儿童之家并不存在显著的认知能力和非认知能力的差异。这也从另一个方面说明子女跟着父母迁移到城市有助于其人力资本的发展。①

通过简单的回归分析可以发现，子女的认知能力和非认知能力在不同家庭教育背景、不同户籍之间都存在着较大差异。同时，在城乡差异的基础上，本章发现留守儿童、流动儿童与城镇儿童之间也存在着认知能力和非认知能力发展的差距。当然，以上只是从整体层面上的初步分析，需要进一步地认识和理解不同背景下子女的认知能力和非认知能力发展差异就需要更深入的系统分析。本章重点从分位数分解的角度来研究子女认知能力和非认知能力的发展差距问题。

---

① 需要注意的是，本部分的分析只是在控制了基础变量后的简单回归分析，并没有考虑潜在的由于自选择问题导致的内生性，特别本章的数据是基于学校层面的抽样，那么在分析流动儿童与城镇儿童的差异时，由自选择问题造成的估计偏误更加严重。一方面，可能存在样本代表性问题，基于学校的抽样会漏掉并没有入学的那部分流动儿童样本和部分在农民工子弟学校上学的流动儿童样本，而一般来说，这部分流动儿童其发展会比在正规学校上学的儿童要差；另一方面，将子女带到城市学习生活的父母其家庭条件或者其他方面不可观察的原因可能比将子女留在家里的那部分家庭要好，而这些也可能影响子女的人力资本发展。不过，本部分只是从统计上看不同群体的认知能力和非认知能力的差异，不涉及因果推断，因此，内生性问题也不是这里分析的重点。

7.2 基于 FFL 的分解方法

本章在对子代认知能力和非认知能力差距进行总体分解时采用的是研究收入差距问题时常用的分解方法（MM 分解，Mata & Machado，2005）。MM 分解是在传统的奥卡卡（Oacaca，1973）分解方法基础上的拓展，可以对指标变量的差距在各分位点上进行分解。但 MM 分解只能得到总体的禀赋效应和回报效应，无法计算出具体每个因素的作用。为了进一步分析具体的变量特别是家庭教育背景在子代认知能力和非认知能力差距中的作用，本章在 MM 分解的基础上，综合使用基于重新中心化影响函数（Recentered Influence Function，RIF）回归的分位数分解方法（简称"FFL 分解"）对子代的认知能力和非认知能力进行具体的分解（Firpo et al.，2009）。实际上，FFL 分解方法和传统的工资差异分解奥卡卡—布林德（Oaxaca-Blinder）分解有类似之处（Elder et al.，2010），FFL 分解可以认为是在 Oaxaca-Blinder 分解基础上的发展和改进。

7.2.1 基于 RIF 的分位数回归

RIF-OLS 回归模型可以用来估计解释变量 X 在非条件分位数 Q_τ 下对被解释变量 Y 的影响。首先，可以计算出样本分位点 $\hat{Q}_\tau$ 和 $\hat{Q}_\tau$ 的概率密度，也就是利用菲尔波等（Firpo et al.，2009）中的核估计方法来计算 $f(\hat{Q}_\tau)$。其次，这个方法依赖于指示函数 $1\{Y \leqslant Q_\tau\}$ 取 1 当条件在 $\{\cdot\}$ 为真时，其他情况下取 0。对于 RIF 的每个观察值 i 的估计值 $\widehat{RIF}(Y_i;Q_\tau)$ 可以将 $\hat{Q}_\tau$ 在总的 RIF 方程中带入函数 $f(\hat{Q}_\tau)$ 得到：

$$RIF(Y;Q_\tau) = Q_\tau + IF(Y;Q_\tau)$$

$$= Q_\tau + \frac{\tau - 1\{Y \leqslant Q_\tau\}}{f_Y(Q_\tau)} = \frac{1\{Y \leqslant Q_\tau\}}{f_Y(Q_\tau)} + Q_\tau - \frac{1-\tau}{f_Y(Q_\tau)} \qquad (7.1)$$

其中，RIF 为分位数 Q_τ 的第一阶近似，$IF(Y;Q_\tau)$ 表示第 τ 分位点的影响函数（influence function），它所表示的是观察值在 τ 分位点上的影响。同时，将分位点 Q_τ 加入影响函数中就可以得到 Q_τ 分位点处的 Y 的 RIF 概率密度为 $f_Y(Q_\tau)$。

菲尔波等（Firpo et al.，2009）将 RIF 回归方程的条件期望 $E[RIF(Y;Q_\tau)|X]$ 表示为解释变量 X 的函数，也就是在无条件分位数回归中，RIF 回归方程中的条件期望 $E[RIF(Y;Q_\tau)|X]=g_{Q_\tau}(X)$，其中线性的方程 $X\beta_\tau$ 可以被看成是 $g_{Q_\tau}(X)$ 的特例。由此可知，无条件分位数（UQR）的平均导数 $E_X\left[\dfrac{\mathrm{d}g_{Q_\tau}(X)}{\mathrm{d}X}\right]$ 可以被解释为在其他条件一定的前提下，τ 分位点处协变量分布的局部变动的边际效应。因此，系数 β_τ 可以被解释为 $E[RIF(Y;Q_\tau)]=E_X[RIF(Y;Q_\tau)|X]=E(X)\beta_\tau$。也就是说无条件期望 $E[RIF(Y;Q_\tau)]$ 使用 LIE 允许无条件均值解释。此外，只有条件分位数回归中的条件均值解释才是可信的，即 $Q_\tau(Y|X)=X\beta_\tau^{CQR}$，其中，$\beta_\tau^{CQR}$ 可以被解释为解释变量 X 在 τ 分位点处对 Y 的影响。值得注意的是，LIE 并没有应用到这里，也就是说 $Q_\tau\neq E_X[Q_\tau(Y|X)]=E(X)\beta_\tau^{CQR}$（$Q_\tau$ 为无条件分位数）。因此，β_τ^{CQR} 不能被解释为在无条件分位数提高 X 的均值的影响效应。这就是条件分位数回归在分解中的不足之一。而无条件均值的解释在 Oaxaca-Blinder 分解中非常重要，Oaxaca-Blinder 分解使用无条件均值解释 β_τ，也就是将 β_τ 解释为提高 X 的均值对 Y 的均值影响。在无条件非位数回归中，系数 β_τ 因此可以用 OLS 估计，即：

$$Q_\tau = E[RIF(Y;Q_\tau)] = E_X[RIF(Y;Q_\tau)|X] = E(X)\beta_\tau \qquad (7.2)$$

基础的 RIF-OLS 人力资本决定方程（在原模型中，这里为工资决定方程）在 τ 分位点处可以表示为：

$$RIF(Y;Q_\tau) = X\beta_\tau + \mu_\tau \qquad (7.3)$$

其中，Y 是子女的人力资本水平（在原模型中，这里为对数工资），X 是一系列控制变量，β_τ 为对应的回归系数，μ_τ 为随机误差项。那么每个观察值 i 的无条件分位数系数向量可以定义为：

$$\hat{\beta}_\tau = \left(\sum_{i=1}^N X_i'X_i\right)^{-1}\sum_{i=1}^N X_i'\widehat{RIF}(Y_i;Q_\tau) \qquad (7.4)$$

7.2.2　基于 RIF 回归的 FFL 分解

FFL 分解正是基于 RIF 回归从而将传统的 Oaxaca-Blinder 分解发展为分

位数分解，为了理解 FFL 分解方法，假设 $\nu(F_Y)$ 为子代人力资本 F_Y 累计分布函数的一个分布统计量，如一个分位数，当运用分解的方法将 $\nu(F_Y)$ 的两组间差异进行分解时，我们将这种差异分解为特征差异（composition effect）和回报差异（wage effect）。其中，特征差异是指由可观察解释变量可以解释的部分差异，回报差异指的是子代人力资本条件分布 $F(Y\mid X)$ 相关的差异，即不可由解释变量所解释。当考虑均值问题时，回报差异仅决定于子代人力资本水平的条件均值，但是当在其他分布水平上进行分解时，它决定于结果变量的分布。

令 F_{Y_0} 和 F_{Y_1} 分别表示在组 0 和组 1 直接观察到的子代累计人力资本水平分布，同时令 G 表示为组的指示变量，如果该子女生活在第 0 组，则 $G=0$。那么 $F_{Y_1\mid G=1}$ 表示第 1 组实际子女人力资本水平的累计分布，由此，我们可以将分布统计量上的总体人力资本差异进行分解得到：

$$
\begin{aligned}
\Delta_0^\nu &= \nu(F_{Y_{1\mid G=1}}) - \nu(F_{Y_{0\mid G=0}}) \\
&= [\nu(F_{Y_{1\mid G=1}}) - \nu(F_{Y_{0\mid G=1}})] + [\nu(F_{Y_{0\mid G=1}}) - \nu(F_{Y_{0\mid G=0}})] \\
&= \Delta_W^\nu + \Delta_C^\nu
\end{aligned}
\tag{7.5}
$$

其中，Δ_W^ν 为回报效应，Δ_C^ν 为特征效应，$\nu(F_{Y_{1\mid G=1}})$ 和 $\nu(F_{Y_{0\mid G=0}})$ 表示利用每个组的实际数据计算的分布统计量。问题的关键在于对 $\nu(F_{Y_{0\mid G=1}})$ 进行估计，$\nu(F_{Y_{0\mid G=1}})$ 是某组的子代人力资本在反事实组的分布统计量，这里的反事实指的是该组的特征在第 1 组被观察到，但其人力资本的结构则为第 0 组的结构。

传统的 Oaxaca-Blinder 分解除了可以将总差异效应分解为特征差异和回报差异外，还可以将这种差异分解到具体每一个解释变量的贡献，但自分解从均值水平扩展到分位数水平时，对每一个解释变量的贡献分解一直是一个难点（Machado & Mata, 2005）。对分解方法的发展有较大贡献的 DFL 分解和 MM 分解也只能分解出所有解释变量的总体贡献。直到菲尔波等（Firpo et al., 2009）提出了一种新的可以将每一个解释变量的贡献都分解出来的方法，也就是使用章节 7.2.1 中介绍的 RIF 进行估计。$\nu(F_Y)$ 的影响函数（influence function）代表了每一个观察值在该统计量上的影响，而且再中心化则来自于将统计量 $\nu(F_Y)$ 代入影响函数。这种方法类似于传统的 Oaxaca-Blinder 均值分解，但是将结果变量在回归中用 RIF 统计

量 $\nu(F_Y)$ 所代替，因此，只要 RIF 统计量可以被计算出来，那么就可以在每个组队解释变量的 RIF 进行回归，然后再使用 Oaxaca-Blinder 方法将总效应分解为特征效应和回报效应：

$$\Delta_C^\nu = (E[X \mid G=1] - E[X \mid G=0])^T \gamma_0^\nu \tag{7.6}$$

$$\Delta_W^\nu = (E[X \mid G=1])^T (\gamma_1^\nu - \gamma_0^\nu) \tag{7.7}$$

其中，Δ_C^ν 和 Δ_W^ν 分别表示特征效应和回报效应，γ_0^ν 和 γ_1^ν 分别表示第 0 组和第 1 组基于解释变量 RIF 的回归系数。然而，以上的分解过程依赖于结果变量的决定方程为线性的，当结果变量的实际决定方程在某个解释变量上为非线性时，FFL 分解将会得到不一致的估计。

为了解决这个问题，菲尔波等（Firpo et al.，2011）建议将 RIF 回归和迪纳尔多（DiNardo et al.，1996）提出的 DFL 分解中的重新加权方法结合起来进行估计。在对第 0 组的解释变量的分布进行重新加权后，第 0 组的解释变量分布将会和第 1 组类似，因此，可以构建一个反事实的组，这个反事实组有着与第 0 组相同的人力资本结构和与第 1 组相同的解释变量特征。根据迪纳尔多（DiNardo et al.，1996）和菲尔波等（Firpo et al.，2011）的分析，重新加权后的方程可以估计为：

$$\psi(X) = \frac{\Pr(X \mid G=1)}{\Pr(X \mid G=0)} = \frac{\Pr(G=1 \mid X)/\Pr(G=1)}{\Pr(G=1 \mid X)/\Pr(G=0)} \tag{7.8}$$

该重新加权方程被用来作为权重来计算协变量的反事实均值 $\bar{X}_{01}$ 和反事实回归系数 $\hat{\gamma}_{01}^\nu$。此时，$\gamma_1^\nu - \gamma_{01}^\nu$ 表示的就是结果变量结构的真实变化。那么中体的特征效应可以被重新表示为真实的特征效应和一个特殊误差项之和：

$$\hat{\Delta}_{C,rw}^\nu = (\bar{X}_{01} - \bar{X}_0)\hat{\gamma}_1^\nu + \bar{X}_{01}(\hat{\gamma}_{01}^\nu - \hat{\gamma}_0^\nu) = \hat{\Delta}_{C,t}^\nu + \hat{\Delta}_{C,se}^\nu \tag{7.9}$$

其中，这个特殊的误差项和未加权分解后得到的特征效应 Δ_C^ν 相关。当对特征效应的近似线性拟合准确时，这个误差项会比较小，因此，计算这个特殊的误差项可以作为未加权的 RIF 分解的一个比较好的检验。

同理，分解的回报效应可以表示为总的真实的回报效应加上一个重新加权后的误差项：

$$\hat{\Delta}_{W,rw}^\nu = \bar{X}_1(\hat{\gamma}_1^\nu - \hat{\gamma}_{01}^\nu) + (\bar{X}_1 - \bar{X}_{01})\hat{\gamma}_{01}^\nu + = \hat{\Delta}_{W,t}^\nu + \hat{\Delta}_{W,se}^\nu \tag{7.10}$$

其中，加权误差项 $\hat{\Delta}_{W,se}^\nu$ 反映了加权的均值 $\bar{X}_{01}$ 和 $\bar{X}_1$ 并不相等，当重新加权

起到作用时，加权误差项应该趋近于0。

综上所述，通过菲尔波等（Firpo et al.，2009，2011）提出的基于RIF回归的分位数分解，本章可以将子代人力资本水平的差异进行分解，从而得到总体的特征差异效应和回报差异效应，同时，也可以得到父母教育这一核心变量的特征差异效应和回报差异效应。在FFL分解中，传统分解方法中的回归结果变量被RIF所代替，而且FFL分解还将传统的均值分解推广到了各分位点的分解，同时也能给出方差分解和基尼系数分解结果，这样就知道了结果变量差异分布在各分位点上的具体情况，更加有助于对结果变量差异分布以及产生这种差异原因的理解。根据FFL分解方法，本章将不同群组的子代认知能力和非认知能力的差异在各分位点上分解为禀赋效应和回报效应。这里的禀赋效应也叫特征效应，指的是农村儿童和城市儿童在认知能力和非认知能力方面的差异中可以被其禀赋水平解释的部分，这里的禀赋特征主要包括子女的个人特征（性别、年龄、健康水平、出生体重、是否独生子女、家中排行等）、家庭背景（父亲教育、母亲教育、家庭社会经济地位）、家庭对子女的人力资本投资（物质投资和时间投资）以及成长环境因素（居住环境、社区环境、学校环境等）。而回报效应也叫系数效应，指的是无法被这些禀赋特征所解释的其他的不可解释的差异。在工资的差异分解中，回报效应往往被认为是一种歧视效应。不论是禀赋效应还是回报效应，都可以分解到所有解释变量上，也可以分解到每一个具体的解释变量上。为了深入分析子女人力资本发展差异的原因，本章在汇报总的禀赋效应和回报效应的同时，也汇报了比较重要的变量的禀赋效应和回报效应。本章采用差异分解图和具体分解结果表格的两种形式对结果进行报告，其中，分解图呈现了总体的禀赋效应和回报效应在各分位点处的分解结果，而具体结果表格呈现了0.25、0.5和0.75分位点上的总的禀赋效应和回报效应以及具体指标的禀赋效应和回报效应。

7.3 家庭教育背景与子女人力资本发展差距分解

本书第5章和第6章的实证研究发现家庭教育背景对子女的人力资本发展有着显著的影响，而7.2节的描述性分析表明低教育背景家庭的子女和高教育背景家庭的子女的认知能力以及非认知能力之间存在着一定的差距。为了进一步从子女认知能力发展差距的角度理解家庭教育背景对子女人力资本发展的影响，本节综合使用 MM 分解法和 FFL 分解法对具有高家庭教育背景和低家庭教育背景的子代认知能力与非认知能力进行分位数分解。在分解过程中，这里主要的解释因素包括子女个人特征（性别、年龄、健康、是否独生子女、在兄弟姐妹中的排行等）、家庭财富地位、家庭对子女的人力资本投资以及子女的学习成长环境。对具有不同家庭教育背景的个体来说，如果他们之间的认知能力和非认知能力发展的差异主要来自于个人特征、家庭财富、家庭的人力资本投资影响因素以及成长环境等的禀赋效应，那么说明家庭教育背景通过影响这些因素从而导致了子女的认知和非认知能力的发展，要缩小子女的人力资本发展差异或者说改善代际流动性，除了提高其父母的教育程度以外，增加家庭对子女的人力资本投资以及改善子女的学习成长环境都是有效的手段。如果他们之间的认知能力和非认知能力发展的差异主要来自于这些因素的回报效应，那么说明家庭教育背景显著提高了这些因素对子女人力资本发展的回报率。如果回报效应可以解释主要的差距，那么直接从家庭教育背景出发去探索改善子代人力资本发展差异以及代际流动性更为有效。

根据 MM 分解方法，本章对具有高家庭教育背景和低家庭教育背景子女的认知能力和非认知能力差距分别在 10 分位点到 90 分位点进行了分位数分解。图 7.5（a）呈现的是认知能力的分解结果，图 7.5（b）呈现的是认知能力的分解结果。

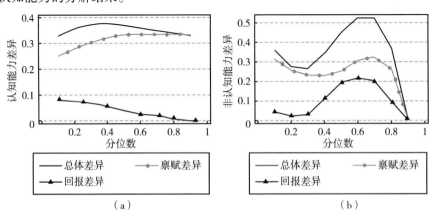

图 7.5　家庭教育背景与子女认知能力和非认知能力差异分解

图 7.5（a）的分解结果表明，尽管在认知能力的低分位点上，具有高家庭教育背景和低家庭教育背景的子女认知能力差异部分可以由禀赋效应解释，部分由回报效应解释，但回报效应解释的部分较少，而且高分位点上，这种认知能力发展的差异基本完全被禀赋效应所解释。这一结果说明，不同家庭教育背景的子女，其认知能力发展差异主要来自于其具有的不同的禀赋特征，和禀赋特征的回报关系不大，也就是说，只要给予那些低教育背景家庭的子女同样的禀赋特征，他们就能够获得同等程度的认知能力。而图 7.5（a）对非认知能力差异的分解结果表明，除了在低分位点上非认知能力的差距可以主要由禀赋效应解释外，子女各禀赋特征的回报效应也可以很大程度上解释非认知能力发展的总体差距。这说明在同样的禀赋特征条件下，具有高家庭教育背景的子女，其非认知能力的发展仍然比低家庭教育背景的那部分同伴要好，家庭教育背景一定程度上提高了个体禀赋特征在非认知能力上的回报。

MM 分解只是将认知和非认知能力的总体差距分解为总的禀赋差异和回报差异，为了进一步分析具体特征因素对子女人力资本发展差异的影响，本章使用基于 RIF 回归的 FFL 分解法将总的禀赋差异和回报差异继续分解到具体的特征因素上。表 7.3 汇报了 FFL 分解的结果。列（1）~列（3）是对认知能力差异在 0.25、0.5 和 0.75 分位点上的分解结果，列（4）~列（6）是对非认知能力差异在 0.25、0.5 和 0.75 分位点上的分解结果。首先，对于不同家庭教育背景的子女认知能力发展差异上，在禀赋差异方面，家庭财富地位、个人特征和生活环境解释了这种差异的绝大部分，其中，从 0.5 分位点看，生活环境的禀赋差异占总体禀赋差异的 38%，家庭财富的禀赋差异占总体差异的 25%。表明家庭教育背景很大程度上通过影响家庭财富和生活环境从而影响了子女的认知能力的发展。其次，对于不同家庭教育背景的子女的认知能力发展差异上，在禀赋差异方面，仍然是家庭财富和生活环境的禀赋效应起到主要作用，但家庭对子女的人力资本投资的禀赋效应也部分解释了子女非认知能力发展的差异。同时，家庭财富和生活环境除了存在禀赋效应外，还存在回报效应，说明对于具有高家庭教育背景的子女来说，家庭财富和生活环境在其非认知能力上的回报是较高的。

表 7.3　　　　　　家庭教育背景与子女认知能力和非认知能力差异分解

差异类型	项目	(1)	(2)	(3)	(4)	(5)	(6)
		认知能力			非认知能力		
		0.25分位点	0.5分位点	0.75分位点	0.25分位点	0.5分位点	0.75分位点
总差异	总差异（高家庭教育背景—低家庭教育背景）	0.370*** (0.021)	0.359*** (0.021)	0.350*** (0.022)	0.186*** (0.009)	0.652*** (0.020)	0.708*** (0.011)
	禀赋差异	0.329*** (0.027)	0.337*** (0.025)	0.298*** (0.027)	0.124*** (0.012)	0.371*** (0.029)	0.140*** (0.012)
	回报差异	0.040 (0.034)	0.022 (0.032)	0.052 (0.034)	0.062*** (0.014)	0.281*** (0.035)	0.568*** (0.016)
可以被解释的部分	家庭财富地位	0.043* (0.025)	0.084*** (0.023)	0.119*** (0.025)	0.027** (0.011)	0.128*** (0.027)	0.047*** (0.011)
	个人特征	0.124*** (0.018)	0.106*** (0.017)	0.074*** (0.018)	0.023*** (0.008)	0.054*** (0.019)	0.023*** (0.008)
	成长环境	0.135*** (0.024)	0.129*** (0.022)	0.124*** (0.024)	0.035*** (0.010)	0.139*** (0.026)	0.050*** (0.011)
	家庭对子女的人力资本投资	0.027 (0.017)	0.019 (0.016)	−0.018 (0.017)	0.039*** (0.007)	0.050*** (0.019)	0.020*** (0.008)
不能被解释的部分	家庭财富地位	−0.096 (0.132)	−0.040 (0.126)	−0.000 (0.136)	0.047 (0.054)	0.452*** (0.128)	−0.113* (0.068)
	个人特征	−0.645 (0.474)	−0.486 (0.451)	0.165 (0.487)	0.177 (0.196)	−0.113 (0.475)	0.191 (0.237)
	成长环境	0.401 (0.281)	−0.248 (0.270)	−0.189 (0.292)	0.174 (0.114)	0.957*** (0.270)	−0.182 (0.147)
	家庭对子女的人力资本投资	−0.019 (0.207)	0.107 (0.198)	0.019 (0.214)	−0.099 (0.084)	−0.237 (0.198)	−0.060 (0.108)
	N	13 873	13 873	13 873	13 873	13 873	13 873

注：***表示在1%水平上显著，**表示在5%水平上显著，*表示在10%的水平上显著；括号中的数字是标准误；这里家庭财富地位指的是自评的家庭财富地位，个人特征包括性别、年龄、健康水平、是否为独生子女以及在兄弟姐妹中的排行，家庭投资包括家庭对子女的物质投资和时间投资，成长环境包括家庭居住环境、社区环境、学校规模、学校等级、学校排名和学校类型等。

对子女的认知能力和非认知能力发展差距的分解分析表明，高教育背景家庭和低教育背景家庭的子女在其认知能力发展差异方面，来自个人特征、家庭财富、成长环境以及家庭对子女的人力资本投资等因素的禀赋差异效应几乎全部解释了总体的差异。由此可知，对低教育背景家庭的子女来说，如果其父母的教育水平提高，则可以通过这些特征因素的改善从而提高子女的认知能力发展。另外，高教育背景家庭和低教育背景家庭的子女在其非认知能力发展差异，则部分被个人特征、家庭财富、成长环境以及家庭对子女的人力资本投资等因素的禀赋差异效应，部分被这些因素的回报差异效应所解释。这意味着在子女的非认知能力发展方面，其父母教育程度的提高，不仅可以改善家庭财富、成长环境等，还可以同时提高这些特征因素的回报，从而缩小其与具有高家庭教育背景同伴的非认知能力差距。

7.4　家庭教育背景、迁移与子代人力资本发展差距

在对具有不同家庭教育背景子女的认知和非认知能力差距进行分解之后，为了理解迁移这一现象在子代人力资本发展中的影响，本节首先对子代人力资本发展的城乡差距进行分解，然后重点对农村留守儿童、农村流动儿童和城镇儿童之间的认知能力和非认知能力发展差距进行分解。这里的主要特征变量包括：子女父母的受教育程度、子女的个人特征、家庭财富地位、子女的成长环境以及家庭对子女的人力资本投资。

7.4.1　家庭教育背景与子代人力资本发展的城乡差距

图7.6（a）的结果表明，农村儿童和城镇儿童的认知能力差异随着认知能力分位数提高而加大了，认知能力较高的儿童面临的城乡差异较大。将这种差异分解为禀赋差异和回报差异后发现，不论是在低分位点还是高分位点，几乎所有的差异都被子女的禀赋所解释，回报差异所解释的部分几乎可以忽略不计。这说明农村儿童和城镇儿童的认知能力发展差异几乎完全取决于其个人特征、家庭背景以及成长环境，只要赋予农村儿童和城

镇儿童同样的禀赋，他们的认知能力也会达到他们城镇同伴的水平。图 7.6 (b) 中对于农村儿童和城镇儿童非认知能力差异的分解结果基本和认知能力分解结果类似，但有所区别的是农村儿童和城镇儿童非认知能力的差异在高分位点处较小，而在低分位点处最大。此外，尽管禀赋效应可以解释总体差异的绝大部分，但回报效应仍然部分解释了这种差异，说明在非认知能力的发展方面，农村儿童和城镇儿童的差异不完全来自其禀赋水平，可能一些不可观察的因素同时导致了这种差异的产生，例如农村和城市的基础教育环境，这些无法观察的因素在潜移默化中部分造成了农村儿童和城镇儿童的非认知能力差异。

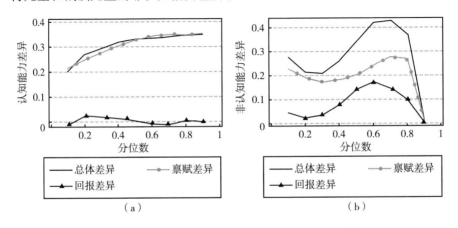

图 7.6　子女认知能力和非认知能力的城乡差异分解

在将农村儿童和城镇儿童之间的认知能力和非认知能力差异分解为总体的禀赋差异和回报差异的基础上，本章进一步分析具体的每一项解释变量的禀赋效应和回报效应。表 7.4 汇报了具体的分解结果，从表中所呈现的结果发现，农村儿童和城市儿童之间的认知能力和非认知能力的差异是在各分位点上都是显著的，而进行差异分解后的禀赋效应在各分位点上都是显著的，回报差异只在部分分位点上显著。这里也从另一个角度说明了农村儿童和城镇儿童的认知和非认知能力发展差异主要来自于禀赋效应。在总体分解的基础上，本章进一步将子女的禀赋分为五个主要的部分：家庭教育背景、个人特征、家庭财富地位、成长环境以及家庭对子女的人力资本投资。分解结果表明，从城乡儿童的认知能力发展差距看，在 0.5 分位点上，家庭教育背景可以解释子女 20% 的认知能力发展的禀赋差异。对

表 7.4　　　　　　　　子女认知能力和非认知能力的城乡差异分解

是否可以被解释	项目	(1)	(2)	(3)	(4)	(5)	(6)
		认知能力			非认知能力		
		0.25 分位点	0.5 分位点	0.75 分位点	0.25 分位点	0.5 分位点	0.75 分位点
	总差异（城市—农村）	0.272*** (0.020)	0.324*** (0.019)	0.354*** (0.021)	0.299*** (0.014)	0.546*** (0.015)	0.484*** (0.015)
	禀赋差异	0.392*** (0.022)	0.335*** (0.020)	0.296*** (0.021)	0.140*** (0.009)	0.290*** (0.019)	0.141*** (0.010)
	回报差异	−0.120*** (0.028)	−0.011 (0.026)	0.058** (0.029)	0.159*** (0.016)	0.256*** (0.024)	0.343*** (0.017)
可以被解释的部分	家庭教育背景	0.074*** (0.015)	0.065*** (0.013)	0.073*** (0.015)	0.022*** (0.006)	0.084*** (0.013)	0.050*** (0.007)
	个人特征	0.121*** (0.015)	0.083*** (0.014)	0.076*** (0.015)	0.034*** (0.006)	0.065*** (0.014)	0.025*** (0.007)
	家庭财富地位	0.014** (0.007)	0.019*** (0.006)	0.016** (0.007)	0.009*** (0.003)	0.022*** (0.006)	0.008*** (0.003)
	成长环境	0.167*** (0.025)	0.152*** (0.023)	0.131*** (0.025)	0.051*** (0.010)	0.086*** (0.022)	0.041*** (0.011)
	家庭对子女的人力资本投资	0.016 (0.013)	0.016 (0.012)	0.001 (0.013)	0.023*** (0.005)	0.033*** (0.012)	0.017*** (0.006)
不能被解释的部分	家庭教育背景	0.080 (0.072)	−0.033 (0.071)	−0.036 (0.079)	−0.081 (0.062)	0.113*** (0.051)	−0.054 (0.063)
	个人特征	−0.045 (0.415)	0.255 (0.393)	0.507 (0.436)	−0.057 (0.281)	−0.213 (0.336)	−0.325 (0.293)
	家庭财富地位	0.086 (0.099)	0.111 (0.094)	0.020 (0.104)	−0.048 (0.067)	0.214*** (0.080)	−0.057 (0.070)
	成长环境	0.659** (0.257)	0.003 (0.247)	−0.298 (0.275)	−0.485** (0.193)	0.233 (0.200)	−0.517*** (0.200)
	家庭对子女的人力资本投资	0.182 (0.187)	0.034 (0.180)	−0.077 (0.200)	0.173 (0.140)	−0.035 (0.144)	−0.106 (0.146)
	N	13 772	13 772	13 772	13 772	13 772	13 772

注：*** 表示在 1% 水平上显著，** 表示在 5% 水平上显著，* 表示在 10% 的水平上显著；括号中是标准误；这里家庭教育背景包括父亲和母亲教育水平，个人特征包括性别、年龄、健康水平、是否为独生子女以及在兄弟姐妹中的排行，家庭投资包括家庭对子女的物质投资和时间投资，成长环境包括家庭居住环境、社区环境、学校规模、学校等级、学校排名和学校类型等。

于非认知能力发展差距来说，家庭教育背景解释了禀赋差异的 29%，同时还解释了回报差异的 44%。这说明，相比农村儿童来说，即使城镇儿童的父母具有同样的教育程度，其认知能力的发展仍然要好于农村儿童。

城乡儿童认知能力和非认知能力发展差距的分解结果表明，家庭教育背景在城乡儿童人力资本发展差距中扮演了重要的角色，父母的受教育程度可以解释 20% 左右的认知能力差异，且这部分差异主要来自父母教育的禀赋效应。同时，父母教育可以解释 36% 的非认知能力差异，其中父母教育的禀赋效应解释了 15%，回报效应解释了 21%。以上只是基于农村和城镇差异的整体分析，下节将考虑迁移的影响，重点比较留守儿童和流动儿童、流动儿童和城镇儿童这两组儿童之间的认知能力和非认知能力发展的差异。

7.4.2　家庭教育背景、迁移与子代人力资本发展差距

大量的实证研究关注了父母迁移对子女人力资本发展的影响（zhang et al.，2014），但少有研究关注留守儿童与随父母迁移到城市的流动儿童以及流动儿童和城镇本地儿童之间的发展差异问题。本节对流动儿童和留守儿童、流动儿童和城镇儿童的认知能力和非认知能力之间的差异进行分解，探究家庭教育背景和迁移行为对子代人力资本发展差距的影响。

表 7.5 的分位数分解结果表明，总体上看，留守儿童和流动儿童的认知能力发展差距主要来自于各因素的回报效应，总体禀赋效应并不显著。而留守儿童和流动儿童的非认知能力发展差距则部分来自于禀赋效应，部分来自于回报效应。这说明留守儿童和流动儿童之间并不存在较大的特征方面的差异，他们之间人力资本发展的差距主要来自于其特征的回报。具有同样个人特征和家庭背景的个体，其跟着父母迁移到城市后，这些特征变量的回报高于其留守在农村的同伴。具体来看，将总体的禀赋效应和回报效应进一步分解到五个维度后发现，家庭教育背景几乎完全解释了留守儿童和流动儿童的认知和非认知能力发展差距，而且这主要来自于家庭背景的回报效应。这一结论表明，具有同样家庭教育背景的个体在迁移时选择将其子女随迁到城市，那么其子女的发展将好于被留在农村的同伴，这种差异性主要来自其教育程度对子女发展的回报上。尽管流动儿童在城

表7.5　　　子女认知能力和非认知能力的差异分解：留守儿童与流动儿童

是否可以被解释	项目	(1)	(2)	(3)	(4)	(5)	(6)
		认知能力			非认知能力		
		0.25 分位点	0.5 分位点	0.75 分位点	0.25 分位点	0.5 分位点	0.75 分位点
	总差异（流动—留守）	0.094 ** (0.040)	0.219 *** (0.041)	0.246 *** (0.046)	0.323 *** (0.027)	0.187 *** (0.031)	0.029 (0.042)
	禀赋差异	0.072 (0.053)	0.057 (0.055)	0.000 (0.061)	0.043 ** (0.020)	0.079 * (0.044)	0.125 *** (0.046)
	回报差异	0.022 (0.065)	0.162 ** (0.068)	0.246 *** (0.075)	0.280 *** (0.032)	0.108 ** (0.053)	−0.096 (0.061)
可以被解释的部分	家庭教育背景	0.006 (0.007)	0.020 ** (0.008)	0.025 *** (0.009)	0.006 ** (0.003)	0.016 *** (0.006)	0.018 *** (0.007)
	个人特征	0.032 ** (0.015)	0.022 (0.015)	0.004 (0.017)	0.014 ** (0.006)	0.022 * (0.012)	0.018 (0.013)
	家庭财富地位	0.027 ** (0.013)	0.011 (0.013)	0.009 (0.015)	−0.002 (0.005)	−0.004 (0.011)	0.012 (0.011)
	成长环境	0.002 (0.053)	0.063 (0.055)	−0.016 (0.061)	0.000 (0.020)	0.004 (0.044)	0.052 (0.046)
	家庭对子女的人力资本投资	0.005 (0.024)	−0.060 ** (0.025)	−0.022 (0.028)	0.025 *** (0.009)	0.040 * (0.021)	0.025 (0.021)
不能被解释的部分	家庭教育背景	−0.232 (0.168)	0.196 (0.173)	0.371 * (0.193)	0.036 (0.113)	0.228 * (0.128)	0.272 (0.180)
	个人特征	−0.445 (0.736)	0.526 (0.763)	−0.286 (0.848)	−0.593 (0.468)	−0.696 (0.573)	−0.406 (0.767)
	家庭财富地位	0.391 ** (0.180)	0.138 (0.186)	−0.018 (0.207)	−0.009 (0.110)	−0.019 (0.141)	0.187 (0.184)
	成长环境	−0.977 * (0.505)	−0.612 (0.522)	−0.965 * (0.581)	−0.732 ** (0.369)	0.057 (0.377)	0.327 (0.564)
	家庭对子女的人力资本投资	−0.047 (0.406)	0.291 (0.420)	−0.064 (0.467)	1.006 *** (0.257)	0.820 *** (0.315)	0.805 * (0.422)
	N	3 154	3 154	3 154	3 154	3 154	3 154

注：*** 表示在1%水平上显著，** 表示在5%水平上显著，* 表示在10%的水平上显著；括号中是标准误；这里家庭背景包括父母教育水平，个人特征包括性别、年龄、健康水平、是否为独生子女以及在兄弟姐妹中的排行，家庭投资包括家庭对子女的物质投资和时间投资，社会环境包括家庭居住环境、社区环境、学校规模、学校等级、学校排名和学校类型等。

市的学习生活环境不一定优于留守儿童，但由于父母将子女带在身边，父母的教育对子女的影响被进一步强化，从而拉开了和留守儿童的认知和非认知发展差距。

进一步地，本章对农村流动儿童和城镇本地儿童的认知能力和非认知能力发展差距进行分解。表 7.6 的分解结果表明，在 0.5 分位点上，流动儿童和城镇儿童的认知能力差距为 0.36 个标准差，非认知能力差距为 0.4 个标准差。流动儿童和城镇儿童的认知能力和非认知能力发展的总体差异基本可以被禀赋效应完全解释（只是在 0.75 分位点上，非认知能力的差异主要由回报效应解释）。这说明流动儿童从农村跟随父母迁移到城市后，他们与本地城镇儿童人力资本发展的差距主要来自于自身的禀赋，只要他们拥有和城镇儿童一样的家庭教育背景和家庭财富，享受到和城镇本地儿童同等的教育条件，他们就可以获得和城镇同伴同等程度的人力资本发展水平。具体来看，家庭教育背景解释了流动儿童和城镇儿童之间认知能力发展差距的 23%，解释了流动儿童和城镇儿童之间非认知能力发展差距的 40%。说明家庭教育背景是造成流动儿童和城镇儿童人力资本发展差距的主要原因之一。除此之外，家庭财富和家庭对子女的人力资本投资也部分解释了流动儿童和城镇儿童认知、非认知能力发展的差距。值得注意的是，家庭对子女的人力资本投资的回报效应是负的，这表明对流动儿童来说，家庭对其物质和时间上的人力资本投资回报要高于城镇儿童，在自身特征限制的前提下，流动儿童的父母增加对子女的人力资本投资有助于缩小其子女与城镇儿童认知和非认知发展的差距。

表 7.6　　子女认知能力和非认知能力的差异分解：流动儿童与城镇儿童

项目	变量	(1)	(2)	(3)	(4)	(5)	(6)
		认知能力			非认知能力		
		0.25 分位点	0.5 分位点	0.75 分位点	0.25 分位点	0.5 分位点	0.75 分位点
差异	总差异（城镇—流动）	0.318 *** (0.036)	0.308 *** (0.035)	0.280 *** (0.039)	0.117 *** (0.014)	0.322 *** (0.032)	0.696 *** (0.027)
	禀赋差异	0.434 *** (0.033)	0.358 *** (0.029)	0.294 *** (0.031)	0.118 *** (0.013)	0.306 *** (0.034)	0.119 *** (0.014)
	回报差异	− 0.116 ** (0.047)	− 0.050 (0.044)	− 0.014 (0.048)	− 0.001 (0.018)	0.016 (0.045)	0.577 *** (0.030)

续表

项目	变量	(1)	(2)	(3)	(4)	(5)	(6)
		认知能力			非认知能力		
		0.25分位点	0.5分位点	0.75分位点	0.25分位点	0.5分位点	0.75分位点
可以被解释的部分	家庭教育背景	0.107*** (0.019)	0.084*** (0.017)	0.093*** (0.019)	0.025*** (0.008)	0.122*** (0.020)	0.057*** (0.008)
	个人特征	0.136*** (0.022)	0.099*** (0.019)	0.080*** (0.021)	0.029*** (0.009)	0.074*** (0.023)	0.023** (0.010)
	家庭财富地位	0.012** (0.005)	0.014*** (0.005)	0.008 (0.005)	0.007*** (0.002)	0.017*** (0.006)	0.007*** (0.002)
	成长环境	0.174*** (0.028)	0.155*** (0.025)	0.121*** (0.027)	0.034*** (0.011)	0.066** (0.029)	0.021* (0.012)
	家庭对子女的人力资本投资	0.005 (0.012)	0.007 (0.011)	−0.009 (0.012)	0.023*** (0.005)	0.026* (0.014)	0.011* (0.006)
不能被解释的部分	家庭教育背景	0.184 (0.141)	−0.109 (0.143)	−0.196 (0.157)	−0.053 (0.054)	−0.011 (0.123)	−0.217* (0.112)
	个人特征	0.678 (0.717)	0.602 (0.702)	0.807 (0.773)	0.311 (0.280)	1.167* (0.658)	0.112 (0.518)
	家庭财富地位	0.053 (0.187)	0.209 (0.185)	0.102 (0.203)	0.152** (0.073)	0.361** (0.170)	−0.042 (0.138)
	成长环境	1.401*** (0.457)	0.009 (0.451)	0.103 (0.496)	0.107 (0.178)	0.367 (0.415)	−0.605* (0.338)
	家庭对子女的人力资本投资	−0.220 (0.351)	−0.253 (0.349)	−0.192 (0.384)	−0.353*** (0.136)	−0.688** (0.314)	−0.604** (0.267)
	N	5653	5653	5653	5858	5858	5858

注：***表示在1%水平上显著，**表示在5%水平上显著，*表示在10%的水平上显著；括号中是标准误；这里家庭背景包括父母教育，个人特征包括性别、年龄、健康水平、是否为独生子女以及在兄弟姐妹中的排行，家庭投资包括家庭对子女的物质投资和时间投资，社会环境包括家庭居住环境、社区环境、学校规模、学校等级、学校排名和学校类型等。

7.5　本章小结

　　本章首先对具有高家庭教育背景和低家庭教育背景子女的认知能力和非认知能力发展差距进行分解，其次在统计性分析发现农村留守儿童、农村本地儿童、农村流动儿童以及城镇儿童之间的人力资本发展存在差异的基础上，分类别对不同群体的人力资本发展差异进行了分位数分解。本章的主要结论表明：第一，高教育背景家庭和低教育背景家庭的子女在其认知能力发展差异方面，来自个人特征、家庭财富、成长环境以及家庭对子女的人力资本投资等因素的禀赋差异效应几乎全部解释了总体的差异。另外，高教育背景家庭和低教育背景家庭的子女在其非认知能力发展差异，则部分被个人特征、家庭财富、成长环境以及家庭对子女的人力资本投资等因素的禀赋差异效应，部分被这些因素的回报差异效应所解释。第二，整体来看，农村儿童和城镇儿童之间存在较大的认知能力和非认知能力的差异，而这一差异几乎可以完全被禀赋差异所解释，其中，家庭教育背景的禀赋效应起到了主要作用，说明农村儿童和城市儿童在禀赋方面就存在着巨大的差异，从而导致了其人力资本发展的差异。第三，对比留守儿童和流动儿童发现，留守儿童的认知能力、非认知能力与流动儿童存在较大差异。留守儿童和流动儿童的回报差异解释了总体差异的绝大部分，而其中起主要作用的就是家庭人力资本投资和社会环境的回报差异。流动儿童学习生活在城市，也和父母在一起，因此他们的学习生活环境相对留守儿童来说要更好，而且能够获得父母的长期陪伴，因此他们的人力资本发展要好于留守儿童。第四，对比流动儿童和城镇儿童发现，尽管流动儿童的人力资本发展要好于留守儿童，但和本地城镇儿童相比仍存在差距，且总体差距几乎可以被禀赋差异所解释，由于流动儿童和本地儿童生活几乎生活在同一环境，因此社会环境的禀赋差异贡献度不显著，而主要的禀赋差异还是在于家庭背景和家庭投资的差异。

　　本章的研究结论表明，当前我国的儿童人力资本发展水平存在着不平等，从城与乡、留守与非留守、留守与流动、流动与城镇本地对比来看，家庭背景、家庭对子女的人力资本投资在子代人力资本不平等中扮演着重要角色。家庭背景、家庭人力资本水平的代际影响可能在子代发展早期就开始发挥作用，从而影响了子女未来劳动力市场的表现和长期发展。本章结论进一步补充了第 5 章和第 6 章的主要结论。同时，通过本章主要结论也可以由此推断，留守儿童的出现加剧了整体的子代人力资本发展不平衡，而子女随迁在一定程度上有利于这种不平等的缓解。因此，在农村地区采取适当的政策对留守儿童进行干预和补贴，在城市地区创造条件让更多的子女可以随父母流动都能够改善子代人力资本发展的不平衡，从而提高代际流动性。

第**8**章

子女早期人力资本发展
与共同富裕：政策的影响

8.1 共同富裕背景下的儿童早期人力
资本发展与代际流动性

党的二十大明确指出："中国式现代化是全体人民共同富裕的现代化。"而对共同富裕的追求首先就是要解决收入不平等问题，而收入不平等往往伴随着较低代际流动性，因此，在共同富裕背景下提高代际流动性也显得尤为重要。现有研究发现，收入不平等会导致不同家庭在儿童发展早期和关键期对儿童的人力资本投资出现较大差距，而这一投资差距会转化为儿童早期人力资本的差距，而这一差距最终会在劳动力市场上体现出来（Daruich et al.，2019）。在儿童发展早期的人力资本投资问题同时和收入不平等以及代际流动性相关，达鲁伊奇等（Daruich et al.，2019）通过对儿童投资的福利分析发现，对早期儿童发展的投资可以将不平等降低7%，同时将代际流动性提高34%。对儿童（特别是发展相对落后的儿童）早期人力资本发展的政策干预是在共同富裕目标背景下探索代际流动性决定机制的重要窗口。

准确对代际收入弹性进行测度较为困难，对数据和方法的要求较高，同时，现有文献研究发现代际教育流动性的测度结果和代际收入流动性具有高度相关性，教育是代际流动的关键渠道，是父辈对子代产生影响的重要一环（Holmlund et al.，2011；Heckman& Mosso，2014；Lundborg et al.，

2014；李荣彬，2020），也是缓解贫困的重要措施（杨中超，2016；宗晓华等，2018）。另外，不同层次教育机会的获得一直是经济学和教育学关系的重要问题，现有文献对此进行了研究，分别讨论了教育公平（陈琳，2015；赵红霞和高永超，2016）、转移支付与义务教育结果不平等（付卫东和周威，2021）、高等教育机会不平等（王伟宜和桂庆平，2020）、教育政策对代际教育流动的影响（彭骏和赵西亮，2021）、家庭背景的代际影响（张云运等，2015；李丽等，2015；程利娜，2016；崔盛和吴秋翔，2018；向蓉和雷万鹏，2021）等。针对不同群体代际教育流动性的研究是对教育机会不平等研究的一种补充。对代际流动性异质性的分析有助于我们更深入地理解代际流动性的决定。特别是在收入不平等程度较高的当下，对地区之间的代际流动性差异进行分析显得尤为必要。现有研究探讨了收入不平等对家庭人力资本投资、人力资本发展的影响（李佳丽和张民选，2020；Diprete，2020），也说明收入不平等会影响人力资本的代际传递从而影响代际流动性（Piketty，2000）。但少有文献从地区收入不平等的维度关注代际教育流动的区域差异，而研究收入不平等和代际流动性之间的关系对探索实现共同富裕目标具有重要意义（Durlauf et al.，2022）。

此外，在共同富裕目标背景下，提高代际流动性的政策探索也越发重要。根据本书前面几章的研究结论，儿童的人力资本发展在不平等和代际流动性的关系中扮演了重要的角色，因此国内外开始从儿童早期人力资本发展的视角探索低成本高收益的干预项目和政策可能。这一类探索的关注点主要在于收入不平等的背景下，低收入和贫穷家庭的儿童先天面临着机会不平等。部分儿童在人力资本发展的关键期由于家庭和环境原因从而在人力资本发展上落后，因此在成年以后的能力和劳动力市场回报也会落后同龄人。因此，对儿童发展的早期阶段进行政策干预便是一项可行性较高且潜在回报也较高的政策方案。本章在对我国收入不平等和代际流动性关系分析的基础上，进一步探讨了机会不平等对代际流动的影响。同时，本章也对国内外的早期儿童发展项目实践中总结可行的政策方案，从而为我国实现共同富裕目标的同时提高代际流动性提供政策参考。

8.2 经济不平等与代际流动性测度：盖茨比曲线

8.2.1 代际教育流动性测量方法

对代际教育流动性的测度最直接的方法是代际教育转换矩阵，即将父辈的教育水平按照一定的分类方式进行分类（例如可以分为小学以下、小学、初中、高中、大专及以上五类），然后分别分析不同教育水平的子女其所处教育水平的比例。通过代际教育转换矩阵可以较为直观地看出代际教育流动情况。本书第 3 章对教育转换矩阵进行了测度分析，代际教育矩阵尽管直观，但是其无法较为精确地度量教育的代际影响效应，同时也无法用于后续的进一步异质性分析。因此，更常见的测度代际流动性的方法是代际教育弹性的测度。本章和第 3 章的估计方法一样，设计如下具体估计代际教育弹性的方程：

$$y_{it+1} = \alpha_0 + \alpha_1 y_{it} + X \alpha_X + \varepsilon_{it+1} \tag{8.1}$$

其中，y_{it+1} 表示子辈的教育程度，y_{it} 表示父辈的教育程度，X 代表了一系列的控制变量，本章的控制变量主要包括子辈的年龄、户口、民族和父辈的年龄。式（8.1）中的 β 即为本章要估计的代际教育弹性，β 越大表明代际教育弹性系数越大，子辈受教育程度更多地受到父辈受教育程度的影响，代际教育流动性越低。

代际教育弹性可以较为方便地用来刻画和分析代际教育流动，但代际教育弹性无法解决不同时期教育程度所代表的价值不同的问题。参考柴提等（Chetty et al.，2014）的做法，本章在测度代际教育弹性的基础上，将父母教育程度和子女教育程度根据地区和出生队列转换为教育程度排序（rank），即从绝对的教育程度转换为个体在组群中的相对教育程度排名，进而根据其教育程度排序来估计代际教育流动性。具体估计方程如下：

$$Rank_{it+1} = \beta_0 + \beta_1 Ranky_{it} + X\beta_X + \epsilon_{it+1} \tag{8.2}$$

其中，$Rank_{it+1}$ 表示子辈教育程度在其组群（cohort-county）中的教育程度排序，$Ranky_{ij}$ 表示父辈教育程度在其组群（cohort-county）中的教育程度排序，β_1 度量的就是基于教育程度排序的代际教育流动性。

8.2.2　数据与基础统计分析

1. 数据来源

本章用于测度代际流动性的数据来自于中国家庭追踪调查（CFPS）。CFPS 由北京大学和中国社会科学调查中心（ISSS）实施的一项全国性、大规模、多学科的社会跟踪调查项目。CFPS 样本覆盖 25 个省（区、市），目标样本规模为 16 000 户，调查对象包含样本家户中的全部家庭成员。CFPS 数据调查了个体的教育、职业、收入以及家庭各成员的重要信息。CFPS 全国基线调查从 2010 年开始，每两年追访调查一次，截至本书写作前，最新的一次数据是 2018 年。由于本章重点分析教育流动性，和收入不同，教育程度在完成教育阶段以后就基本不再发生变化，因此本章主要采用了 2010 年 CFPS 基线调查数据。考虑 2010 年调查时样本中年龄较小的个体还处于上学阶段，无法确定最终教育程度，因此在基线调查的基础上，本章将 2018 年的追访数据和 2010 年的基线数据进行匹配，识别出 2010 年尚未毕业而 2018 年已经毕业的个体。匹配合并以后，本章最终的子代分析样本为 25 534 个，但由于 CFPS 并没有调查已经去世的父母的信息，因此父母信息存在缺失，最终获得父亲样本 147 000 个，母亲样本 17 390 个。

2. 主要变量

本章的主要变量为子辈和父母的教育程度，CFPS 数据分别提供了子女的最高受教育年限以及最高学历完成情况，本章在代际教育转换矩阵计算时采用最高学历完成情况，在计算代际教育弹性时采用最高受教育年限。而 CFPS 数据并未提供父母最高受教育年限，在计算代际教育弹性时本章将父母最高学历情况转换为受教育年限。从表 8.1 的描述性统计分析看，子女平均教育年限为 8.3 年，大致处于义务教育初中毕业。而父母的平均受教育年限相对要低很多，父亲平均教育年限为 6.1 年，母亲平均教育年限为 3.8 年。参考范等（Fan et al.，2021），本章也对个体的基本特征进行了控制，主要包括个体性别、年龄（出生组群）、调查时居住地、出生时户口以及兄弟姐妹数量等。

表 8.1 描述性统计分析

变量	变量解释	均值	标准差	最小值	最大值
性别	性别（男性为 1，女性为 0）	0.479	0.500	0	1
年龄	年龄	46.28	11.83	25	65
个体教育	子女教育（接受教育年限）	8.282	4.552	0	22
地区	现在生活地（1 为城市，0 为乡村）	0.466	0.499	0	1
户口	出生时户口（1 为城市，0 为农村）	0.163	0.370	0	1
父亲教育	父亲受教育年限	6.105	4.577	0	22
母亲教育	母亲受教育年限	3.784	4.400	0	22
兄弟姐妹数量	兄弟姐妹的个数	2.644	1.872	0	7

资料来源：CFPS 2010 年 ~ CFPS 2018 年。

8.2.3 整体收入不平等与代际教育流动

收入不平等与代际流动性的关系最早被克鲁格[①]刻画为盖茨比曲线，一条向上倾斜的基尼系数和代际收入弹性的关系图被描述为盖茨比曲线，收入差距越大，代际流动性越低。现有研究研究表明（Ermisch et al.，2013），收入不平等的所有后果中，最值得担心的是收入不平等对代际流动性的影响，收入不平等将会影响机会的不平等（Restuccia et al.，2004；Magnuson & Duncan，2016）。盖茨比曲线的概念被提出后，收入不平等与代际流动性之间的关系一直是学术界关注的重要问题，很多研究都利用国家之间和地区之间的数据对此进行过了研究（Chetty et al.，2014；Fan et al.，2021）。本章尝试对收入不平等与代际教育流动直接的关系进行刻画。图 8.1（a）和图 8.1（b）分别呈现了市级和省级层面的基尼系数与代际教育弹性之间的关系。散点图和拟合线均表明：以基尼系数反映的地区收入不平等程度越高，该地区的代际教育弹性越高，即代际教育流动性越低。

---

① Alan Krueger's speech at the Center for American Progress on January 12，2012.

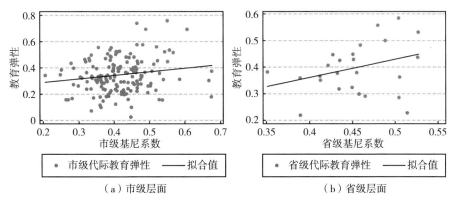

图8.1　收入不平等与代际教育弹性

在盖茨比曲线刻画的基础上，我们进一步分析收入不平等与代际流动性之间的关系。在控制主要特征变量的基础上，我们将反映收入不平等的指标基尼系数对反映代际流动性的指标代际教育弹性进行回归。由于多数情况下收入和财富并不对等，因此在对基尼系数的计算方面，本章同时考虑了基于收入的基尼系数和基于财富的基尼系数。主要的控制变量包括地区人均GDP、地区劳动年龄人口占比、地区平均教育水平、地区城市化率以及地区就业率。表8.2的回归结果表明，不论是在省级层面还是在城市层面，不论是以收入不平等来度量还是以财富不平等来度量，不平等程度高的地区其代际弹性较高，代际流动性低。不平等往往伴随着低的代际流动性，这一结论表明，横向维度的收入不平等与纵向的代际阶层固化高度相关，进一步验证了盖茨比曲线在中国的存在性。

表8.2　　　　　　　　　　收入不平等与代际教育流动

项目	(1) 市级代际教育弹性	(2) 市级代际教育弹性	(3) 省级代际教育弹性	(4) 省级代际教育弹性
市级收入基尼系数	0.2158 *** (0.0129)			
市级财富基尼系数		0.2049 *** (0.0209)		
省级收入基尼系数			0.5666 *** (0.0151)	
省级财富基尼系数				0.1358 *** (0.0255)

项目	（1）	（2）	（3）	（4）
	市级代际 教育弹性	市级代际 教育弹性	省级代际 教育弹性	省级代际 教育弹性
人均 GDP	0.0271 *** （0.0015）	0.0256 *** （0.0016）	− 0.0122 *** （0.0010）	− 0.0106 *** （0.0011）
劳动年龄人口占比	0.0004 * （0.0002）	0.0006 ** （0.0003）	0.0011 *** （0.0001）	0.0004 ** （0.0002）
平均教育水平	− 0.0663 *** （0.0014）	− 0.0697 *** （0.0015）	− 0.0285 *** （0.0008）	− 0.0315 *** （0.0008）
城市化率	0.0010 *** （0.0001）	0.0010 *** （0.0001）	0.0010 *** （0.0000）	0.0011 *** （0.0000）
就业率	− 0.0561 *** （0.0136）	− 0.0960 *** （0.0138）	0.0110 （0.0078）	0.0401 *** （0.0084）
N	14 699	14 699	14 699	14 699
R^2	0.227	0.214	0.270	0.201

注：*** 表示在1% 的水平上显著，** 表示在5% 的水平上显著，* 表示在10% 的水平上显著；括号里为稳健标准误。

8.2.4　收入的机会不平等与代际教育流动

上述分析讨论的是收入的结果不平等与代际教育流动之间的关系，现有文献对收入不平等的研究已较为深入，部分研究将收入的结果不平等分解为机会（环境）不平等和努力（回报）不平等两个方面，从而探讨不平等发生的渠道，而代际教育流动刻画的实际上就是机会不平等（江求川等，2014；李莹和吕光明，2019）。因此，本章进一步探讨收入的机会不平等和回报不平等两个子维度的不平等程度对代际教育流动的影响。在本章表 8.2 的分析中，我们采用基尼系数来衡量了收入不平等程度，但是，使用基尼系数或泰尔指数作为衡量收入不平的指标时，其反事实收入分布与分解环境因素和回报因素的次序有关，可能导致机会不平等程度的测度结果存在路径依赖。因此，在分解收入不平等时，本章采用平均对数偏差（MLD）指数来重新度量地区收入不平等情况，并在此基础上将 MLD 不平等指数分解为机会不平等和努力不平等。MLD 指数不仅规避了分解次序问题，而且还可以将不平等分解为组间不平等和组内不平等，从而有效识别机会不平等和努力不平等。综合参考江求川等（2014）、李莹和吕光明（2019）的研究并结合数据的获得情况，本章将性别、户口类型、父母的教育、职业以及是否党员身份作为个体的环境变量。本章参考现有文献（Bourguignon et al.，2007；Ferreira & Gignoux，2011）提出的基于事前参数法的反事实收入构建形式来分解收入不平等，依据 CFPS 2010 年的数据将收入的结果不平等在省级层面分解为机会不平等和努力不平等，具体分解结果的描述性统计见表 8.3。表 8.3 的结果表明，采用 MLD 指数测算的收入不平等均值为 0.54，最小值和最大值分别为 0.439 和 0.63，与基尼系数测算的结果较为一致。进一步的分解结果显示，机会不平等均值为0.148，回报不平等的均值为 0.392，说明我国机会不平等占比为 27.4%，该结果稍高于陈晓东和黄晓凤（2021）对我国城镇机会不平等的测算，与李实和沈扬扬（2022）对我国农村地区的测算结果相近。平均来看，机会不平等占总结果不平等的将近 1/3，这一结果和美国、拉丁美洲国家的机会不平等水平占比相当（Pistolesi，2009；Ferreira & Gignoux，2011）。

表 8.3　　　　　　　　　　　　收入不平等的分解结果

不平等指标	均值	标准差	最小值	最大值
收入不平等（MLD）	0.540	0.044	0.439	0.630
机会不平等	0.148	0.051	0.053	0.294
努力不平等	0.392	0.043	0.322	0.520

在将收入的结果不平等分解为机会不平等和努力不平等的基础上，本章进一步分析各维度的不平等对代际教育流动的影响。表 8.4 的列（1）～列（3）报告了省级层面的不平等指数对城市层面代际教育弹性的影响，列（4）～列（6）报告了省级层面的不平等指数对省级层面代际教育弹性的影响。研究结果表明，以 MLD 指数为度量指标的整体收入结果不平等对代际教育弹性的影响都是正向显著的，这一结果与表 8.2 利用基尼系数分析得到的结果一致。同时，机会不平等和努力不平等均对代际教育弹性有显著的正向影响，但这种影响存在异质性：机会不平等对代际教育弹性的影响要比努力不平等对代际弹性的影响更大。这一结论说明，收入不平等

中的机会不平等的部分在更大的程度上影响了代际流动性，一定程度上也证实了机会不平等这一分解指标确实反映了个体在禀赋条件上不平等对其收入结果不平等的影响。

表8.4　　　　　　　　　　收入的机会不平等与代际教育流动

项目	（1）	（2）	（3）	（4）	（5）	（6）
	城市层面代际教育弹性			省份层面代际教育弹性		
收入不平等（MLD）	0.3375 *** (0.0241)		0.8936 *** (0.0141)			
机会不平等		0.2220 *** (0.0249)			0.4361 *** (0.0138)	
努力不平等			0.0372 * (0.0213)			0.1400 *** (0.0138)
控制变量	是	是	是	是	是	是
N	14 699	14 699	14 699	14 699	14 699	14 699
R^2	0.218	0.214	0.209	0.362	0.263	0.205

注：*** 表示在1%的水平上显著，* 表示在10%的水平上显著；括号里为稳健标准误；表8中的控制变量均已控制。

尽管人们一直以来都有"不患寡而患不均"的想法，但是，从经济社会动态发展的角度而言，相对于代内的收入不平等，代际的社会阶层固化可能更令人难以接受。代际流动性弱导致收入不平等在代际固化；同时，收入不平等也进一步弱化了代际流动性。在收入不平等较为严重和代际流动性较低的当下，收入不平等与代际流动性的重要关系主要体现在如下两方面：首先，代际流动性较低会直接导致收入不平等在代际的传递，形成阶层固化。经济社会的发展必然会导致经济收入不平等，而且一定的经济不平等是可以促进经济社会良性发展的。但是收入不平等和代际流动性低同时发生，那么代内收入不平等问题会通过代际影响传递给下一代，从而导致阶层代际的固化。其次，收入不平等通过家庭决策和劳动力市场结构导致代际流动性降低。代际流动性低会导致收入不平等在代际进行传递从而导致阶层固化，而更重要的是收入不平等和代际流动性问题并不是独立存在的。本章的研究结论证实了收入不平等和代际流动性之间的高度相关性，为理解收入不平等和代际流动性之间的关系提供了证据。但是，深入理解收入不平等背景下代际流动性问题及其背后的影响机制还需要更进一步的研究证据，对于收入不平等与代际流动性背后的机制探讨是未来研究的重要议题。

8.3 早期儿童发展干预项目对代际流动性影响：国外经验

8.3.1 儿童早期发展项目与代际流动

上述分析表明，收入不平等和早期的机会不平等是影响代际流动性的重要因素，而代际流动性低也会反过来造成收入不平等在代际的传递，形成阶层固化。而这一影响可能在儿童发展的早期就已经形成。有研究就发现，生活在低收入区的儿童，由于就读学校无法从公共财政获得更多支持，因此早期人力资本发展阶段受到的教育要弱于生活在高收入区的儿童，这样代际流动性会降低，同时早期人力资本积累的不平等会进一步导致成年后的收入不平等（Zheng & Graham，2022）。缓解收入不平等和提高代际流动性一直是各国在追求经济增长的同时需要兼顾的目标。部分国家在通过收入分配政策尝试去缓解收入不平等，也开始探索从公共政策的角度寻找提高代际流动性的可行方案。但实际上，从收入不平等和代际流动性的内在关系来看，从早期机会不平等的视角出发，可能探索出一条兼顾缓解收入不平等和提高代际流动性的低投入高回报的政策方案。达鲁伊奇等（Daruich et al.，2019）通过理论分析和数值模拟发现，收入不平等和代际流动性与宏观经济政策相关，并且可以通过直接针对儿童的政府政策加以改善，且政策产生的长期福利收益是引入相同的儿童早期计划投入的两倍。尽管这些收益可能需要很长的时间来积累，但这项政府投入带来的社会福利效应也是长远的。根据新型人力资本发展理论，儿童早期的人力资本发展一方面受到家庭的影响最为严重，另一方面也直接影响到成年后在劳动力市场的表现。因此，尝试在儿童早期发展阶段进行政策干预是缓解收入不平等在代际固化的更有效方案。而这些方案的有效性和成本收益问题都需要进行试点和长期的跟踪评估。部分国家和地区通过在儿童发展的早期阶段进行人力资本投资方面的干预，从而跟踪评估这些早期干预项目的效果，这些儿童早期发展项目的实施为我们研究如何从代际流动性的早期决定机制探索提高代际流动性解决方案提供了很好的参考。

8.3.2 代表性项目与效果评估

儿童早期发展项目的实施预评估所主要采取的方法是随机干预实验（randomized controlled trials，RCTS），随机干预实验通过将研究对象分为控制组和处理组，然后根据基线调查、随机干预、跟踪调查等步骤获得研究数据，通过对随机干预数据的分析可以识别干预政策和项目对儿童发展的因果影响效应，同时，还能进一步进行政策效果的成本收益分析。比较有代表性的儿童早期发展项目有美国优先起步影响研究（The Head Start Impact Study）、J-PAL 实验室在印度实行的 Balsakhi 项目和 CAL（Computer-Assisted Learning）项目、美国 ABC/CARE 项目（The Carolina Abecedarian Project and the Carolina Approach to Responsive Education）、美国佩里学前项目（The Petty Preschool Project）、牙买加早期儿童干预研究（The Jamaica Early Childhood Stimulation Intervention Study）。此类项目均是通过随机干预实验的形式，探索对儿童发展的早期进行干预会对其人力资本发展以及长期劳动力市场表现的影响。干预形式主要有：对收入较低家庭提供面向家长和直接面向儿童的培训和辅导、提供计算机辅助学习的硬件支持和指导以及不同类型的激励计划等，然后通过不同干预项目的实施，对研究对象进行长期跟踪调研后去评估政策的效果和成本收益分析。主要项目的效果评估见表 8.5。

从表 8.5 可以看出，国外的儿童早期发展项目开始得较早，所以现在有很长的跟踪数据可以进行长期影响效应分析。其中开始较早具有较大影响的是美国在 20 世纪 60 年代进行的开端计划（Head Start Project），该项目针对贫穷家庭和处于环境不利儿童进行教育补偿，以追求教育公平，主要由美国联邦政府和州政府投入资金，由受过培训的教师对家庭条件不好的儿童提供免费的学前教育。这一项目受众较广，是美国具有代表性的儿童早期发展项目。在项目实施以后，不断有学者对该项目的效果进行评估。

表 8.5　国外主要儿童早期发展项目的实施效果评估

序号	项目名称	开始时间	地点	干预方式	干预效果	研究来源
1	Balsakhi Program	1994年	印度	为落后的学生（四年级和五年级）提供每天两小时的个性化教育和辅导	受干预学生第一年的平均考试成绩提高了0.14个标准差，第二年提高了0.28个标准差，越差的学生提高的越多	巴纳吉等（Banerjee et al., 2007）
2	Computer-Assisted Learning Program	2000年	印度	为四年级学生提供每周两小时的安装有数学游戏学习软件的电脑使用	受干预学生第一年的数学成绩提高了0.35个标准差，第二年提高了0.47个标准差，这一影响对所有学生均存在	巴纳吉等（Banerjee et al., 2007）
3	The Jamaica Early Childhood Stimulation Intervention Study	1987年	牙买加	处理组1：为发育迟缓的儿童提供心理干预（每周定期家访辅导）处理组2：为发育迟缓的儿童提供营养干预（为儿童提供额外蛋白质的补充）处理组3：为发育迟缓的儿童同时提供社会心理干预和营养干预	在21岁（干预实施20年后）时，处理组比控制组增高25%；在31岁时（干预实施30年后），处理组比控制组的工资高43%，总收入高37%，干预项目对女性的影响比对男性的影响更大，处理组的认知能力和心理健康状况比控制组更好	盖特勒等（Gertler et al., 2014）；瓦兹尔等（Walker et al., 2021）；盖特勒等（Gertler et al., 2021）
4	The Head Start	1965年	美国	为贫穷儿童提供健康、应用、养育等多方面的综合服务干预	该计划降低了儿童在5~9岁的死亡率，提高了儿童教育程度；提高了受干预成年后儿童的劳动力市场表现，将家庭收入位于最低分位点和家庭收入位于中位数的家庭收入差距缩小了1/3。	路德维希和米勒（Ludwig & Miller, 2007）；戴明（Deming, 2009）
5	TheABC/CARE Project	1972年	美国	对处理组儿童的父母每两周一次的培训	该计划达到了13.7%的内部收益率和7.3的收益成本比率	加西亚等（García et al., 2020）
6	The Perry Pre-school Project	1962年	美国	处理组儿童从3岁开始接受每天2.5小时的学前教育（内容包含儿童成长发展的关键技能以及儿童和教师的互动）；同时家长接受每周一次的教师家访培训	该计划显著改善了处理组的成长环境，降低了处理组成年后的犯罪率，提高了处理组成年后的健康水平和收入水平；同时，处理组的子女高中辍学、失业和离婚的概率均显著降低	赫克曼和卡纳庄拉（Heckman & Karapakula, 2019）；加西亚亚等（García et al., 2021）

评估发现该计划降低了儿童在 5～9 岁的死亡率、提高了儿童教育程度；提高了受干预儿童成年后的劳动力市场表现，将家庭收入位于最低分位点和家庭收入位于中位数的收入差距缩小了 1/3（Ludwig & Miller，2007；Deming，2009）。但开端计划所涉及的干预项目较多，不利于针对性评估某一政策的效果以及所投入资金的成本收益分析（Walters，2015）。除了开端计划，美国实行的佩里学前计划和 ABC/CARE 计划（The Carolina Abecedarian Project and the Carolina Approach to Responsive Education）则重点关注与对父母的培训干预和对儿童早期发展的直接干预，这些项目的评估均发现早期儿童发展干预对处于低社会经济地位家庭儿童的短期和长期人力资本发展有显著的正向影响，而且这些项目均能以较小的成本获得较高的收益（García et al.，2020）。此外，美国学者还利用类似的随机干预实验对其他发展中国家进行了干预研究。20 世纪 80 年代开始的牙买加儿童早期激励干预项目分别通过对儿童进行社会心理发展干预和营养干预，对该项目的评估也发现项目进行 20 年甚至 30 年以后，项目实施的效果仍然存在，而且还会随着时间推移效果进一步增强。到当初受干预的儿童已经 31 岁时，处理组比控制组的工资高 43%，总收入高 37%，且处理组的认知能力和心理健康状况比控制组更好。这一项目表明，对儿童的早期干预效果可以持续到儿童毕业，进入劳动力市场。因此，对低收入和贫困家庭的儿童来说，早期发展的干预确实可以显著改善其劳动力市场表现，从而一定程度弥补原生家庭的差距，这样一方面可以缩小下一代的收入不平等，同时也能提高代际流动性。随后由 2019 年诺贝尔经济学奖得主阿比吉特·班纳吉（Abhijit Banerjee）等组织的 J-PAL 实验室在印度开展的多项实验项目也对儿童早期发展计划提出了支持（Banerjee et al.，2005）。

根据 2001 年诺贝尔经济学奖获得者詹姆斯·赫克曼（James Heckman）的系列研究，儿童早期人力资本发展是影响代际流动的关键环节。第一，除了教育以外，个人的能力（认知能力和非认知能力）在个人发展中至关重要；第二，儿童早期（特别是婴幼儿时期）健康、认知能力和非认知能力等的发展对其后续发展起着决定性作用；第三，对儿童早期的人力资本发展进行干预，特别是对低经济社会背景儿童进行早期干预是低成本高回报的（赫克曼和罗斯高，2019）。因此，儿童早期发展相关的公共政策一方面可以显著改善处于弱势地位的儿童的当下发展，更重要的是，这种正向影响会持续存在，因而会同时改善不平等问题和代际阶层固化问题。

8.4 / 共同富裕背景下政策对代际流动性影响：国内探索

8.4.1　共同富裕与中国的儿童早期发展项目

在实现共同富裕的目标和发展背景下，从政策层面优化收入分配，从而改善收入不平等是我国在追求经济持续增长的同时需要重点关注的。我国仍然存在较多发展相对落后地区，在 2020 年底如期打赢脱贫攻坚战"两不愁三保障"问题已基本解决，我国已步入决胜全面小康的阶段。生存问题解决以后，随之而来的就是发展问题，而儿童（特别是落后地区儿童）的发展对实现共同富裕和代际流动性的提高又至关重要。本书第 7 章对儿童早期人力资本的差距进行了分解分析，发现农村儿童、流动和留守儿童的认知和非认知能力比城镇儿童都要差，如果在人力资本发展的早期和关键时期就已经落后，那么进入劳动力市场后的收入和福利差距也进一步拉大。习近平总书记指出，"让贫困地区的孩子们接受良好教育，是扶贫开发的重要任务，也是阻断贫困代际传递的重要途径"①，国家卫健委在《健康儿童行动计划（2018—2020 年）》中明确提出，要开展儿童早期发展行动和儿童营养改善行动，促进儿童生长发育和儿童体格、心理、认知等方面的发展。而 2018 年 12 月的中央经济工作会议也明确将"增加对学前教育、农村贫困地区儿童早期发展、职业教育等的投入"确定为 2019 年度的重点工作任务。防止贫困的代际传递，并在有效满足儿童生活保障、教育、医疗健康、权利保护等方面的需求基础上，实现儿童在安全、环境等方面更高质量的发展，已经成为我国未来建设普惠型儿童福利政策体系的关键和新时代的福利发展目标。从国际经验看，以家庭为核心的福利支持成为保护儿童特别是处于经济逆境中儿童的重要制度设计（郑林

---

① 资料来源：2015 年 10 月 16 日，习近平在 2015 年减贫与发展高层论坛的主旨演讲。

如，2022）。国外的多项早期儿童发展项目评估结果也支持了这一观点。在国家愈发重视儿童早期发展的大背景下，学界也持续在探索更具效率、更具成本收益的儿童早期发展干预方案。

8.4.2　代表性探索研究及其效果评估

和国际项目开展相比，国内关于儿童早期发展性项目的开展较晚。同时，国外的干预项目关注的群体均是低收入家庭或发展较为迟缓的儿童。而在我国，农村贫困地区的儿童往往在身体健康、认知和非认知能力发展等方面要落后于城镇儿童。所以，我国的儿童早期发展项目大多关注农村地区的儿童或农村学校。较早期的随机干预实验项目来自国内研究团队和国外学者合作的在我国农村地区开展的针对农村寄宿学校生活老师培训的项目（Yue et al.，2014），该项目主要关注农村地区的师资问题，特别是日常缺少监护人直接陪伴的寄宿学校。干预结果评估发现，对寄宿学校生活老师的培训显著改善了寄宿学校学生的不良行为。随后，不同的研究团队分别针对儿童的健康状况进行了干预研究，主要针对农村儿童营养不良和近视问题进行了随机干预实验，评估结果均发现，对处理组儿童营养补充干预和预防和应对近视干预方案都产生了显著的改善效果（Luo et al.，2012；Ma et al.，2014）。健康和能力都是直接影响教育表现和教育获得的重要因素，因此在健康之外，更多的早期发展干预项目关注儿童的认知能力和非认知能力发展。

表 8.6 整理了几项有代表性的针对儿童能力发展的早期干预计划及其评估结果。这些儿童早期发展项目都在 2010～2020 年进行，都在农村贫困地区或学校施行，而且干预的方案和措施与前面介绍的佩里学前项目（The Perry Preschool Project）以及牙买加儿童早期发展干预激励计划（The Jamaica Early Childhood Stimulation Intervention Study）相似，主要采取的是对儿童进行直接干预和对家长进行培训从而进行间接干预。其中对家长的定期家访主要是通过对家长进行培训从而提高家长和儿童的互动效率和质量；对儿童的干预主要是对儿童展开社会心理发展方面的培训，也包括借助计算机等工具进行辅助培训。2015 年在甘肃农村地区实行的慧育中国项目通过对儿童的父母进行培训从而实现儿童早期发展干预。评估发现该

表8.6 我国主要儿童早期发展项目的实施效果评估

序号	项目名称	开始时间	地点	干预方式	干预效果	研究来源
1	慧育中国	2015年	甘肃省农村地区	通过每周家访的形式对儿童父母进行辅导和培训，鼓励儿童监护人和儿童进行有效互动	该项目显著提高了处理组儿童的综合能力（语言、认知能力等）	赫克曼等（Heckman et al.,2020）
2	课外阅读干预	2017年	江西省农村小学	为干预组班级提供课外读物（为期一年）	仅提供课外读物对农村贫困地区小学生的平均阅读成绩没有显著正向作用，但是该项干预藏书较多、老师能推荐课外书以及学校家庭有图书馆不借不看的阅读外借书干预组学生的教育回报提高12.67%~24.16%	史耀疆等（2022）
3	计算机辅助学习干预	2010年	北京市农村流动人口子女学校	在教师指导下为三年级学生提供安装有数学游戏软件的电脑，进行课外学习（每周2节）	项目处理组学生数学成绩提高了0.15个标准差，而且这个效果在两个月内就产生了，同时，父母受教育程度较低的学生获益更大，该项目也提高了学生的学习兴趣	来等（Lai et al.,2015）
4	信息干预	2010年	河北省和陕西省国家级贫困县的中学	接受过培训的学校教师为处理组学生提供有关教育回报的信息和职业规划方面的咨询服务	生活在贫困农村地区的初中学生普遍缺乏关于教育回报和职业规划方面的信息和技能，但是项干预对学生的学业表现没有显著影响，而职业规划咨询干预提高了学生的毕业率，原因在于贫穷家庭受到的财务约束	劳尔卡（Loyalka,2013）
5	家访干预	2015年	云南省和河北省的农村地区	对处理组家庭提供定期的家访服务，家访对父母或儿童监护人提供养育、儿童社会心理和健康发展等方面的培训和指导	处理组儿童的认知能力提高了0.24个标准差，同时患焦虑和患疾病的概率降低了8.1%，对父母的培训和辅导显著提高了儿童的认知能力和健康水平	洛等（Luo et al.,2019）

计划大大改善了儿童的语言和认知、精细运动和社会情感技能的发展，而且这种影响在最弱势的村和社区尤其突出（Heckman et al.，2020）。同期在云南省和河北省农村地区进行的家庭干预项目也和慧育中国的项目类似，通过对儿童的父母进行定期家访培训，评估发现处理组儿童的认知能力提高了 0.24 个标准差，患焦虑疾病的概率降低了 8.1%，项目通过对父母的培训和辅导显著提高了儿童的认知能力和健康水平。除了对父母进行家访培训干预外，部分儿童早期发展项目还分别从课外阅读干预、信息干预和计算机辅助干预等方式探索对儿童早期发展的干预方案。其中，课外阅读干预项目评估发现，仅提供课外读物对农村贫困地区小学生的平均阅读成绩没有显著正向作用，但是该项干预显著提高了家庭课外藏书较多、老师能推荐课外书以及学校有图书馆但不借书学生的阅读成绩，干预的实行使这些学生的教育回报提高 12.67% ~ 24.16%（史耀疆等，2022）。计算机辅助学习干预项目评估发现，处理组学生数学成绩提高了 0.15 个标准差，而且这个效果在两个月内就产生了，同时，父母受教育程度较低的学生获益更大，该项目也提高了学生的学习兴趣（Lai et al.，2015）。信息干预项目评估发现，生活在贫困农村地区的初中学生普遍缺乏关于教育回报和职业规划方面的信息和技能，但是信息干预对学生的学业表现没有显著影响，而职业规划咨询干预提高了学生的辍学率和学业表现，原因可能在于贫穷家庭受到的财务约束和当时我国低技能劳动力市场的相对高回报（Loyalka，2013）。上述各类项目的探索结果评估都表明，对儿童的早期干预可以显著提高儿童的健康水平、认知和非认知能力发展等，而儿童的早期人力资本发展在后续教育获得、劳动力市场回报方面都具有显著的预测效果，国外儿童早期项目的长期效果评估也证实了这一点。

由于我国儿童早期发展项目开展得较晚，因此目前还没有长期跟踪数据，因此无法评估此类项目的长期效果，这是未来需要持续努力的方向。此外，如果从政策层面探索儿童早期发展项目则需要重点关注其成本收益问题，因为成本收益问题考虑是评估政策的重要环节。现有关于收入不平等和代际流动性的政策主要是事后政策，而从儿童早期人力资本发展的角度尝试解决不平等和代际流动问题则是事前政策，那么事前干预是否比事后挽救更具有经济性？王蕾等（2019）利用公开和数据和相关儿童早期发展项目数据，采用世界银行研发的儿童早期发展（early childhood development，ECD）效益成本测算工具测算了我国在农村地区开展儿童早期发展项目的效益成本比。研究发现，政府投资 ECD 项目的回报率非常高，其效益成本比为 4.2～9.3，也就是项目回报是项目投入的好几倍。如果换算为投资回报率的话，大致为 7%～15%。这一回报率高于政府与世界上其他国家（地区）实施的 ECD 项目的投资回报率，也高于政府其他一般投资项目的投资回报率。因此，仅从效益成本的角度考虑，政府也应该大力开展 ECD 项目，尤其侧重提高农村地区人力资本质量，为中国未来社会经济可持续发展提供良好的人力资本储备。

对发展相对落后的儿童进行干预实际上在一定程度上改善了其机会不平等，弱化了家庭背景对其长远发展的影响，同时为其成年后进入劳动力市场缩小与其他人的收入差距方面提供了更多可能性。由此可见，儿童早期发展项目是同时解决收入不平等和代际阶层固化的重要政策方向。达鲁伊奇（Daruich et al.，2019）通过一个宏观经济模型研究也发现，政府在早期对儿童发展进行干预的政策可以将收入不平等降低 20%，将代际流动性提高 60%，同时还会产生三倍的福利水平增加，政府只需要在短期进行适当的干预就可以获得长期对每一代人的福利改善。持续经济高速增长使得我国人民生活质量持续提高，但我国目前也存在一定程度的收入不平等和代际流动性低的问题。进入新时代后，在追求共同富裕目标的发展背景下，从儿童早期发展的角度探求代际流动的决定是从长期缓解收入不平等，同时提高代际流动性的有益尝试。我国儿童早期发展项目的开展还处于初期阶段，未来还需要探索和设计实施更多、更具针对性和更长期的早期干预项目，一方面从理论上探索代际流动性的早期决定机制，另一方面为宏观政策的施行提供参考和支持。

8.5 本章小结

本章是对本书前面理论和实证分析的一个重要拓展分析，将共同富裕目标一同纳入分析框架，从政策的角度探讨了儿童早期人力资本发展在收入不平等和代际流动性间的作用。本章首先对中国的盖茨比曲线进行了刻画，分析了收入不平等以及机会不平等和代际流动性之间的关系。进一步地，本章对国内外的儿童早期发展项目及其评估进行了梳理和分析，并从中提炼可行的政策方案。本章的主要结论有三个。

第一，不论是在省级层面还是在城市层面，不论是以收入不平等来度量还是以财富不平等来度量，不平等程度高的地区其代际教育弹性较高，代际流动性低。说明不平等往往伴随着低的代际流动性，盖茨比曲线在中国也成立。这一结论表明，横向维度的收入不平等与纵向的代际阶层固化高度相关。

第二，本章进一步将收入不平等分解为努力不平等和机会不平等，然后分析不同的不平等维度对代际流动性的影响。研究结果发现相对于努力不平等，机会不平等对代际教育流动性的影响更大。这一结论在一定程度上也可以作为代际流动性的决定因素之一，正是由于子代在早期发展中面对着机会不平等，因此其后期发展受到家庭的影响更大，代际流动性更低。

第三，本章对国内外的儿童早期发展项目及其评估结果进行了梳理。梳理结果发现整体来看，对儿童的早期人力资本发展干预对儿童的短期和长期的人力资本发展都有显著的促进作用，而这种正向影响会持续到成年后在劳动力市场的表现。儿童早期项目是一项低成本高收益的缓解收入不平等和提高代际流动性的政策方向。

本章的研究发现收入不平等问题并不是一个孤立的社会问题，而收入不平等往往意味着较低的代际流动性低，代际流动性较低也意味着长期存在的收入和阶层不平等情况也会在代际进行传递，从而形成不平等的代际固化，这样有损于社会公平的同时，也会在一定程度上妨碍社会的进步和发展。因此，国家、社会和家庭有必要为改善代际流动性做出努力，需要政府和家庭层面携手改善代际流动性，这也表明当前的共同富裕目标的实现具有长远的经济社会意义，实现共同富裕并不仅仅改善了一代人的收入不平等问题，还会进一步改善收入不平等在代际的固化，从而有利于经济的长期稳定和长远发展。

第9章

研究结论与展望

9.1 主要研究结论

本书结合经典的代际流动性理论和近期发展的以能力形成的技术为核心的人力资本发展理论分析框架，在对我国的代际流动性进行测度的基础上，从家庭背景影响子代早期人力资本发展的视角探究了我国代际流动性的早期决定机制。本书重点研究了家庭教育背景对子女早期认知能力和非认知能力的影响，并进一步从家庭对子女的人力资本投资角度研究了家庭教育背景对子女早期人力资本发展的影响机制，为理解代际流动性的早期决定机制，特别是人力资本的代际传递过程提供了证据。最后在此基础上，本书对重要群体之间子代早期人力资本发展差异进行了分解分析。从具体研究内容看，本书主要结论为如下三部分。

第一，利用两套具有代表性的微观调查数据，本书在考虑潜在家庭社会经济地位的前提下，对我国代际收入和教育流动性的趋势、现状和异质性进行分析。本部分的研究得到如下结论：（1）1989~2011 年，我国的代际收入流动性不存在十分明显的时间变化，只是在整体上存在着先上升后下降的趋势，且这种趋势在分组群考虑时更为明显，"80 后"具有比"70 后"更高的代际流动性。（2）1989~2011 年，我国的代际教育流动性存在着较为明显的时间趋势，代际教育流动性在这段时间内随时间的推移不断降低，在 2011 年前后代际教育弹性高于 0.5。（3）利用 CHNS 数据和 CFPS 对比发现，在 2010 年前后，估计出的代际收入弹性在 0.35~0.39，代际教育弹性在 0.46～0.52，而真实值可能比估计值还要高。（4）不论是收入层面还是教育层面，我国的代际流动性在不同性别之间、不同子代教育程度之间、城乡之间和地区之间均存在着显著的差异。这其中的差异可能的解释在于家庭对子女的人力资本投资、劳动力市场的回报率以及人口流动。

第二，利用 1986 年义务教育改革作为父母教育的工具变量，本书研究了家庭教育背景对子女认知能力和非认知能力的影响，并初步探讨了背后的影响机制。本部分的分析得到如下四结论。一是家庭教育背景确实显著影响了子女早期的人力资本发展，这里的人力资本发展包括子女的认知能力和非认知能力，其中，母亲教育每提高一年会导致子女认知能力提高 0.098 个标准差，会使得子女非认知能力提高 0.102 个标准差。二是异质性分析表明，父母受教育程度对子女的认知和非认知能力的影响并不存在显著的性别差异，而富裕家庭父母受教育程度对子女人力资本发展的影响要高于贫穷家庭，且相对于农村子女来说，城市的孩子其父母教育水平对其认知和非认知能力的影响效应更大。三是母亲认知和非认知能力的发展、婚姻匹配、子女数量与质量的替代等可以部分解释父母教育对子女认知和非认知能力的影响。四是父母教育水平通过影响子女的认知和非认知能力从而提高了子女对自身的期望教育程度，并且降低了子女从初中和高中辍学的概率。本部分研究表明家庭教育背景确实对子女的人力资本发展有着较大的代际影响效应，为理解代际流动性的早期决定提供了证据。

第三，本书利用工具变量估计方法、CVA 模型和基于结构方程估计的中介效用模型对家庭教育背景如何通过影响家庭对子女的人力资本投资从而影响了子女早期人力资本发展进行了机制分析。主要结论表明三点：一是父亲和母亲的教育程度均对其对子女的物质投资和时间投资有着正向显著的影响；同时，家庭对子女的人力资本投资也对子女的认知能力和非认知能力有显著正向影响。二是 CVA 模型估计结果表明，更早期的物质投入和时间投入对子女未来的认知和非认知能力有显著正向的影响，而且时间投入对认知和非认知的长期影响效应更大。三是家庭教育背景对子女的人力资本发展的影响主要作用途径之一为父母对子女的物质和时间投资，家庭对子女的人力资本投资可以解释父母教育程度对子女认知能力影响效应的 30% 左右，且相比于物质投入，家庭对子女的时间投入在子女人力资本发展过程中扮演着更重要的角色。本部分的研究表明，家庭教育背景不同所导致的家庭对子女的人力资本投资的变化会影响子女早期的人力资本发展，人力资本的代际传递通过家庭对子女的人力资本投资得到了强化，进一步为代际流动性的早期决定机制提供了支撑。

第四，利用基于 RIF 回归的分位数分解方法，本书对子代认知能力和非认知能力在不同家庭教育背景之间、城乡之间、留守与流动儿童之间以及流动儿童与城镇儿童之间的差异进行了分解，并进一步探究了这种差异产生的原因。本部分的分析得到如下结论：本章首先对具有高家庭教育背景和低家庭教育背景子女的认知能力和非认知能力发展差距进行分解，其次在统计性分析发现农村留守儿童、农村本地儿童、农村流动儿童以及城镇儿童之间的人力资本发展存在差异的基础上，分类别对不同群体的人力资本发展差异进行了分位数分解。研究的主要结论有四点：一是高教育背景家庭和低教育背景家庭的子女在其认知能力发展差异一方面来自于个人特征、家庭财富、成长环境以及家庭对子女的人力资本投资等因素的禀赋差异效应几乎全部解释了总体的差异；另一方面，高教育背景家庭和低教育背景家庭的子女在其非认知能力发展差异，则部分被个人特征、家庭财富、成长环境以及家庭对子女的人力资本投资等因素的禀赋差异效应，部分被这些因素的回报差异效应所解释。二是整体来看，农村儿童和城镇儿童之间存在较大的认知能力和非认知能力的差异，而这一差异几乎可以完全被禀赋差异所解释，其中，家庭教育背景的禀赋效应起到了主要作用，说明农村儿童和城市儿童在禀赋方面就存在着巨大的差异，从而导致了其人力资本发展的差异。三是对比留守儿童和流动儿童发现，留守儿童的认知能力与非认知能力和流动儿童存在较大差异。留守儿童和流动儿童的回报差异解释了总体差异的绝大部分，而其中起主要作用的就是家庭人力资本投资和社会环境的回报差异。四是对比流动儿童和城镇儿童发现，尽管流动儿童的人力资本发展要好于留守儿童，但和本地城镇儿童相比仍存在差距，且总体差距几乎可以被禀赋差异所解释，由于流动儿童和本地儿童生活几乎生活在同一环境，因此社会环境的禀赋差异贡献度不显著，而主要的禀赋差异还是在于家庭背景和家庭投资的差异。本部分的研究表明家庭教育背景的差距导致了子女早期人力资本发展差距，进一步支持了前面两部分的结论，同时也为理解不平等的代际传递提供了证据。

第五，本书在上述内容的基础上，进一步将共同富裕目标一同纳入分析框架，从政策的角度探讨了儿童早期人力资本发展在收入不平等和代际流动性间的作用。首先对中国的盖茨比曲线进行了刻画，分析了收入不平等以及机会不平等和代际流动性之间的关系。进一步地，对国内外的儿童早期发展项目及其评估进行了梳理和分析，并从中提炼可行的政策方案。研究主要结论为：第一，不论是在省级层面还是在城市层面，不论是以收入不平等来度量还是以财富不平等来度量，不平等程度高的地区其代际教育弹性较高，代际流动性低。说明不平等往往伴随着低的代际流动性，盖茨比曲线在中国也成立。这一结论表明，横向维度的收入不平等与纵向的代际阶层固化高度相关。第二，相对于努力不平等，机会不平等对代际教育流动性的影响更大。这一结论一定程度上也可以作为代际流动性的决定因素之一，正是由于子代在早期发展中面对着机会不平等，其后期发展受到家庭的影响更大，代际流动性更低。第三，整体来看，对儿童的早期人力资本发展干预对儿童的短期和长期的人力资本发展都有显著的促进作用，而这种正向影响会持续到成年后在劳动力市场的表现。儿童早期项目是一项低成本高收益的缓解收入不平等和提高代际流动性的政策方向。

综上所述，本书在对我国代际收入和教育流动性进行测度的基础上，从家庭教育背景影响子代人力资本发展的视角研究了代际流动性的早期决定机制。研究表明，我国当前代际流动性还处在一个较低的水平，而子代的早期人力资本发展情况在代际流动性决定机制中发挥着重要的作用。家庭教育背景通过影响对子女的物质和时间投入从而影响了子女早期的认知能力和非认知能力发展。提高低教育水平个体的教育程度和给予低社会经济地位家庭的子女早期物质和时间投入方面的干预都可以显著提高代际流动性和改善社会经济不平等的代际传递。

9.2 启示与政策建议

2020 年，我国已经全面建成了小康社会，历史性地解决了绝对贫困问题，正在奋力开启共同富裕新征程。而新时代我国社会主要矛盾也已经转化为人民日益增长的美好生活需要和不平衡不充分的发展之间的矛盾。收入分配和收入不平等问题是当前社会发展的关键问题，也是实现共同富裕目标需要解决的重大议题。本书通过代际流动性的整体情况、变化趋势和异质性分析的基础上，进一步讨论了共同富裕背景下，代际流动性的早期决定机制问题。在实现共同富裕的发展目标过程中，需要重点关注收入不平等的经济社会影响，有针对性地提出对高收入群体和低收入群体的差异化政策方案，促进收入均等化。同时，需要从代际流动性的影响因素和形成机制探索改善收入不平等的政策体系。

根据本书对代际流动性机制分析的主要结论，本书的政策含义主要有如下四点。

第一，本书第 5 章的研究发现，在控制家庭财富水平和父母职业情况的前提下，父母教育程度对子女早期人力资本发展具有显著的正向促进作用，且在利用义务教育法构建工具变量进行分析后上述结论依然成立。这一结论说明国家通过《中华人民共和国义务教育法》的实施提高个体教育程度不仅改善了当代居民的整体教育水平，而且进一步地促进了下一代的人力资本发展水平，从而提高了整个社会的福利。鉴于当前我国的整体教育水平仍然处在一个比较低的水平，因此，通过《中华人民共和国义务教育法》等公共政策的手段提高居民教育程度仍然是一项重要的改善代际流动性的渠道，特别是对于普遍受教育程度比较低的农村地区和贫困地区，《中华人民共和国义务教育法》的实际实施尤为关键。

第二，本书第 6 章的研究结论表明，家庭教育背景很大程度上通过影响家庭对子女的人力资本投资从而影响了子女的早期人力资本发展。父母受教育程度高的家庭正是因为对子女的物质投入和时间投入更多才导致了子女人力资本发展以至于后期劳动力市场上的表现更好。而第 7 章进一步的分解分析表明，子女认知和非认知能力发展差距主要是被禀赋效应所解释，说明由于父母教育水平差距而带来的子代人力资本发展差距可以通过后天的人力资本投资以及其他条件的改善进行弥补。因此，政府和社会在普及义务教育的前提下，还需要强调家庭教育的重要性，可以通过宣传引导让父母意识到家庭教育的重要性，特别是子女处于早期时的家庭对子女的物质和时间投入。同时可以通过对低教育程度或经济社会地位较低的家庭进行适当的干预和指导来提高代际流动流动性。一方面可以直接增加对出生于这类家庭的儿童的物质资助；另一方面增加对这类家庭父母和监护人的培训和指导，使其意识到儿童早期发展的重要性以及学习如何更有效地对子女进行人力资本投资从而影响其长期发展。

第三，本书第 7 章的研究结论表明当前我国儿童人力资本发展状况存在较大差异性，这种差异性很大程度上体现在城乡差异以及由于农业劳动力迁移而带来的留守儿童问题等。儿童早期发展的差异一定程度上导致了其进入劳动力市场后的收入和福利的差异，从而影响整个社会的不平等问题。因此，对儿童的早期发展进行有针对性的干预也可以部分缓解社会不平等问题。鉴于城乡儿童以及由于农村劳动力迁移而产生的不同儿童群体之间的发展差异主要取决于其成长环境，相关部门可以重点关注落后地区农村儿童以及留守儿童等的教育、医疗等投入，在公共投入方面进行适当的政策性倾斜。

第四，本书第 8 章的研究结论表明儿童早期发展项目的实行有助于改善低收入家庭弱势儿童的早期人力资本发展从而提高受教育年限和进入劳动力市场后的回报，进而缓解收入不平等和提高代际流动性。但目前我国的儿童早期发展项目还处于起步和探索阶段，首先需要设计和开展更多各类型的儿童早期发展项目，并对项目进行长期跟踪评估，从项目的设计和运行中进一步探索影响代际流动性的早期决定机制，从而为后续政策提供参考和指导。另外，根据现有儿童发展项目的评估结果，儿童早期发展项目长远来看是低投入高回报的，政府需要参考现有儿童早期发展方案的初步成果，从政府层面在贫困农村地区或城市低收入群体中进行政策试点，以专业人士为指导、培训社区/村基层组织人员为执行者对弱势儿童进行早期人力资本投资干预，从而探索行之有效的政策缓解收入不平等在代际传递的状况，助力共同富裕目标的实现。

9.3 未来研究方向

本书在利用新的估计方法和多套微观数据结合对我国代际流动性进行估计的前提下，从子代早期人力资本发展的教育重点研究了家庭背景对子代认知能力和非认知能力发展，并在此基础上进一步分析了子代人力资本发展差异及其原因。总体来看，本书在研究视角和研究方法上对现有的代际流动理论和早期人力资本发展理论有一定的贡献，但由于数据等方面的限制，本书的研究也存在着一些局限性，具体表现在：第一，本书在估计代际收入弹性时，综合使用不同的数据和估计方法，避免了各种情况可能带来的估计偏误。但需要说明的是，本书估计的代际收入弹性仍然可能存在偏误。由于微观调查数据的限制，本书无法更细致和全面地同时对父辈和子代的永久收入水平进行准确地衡量，期待日后能够获得长期跟踪的大样本数据来进行进一步的研究。第二，本书将认知能力和非认知能力作为人力资本的代理对现有文献来说有一定的贡献，但对于非认知能力的度量方面还存在进一步改进的空间。本书只是从现有微观调查数据中提取的度量指标，但这些指标只是非认知能力的主要方面，并不能完全代表个体的非认知能力。期待未来进一步设计完善的指标体系对个体的非认知能力进行刻画。第三，本书在分析家庭教育背景影响子女人力资本发展的机制时，考虑了家庭对子女的物质投入和时间投入，但也只是充分利用了现有问卷中的替代指标，并没有一套完整的父母对子女的物质投入和时间投入的指标衡量体系，且由于数据的限制，没能动态地分析家庭对子女的物质投资和时间投资与子女禀赋之间的动态关系，对人力资本生产函数中各投入要素的动态互补/替代性无法进行深入分析。第四，尽管本书主要研究对象为子代的早期阶段人力资本发展，但由于数据限制，只考虑了子代在小学和初中阶段发展情况。而现有文献研究表明儿童在出生早期以及幼儿园阶段的发展也至关重要，因此对于子代更加早期获得的人力资本投资以及人力资本发展的关注有待未来进一步研究。综合本书以上的几点局限性，本书提出如下未来研究的方向。

第一，在理论分析方面，结合宏观经济学中的世代交叠模型等将微观层面的代际流动及其影响因素纳入宏观分析框架，结合政府的税收和政策，建立统一的理论模型分析代际流动性的早期决定机制，分析儿童早期人力资本的生产技术及其在代际流动性决定中的作用。并进一步探索收入不平等如何通过儿童人力资本发展从而影响代际流动性。

第二，更加关注对儿童更早期的人力资本发展状况，在现有微观调查数据的基础上，设计长期的跟踪问卷对儿童0~6岁进入义务教育阶段之前的家庭教育情况和健康、认知与非认知能力获得情况进行追踪研究，从动态的视角探究儿童早期发展的形成过程。特别是注意跟踪调查家庭对儿童各方面的投资，包括物质投入、时间投入、养育方式等，并设计更全面合理的衡量儿童早期认知能力和非认知能力的指标体系，通过长期的跟踪调查数据估计宏观环境、家庭背景对子女认知能力和非认知能力的影响，并评估子女早期人力资本发展的长期效应及其对代际流动性的影响。

第三，参考现有国内外儿童早期发展项目的设计和评估结果，根据不同目标和人群，结合我国现实国情，探索设计形式多样的儿童早期发展项目，对儿童早期发展进行随机干预实验。重点是对项目进行超过长期跟踪调研，通过跟踪实验数据具体分析经济不平等等宏观环境和家庭背景等微观条件对子女人力资本方发展的影响，并进一步根据长期跟踪数据评估儿童早期人力资本发展在代际流动性中的作用。

参 考 文 献

［1］陈琳．促进代际收入流动：我们需要怎样的公共教育——基于
CHNS 和 CFPS 数据的实证分析［J］．中南财经政法大学学报，2015（3）：
27－33，159.

［2］陈琳，袁志刚．中国代际收入流动性的趋势与内在传递机制
［J］．世界经济，2012，35（6）：115－131.

［3］陈晓东，黄晓凤．我国城镇居民收入分配机会不平等的生成机制分
析：教育的传导作用究竟几何?［J］．教育与经济，2021，37（5）：39－
48，88.

［4］程利娜．家庭社会经济地位对学习投入的影响：领悟社会支持的
中介作用［J］．教育发展研究，2016，36（4）：39－45.

［5］邓小平，罗秀文，邬雨臻．父母卷入在家庭社会经济地位与学业
成就间的中介作用：元分析结构方程模型［J］．心理科学进展，2016，24
（12）：1844－1853.

［6］付卫东，周威．转移支付能否缩小贫困地区义务教育结果的不平
等?——基于6省18县的实证分析［J］．教育与经济，2021，37（6）：
53－61.

［7］郭丛斌，闵维方．中国城镇居民教育与收入代际流动的关系研究
［J］．教育研究，2007（5）：3－14.

［8］何石军，黄桂田．中国社会的代际收入流动性趋势：2000～2009
年［J］．金融研究，2013（2）：19－32.

［9］何尧，陈加旭，杜鹏．非认知能力对劳动者工资收入影响的实证
检验［J］．当代经济，2022，39（2）：40－45.

［10］胡枫，李善同．父母外出务工对农村留守儿童教育的影响——

基于 5 城市农民工调查的实证分析 [J]. 管理世界, 2009 (2): 67 – 74.

[11] 胡志安. 中国教育代际流动——方法与事实 [J]. 经济科学, 2022 (5): 164 – 176.

[12] 江求川, 任洁, 张克中. 中国城市居民机会不平等研究 [J]. 世界经济, 2014, 37 (4): 111 – 138.

[13] 靳振忠, 李子联, 严斌剑. 地区代际流动与家庭人力资本投资——来自中小学阶段家庭校外教育支出的证据 [J]. 经济评论, 2022 (3): 72 – 90.

[14] 李根丽, 尤亮. 非认知能力对非正规就业者工资收入的影响 [J]. 财经研究, 2022, 48 (3): 124 – 138.

[15] 李佳丽, 张民选. 收入不平等、教育竞争和家庭教育投入方式选择 [J]. 教育研究, 2020, 41 (8): 75 – 84.

[16] 李力行, 周广肃. 家庭借贷约束、公共教育支出与社会流动性 [J]. 经济学 (季刊), 2015, 14 (1): 65 – 82.

[17] 李丽, 赵文龙, 边卫军. 家庭背景对非认知能力影响的实证研究 [J]. 教育发展研究, 2017, 37 (1): 45 – 52.

[18] 李路路, 朱斌. 当代中国的代际流动模式及其变迁 [J]. 中国社会科学, 2015 (5): 40 – 58, 204.

[19] 李任玉, 陈悉榕, 甘犁. 代际流动性趋势及其分解: 增长、排序与离散效应 [J]. 经济研究, 2017, 52 (9): 165 – 181.

[20] 李任玉, 杜在超, 何勤英, 等. 富爸爸、穷爸爸和子代收入差距 [J]. 经济学 (季刊), 2015, 14 (1): 231 – 258.

[21] 李荣彬. 教育代际流动与子女健康差异——基于中国综合社会调查的实证研究 [J]. 教育研究, 2020, 41 (3): 116 – 127.

[22] 李实, 沈扬扬. 中国农村居民收入分配中的机会不平等: 2013—2018 年 [J]. 农业经济问题, 2022 (1): 4 – 14.

[23] 李晓曼, 曾湘泉. 新人力资本理论——基于能力的人力资本理论研究动态 [J]. 经济学动态, 2012 (11): 120 – 126.

[24] 李艳玮, 李燕芳, 刘丽莎, 等. 家庭学习环境对儿童早期学业和社会技能的作用 [J]. 心理发展与教育, 2013, 29 (3): 268 – 276.

[25] 李莹, 吕光明. 中国机会不平等的生成源泉与作用渠道研究

[J]. 中国工业经济, 2019 (9)：60 - 78.

[26] 李云森. 自选择、父母外出与留守儿童学习表现——基于不发达地区调查的实证研究 [J]. 经济学（季刊）, 2013, 12 (3)：1027 - 1050.

[27] 李忠路, 邱泽奇. 家庭背景如何影响儿童学业成就?——义务教育阶段家庭社会经济地位影响差异分析 [J]. 社会学研究, 2016, 31 (4)：121 - 144, 244 - 245.

[28] 梁超, 王素素. 教育公共品配置调整对人力资本的影响——基于撤点并校的研究 [J]. 经济研究, 2020, 55 (9)：138 - 154.

[29] 刘森林, 李海灵. 认知能力和非认知能力对个体职业地位的影响研究 [J]. 太原理工大学学报（社会科学版）, 2022, 40 (5)：74 - 80.

[30] 卢盛峰, 陈思霞. 中国居民代际间地位流动性分析 [J]. 世界经济文汇, 2014 (3)：57 - 68.

[31] 卢盛峰, 陈思霞, 张东杰. 教育机会、人力资本积累与代际职业流动——基于岳父母/女婿配对数据的实证分析 [J]. 经济学动态, 2015 (2)：19 - 32.

[32] 吕姝仪, 赵忠. 高校扩招、职业代际流动与性别差异 [J]. 劳动经济研究, 2015, 3 (4)：52 - 69.

[33] 倪雨菡, 张敏强, 胡志桥, 等. 家庭社会经济地位对初中生阅读成绩的影响：双重中介效应 [J]. 心理研究, 2016, 9 (4)：88 - 93.

[34] 彭骏, 赵西亮. 教育政策能促进农村教育代际流动吗?——基于中国微观调查数据的实证分析 [J]. 教育与经济, 2021, 37 (5)：20 - 31.

[35] 乔娜, 张景焕, 刘桂荣, 等. 家庭社会经济地位、父母参与对初中生学业成绩的影响：教师支持的调节作用 [J]. 心理发展与教育, 2013, 29 (5)：507 - 514.

[36] 秦雪征. 代际流动性及其传导机制研究进展 [J]. 经济学动态, 2014 (9)：115 - 124.

[37] 秦雪征, 王天宇. 人力资本的代际传导对社会流动性的影响：理论与实证的探究 [C].《经济研究》工作论文, 2014 年.

[38] 任春荣, 辛涛. 家庭社会经济地位对小学生成绩预测效应的追踪研究 [J]. 教育研究, 2013, 34 (3)：79 - 87.

[39] 史耀疆, 王楠, 常芳. 课外读物对农村儿童人力资本的影响：

一个随机干预实验研究 [J]. 世界经济, 2022, 45 (5): 162 - 84.

[40] 史耀疆, 张林秀, 常芳, 等. 教育精准扶贫中随机干预实验的中国实践与经验 [J]. 华东师范大学学报 (教育科学版), 2020, 38 (8): 1 - 67.

[41] 宋月萍, 赵仪. 儿童早期健康投入与教育表现: 以母乳喂养为例 [J]. 人口研究, 2021, 45 (6): 81 - 95.

[42] 孙三百, 黄薇, 洪俊杰. 劳动力自由迁移为何如此重要? ——基于代际收入流动的视角 [J]. 经济研究, 2012, 47 (5): 147 - 159.

[43] 王春超, 林俊杰. 父母陪伴与儿童的人力资本发展 [J]. 教育研究, 2021, 42 (1): 104 - 128.

[44] 王海港. 中国居民收入分配的代际流动 [J]. 经济科学, 2005 (2): 18 - 25.

[45] 王慧敏, 吴愈晓, 黄超. 家庭社会经济地位、学前教育与青少年的认知——非认知能力 [J]. 青年研究, 2017 (6): 46 - 57, 92.

[46] 王蕾, 贤悦, 张偲琪等. 中国农村儿童早期发展: 政府投资的效益—成本分析 [J]. 华东师范大学学报 (教育科学版), 2019, 37 (3): 118 - 128.

[47] 王伟宜, 桂庆平. 高等教育机会获得的性别不平等及其变化 (1982 - 2015 年) [J]. 清华大学教育研究, 2020, 41 (1): 78 - 86.

[48] 王学龙, 袁易明. 中国社会代际流动性之变迁: 趋势与原因 [J]. 经济研究, 2015, 50 (9): 58 - 71.

[49] 王莹, 李燕芳. 早期经验对儿童心理发展的影响 [J]. 心理科学, 2012, 35 (2): 346 - 351.

[50] 温忠麟, 叶宝娟. 中介效应分析: 方法和模型发展 [J]. 心理科学进展, 2014, 22 (5): 731 - 745.

[51] 吴贾, 陈丽萍, 范承泽. 母亲收入、家庭氛围和子女人力资本发展 [J]. 经济学 (季刊), 2022, 22 (4): 1169 - 1192.

[52] 吴贾, 吴莞生, 李标. 早期健康投入是否有助于儿童长期认知能力提升? [J]. 经济学 (季刊), 2021, 21 (1): 157 - 180.

[53] 吴晓刚. 中国的户籍制度与代际职业流动 [J]. 社会学研究, 2007 (6): 38 - 65, 242 - 243.

［54］吴愈晓. 中国城乡居民的教育机会不平等及其演变（1978—2008 年）［J］. 中国社会科学，2013（3）：4 – 21，203.

［55］向蓉，雷万鹏. 家庭教养方式如何影响儿童问题行为？［J］. 教育与经济，2021，37（5）：49 – 57.

［56］徐舒，李江. 代际收入流动：异质性及对收入公平的影响［J］. 财政研究，2015（11）：23 – 33.

［57］许多多. 大学如何改变寒门学子命运：家庭贫困、非认知能力和初职收入［J］. 社会，2017，37（4）：90 – 118.

［58］续继，宗庆庆. 转型期中国居民家庭收入与子女高等教育机会——基于家庭收入结构外生变化事实［J］. 世界经济文汇，2016（6）：24 – 41.

［59］闫伯汉. 乡城流动与儿童认知发展 基于 2012 年中国城镇化与劳动移民调查数据的分析［J］. 社会，2017，37（4）：59 – 89.

［60］阳义南，连玉君. 中国社会代际流动性的动态解析——CGSS 与 CLDS 混合横截面数据的经验证据［J］. 管理世界，2015（4）：79 – 91.

［61］杨灿明，孙群力，詹新宇. 社会主要矛盾转化背景下的收入与财富分配问题研究——第二届中国居民收入与财富分配学术研讨会综述［J］. 经济研究，2019，54（5）：199 – 202.

［62］杨娟，赖德胜，邱牧远. 如何通过教育缓解收入不平等？［J］. 经济研究，2015，50（9）：86 – 99.

［63］杨中超. 教育扩招促进了代际流动？［J］. 社会，2016，36（6）：180 – 208.

［64］尹恒，李实，邓曲恒. 中国城镇个人收入流动性研究［J］. 经济研究，2006（10）：30 – 43.

［65］詹姆斯·赫克曼，罗斯高. 世界经验对中国儿童早期发展的启示——罗斯高（Scott Rozelle）与詹姆斯·赫克曼（James Heckman）的问答录［J］. 华东师范大学学报（教育科学版），2019，37（3）：129 – 133.

［66］张楠. 教育代际流动效应的研究进展［J］. 教育经济评论，2022，7（5）：115 – 128.

［67］张茜洋，冷露，陈红君，等. 家庭社会经济地位对流动儿童认知能力的影响：父母教养方式的中介作用［J］. 心理发展与教育，2017，33（2）：153 – 162.

［68］张苏，朱媛．最优代际人力资本投资研究新进展［J］．经济学动态，2018（5）：117－128.

［69］张学敏，赵国栋．子女非认知能力发展的阶层差异分析——基于家庭资本投入的微观考察［J］．教育与经济，2022，38（4）：40－47，59.

［70］张云运，骆方，陶沙，等．家庭社会经济地位与父母教育投资对流动儿童学业成就的影响［J］．心理科学，2015，38（1）：19－26.

［71］赵红霞，高永超．教育公平视角下我国教育代际流动及其影响因素研究［J］．教育研究与实验，2016（1）：28－32.

［72］赵颖．员工下岗、家庭资源与子女教育［J］．经济研究，2016，51（5）：101－115，29.

［73］郑林如．贫困家庭儿童福利政策的发展与演进逻辑［J］．山东社会科学，2022（4）：184－192.

［74］周兴，王芳．城乡居民家庭代际收入流动的比较研究［J］．人口学刊，2014，36（2）：64－73.

［75］宗晓华，杨素红，秦玉友．追求公平而有质量的教育：新时期城乡义务教育质量差距的影响因素与均衡策略［J］．清华大学教育研究，2018，39（6）：47－57.

［76］Acciari P，Polo A，Violante G L．And Yet It Moves：Intergenerational Mobility in Italy［J］．American Economic Journal：Applied Economics，2022，14（3）：118－163.

［77］Akerlof G A，Kranton R E．Identity and Schooling：Some Lessons for the Economics of Education［J］．Journal of Economic Literature，2002（4）：40.

［78］Akerlof G A，Kranton R E．Identity，Supervision，and Work Groups［J］．American Economic Review，2008，98（2）：212－217.

［79］Amin V，Lundborg P，Rooth D-O．The Intergenerational Transmissionof Schooling：Are Mothers Really Less Important Than Fathers？［J］．Economics of Education Review，2015（47）：100－117.

［80］Andrade S B，Thomsen J-P．Intergenerational Educational Mobility in Denmark and the United States［J］．Sociological Science，2018（5）：93－113.

［81］Anger S．The Intergenerational Transmission of Cognitive and Non-

Cognitive Skills During Adolescence and Young Adulthood [J]. IZA Discussion Papers, 2012.

[82] Angrist, Joshua D. Empirical Strategies in Labor Economics [M]. Handbook of Labor Economics, 1999: 1277 – 1366.

[83] Angrist J D, Pischke J S. Mostly Harmless Econometrics: an Empiricist's Companion [J]. Economics Books, 2009.

[84] Arce F P, De Lima Amaral E F, Price C C, et al. Inequality and Opportunity: The Relationship between Income Inequality and Intergenerational Transmission of Income [M]. Rand, 2016.

[85] Arenas A, Hindriks J. Intergenerational Mobility and Unequal School Opportunity [J]. The Economic Journal, 2021, 131 (635): 1027 – 1050.

[86] Attanasio, Orazio P. The Determinants of Human Capital Formation During the Early Years of Life: Theory, Measurement, and Policies [J]. Journal of the European Economic Association, 2015, 13 (6): 949 – 997.

[87] Attanasio O, Cattan S, Meghir C. Early Childhood Development, Human Capital, and Poverty [J]. Annual Review of Economics, 2022 (14): 853 – 892.

[88] Attanasio O, Meghir C, Nix E. Human Capital Developmentand Parental Investment in India [J]. The Review of Economic Studies, 2020, 87 (6): 2511 – 2541.

[89] Azam M, Bhatt V. Like Father, Like Son? Intergenerational Educational Mobilityin India [J]. Demography, 2015, 52 (6): 1929 – 1959.

[90] Banerjee A V, Cole S, Duflo E, et al. Remedying Education: Evidence From Two Randomized Experiments in India [J]. The Quarterly Journal of Economics, 2007, 122 (3): 1235 – 1264.

[91] Becker G S. Nobel Lecture: The Economic Way of Looking at Behavior [J]. Journal of Political Economy, 1993, 101 (3): 385 – 409.

[92] Becker G S, Kominers S D, Murphy K M, et al. A Theory of Intergenerational Mobility [J]. Journal of Political Economy, 2018, 126 (S1): S7 – S25.

[93] Becker G S, Lewis H G. the Interaction between the Quantity and Quality of Children [J]. Journal of Political Economy, 1973, 81 (1 – 2): 113.

［94］ Becker G S, Tomes N. An Equilibrium Theory of the Distribution of Income and Intergenerational Mobility ［J］. Journal of Political Economy, 1979, 87 (6): 1153 –1189.

［95］ Becker G S, Tomes N. Human Capital and the Rise and Fall of Families ［J］. Journal of Labor Economics, 1986, 4 (3, Part 2): S1 – S39.

［96］ Behrman J, Taubman P. Intergenerational Earnings Mobility in the United States: Some Estimates and A Test of Becker's Intergenerational Endowments Model ［J］. The Review of Economics and Statistics, 1985: 144 –151.

［97］ Behrman J R, Rosenweig M R. Does Increasing Women's Schooling Raisethe Schooling of the Next Generation? ［J］. The American Economic Review, 2002, 92 (1): 323 –334.

［98］ Benabou R. Heterogeneity, Stratification, and Growth: Macroeconomic Implications of Community Structure and School Finance ［J］. American Economic Review, 1996a, 86 (3): 584 –609.

［99］ Benabou R. Equity and Efficiency in Human Capital Investment: The Local Connection ［J］. The Review of Economic Studies, 1996b, 63 (2): 237 –264.

［100］ Berman Y. The Long-Run Evolution of Absolute Intergenerational Mobility ［J］. American Economic Journal: Applied Economics, 2022, 14 (3): 61 –83.

［101］ Bingley P, Christensen K, Jensen V M. Parental Schoolingand Child Development: Learning From Twin Parents ［J］. The Danish National Centre for Social Research Working Paper, 2009.

［102］ Björklund A, Jäntti M, Solon G. Nature and Nurture in the Intergenerational Transmission of Socioeconomic Status: Evidence From Swedish Children and Their Biological and Rearing Parents ［J］. The Journal of Economic Analysis & Policy, 2007 (7).

［103］ Björklund A, Jäntti M. Intergenerational Mobility of Socio-Economic Status in Comparative Perspective ［J］. Nordic Journal of Political Economy, 2000 (26): 3 –32.

［104］ Black S E, Devereux P J, Salvanes K G. The More the Merrier?

The Effect of Family Size and Birth Order on Children's Education [J]. The Quarterly Journal of Economics, 2005 (2): 120.

[105] Black S E, Devereux P J, Salvanes K G. Too Young to Leave the Nest? The Effects of School Starting Age [J]. Review of Economics and Statistics, 2011.

[106] Blanden J, Gregg P, Macmillan L. Accounting for Intergenerational Income Persistence: Noncognitive Skills, Ability and Education [J]. IZA Discussion Papers, 2007.

[107] Blanden J. How Much Can We Learn From International Comparisons of Intergenerational Mobility?[J]. Cee Discussion Papers, 2009, 139 (3): 673 – 685.

[108] Blankenau W, Youderian X. Early Childhood Education Expendituresand the Intergenerational Persistence of Income [J]. Review of Economic Dynamics, 2015, 18 (2): 334 – 349.

[109] Blau D M. The Effect of Income on Child Development [J]. The Review of Economics and Statistics, 1999, 81 (2): 261 – 276.

[110] Boca D D, Flinn C, Wiswall M. Transfers to Households With Children and Child Development [J]. The Economic Journal, 2016.

[111] Borjas G J. The Intergenerational Mobility of Immigrants [J]. Journal of Labor Economics, 1993, 11 (1): 11 – 35.

[112] Bourguignon F, Ferreira F H, Menéndez M. Inequality of Opportunity in Brazil [J]. Review of Income and Wealth, 2007, 53 (4): 585 – 618.

[113] Bowles S, Gintis H, Groves M O. Unequal Chances: Family Background and Economic Success [J]. Russell Sage Foundation, 2009.

[114] Bredtmann J, Smith N. Inequalities in Educational Outcomes: How Important is the Family? [J]. Oxford Bulletin of Economics and Statistics, 2018, 80 (6): 1117 – 1144.

[115] Brunello G, Fort M, Weber G. Changes in Compulsory Schooling, Education and the Distribution of Wages in Europe [J]. The Economic Journal, 2009, 119 (536): 516 – 539.

[116] Brunello G, Rocco L. The Effect of Immigration on the School Per-

formance of Natives: Cross Country Evidence Using Pisa Test Scores [J]. Economics of Education Review, 2013, 32 (1): 234 – 246.

[117] Carneiro P, Heckman J J, Masterov D V. Labor Market Discriminationand Racial Differences in Premarket Factors [J]. Ifau-Institute for Evaluation of Labour Market and Education Policy, 2003 (1).

[118] Carneiro P, García I L, Salvanes K G, et al. Intergenerational Mobility and the Timing of Parental Income [J]. Journal of Political Economy, 2021, 129 (3): 757 – 788.

[119] Carneiro P, Meghir C, Parey M. Maternal Education, Home Environments, and the Development of Children and Adolescents [J]. Journal of the European Economic Association, 2013.

[120] Caucutt E M, Lochner L. Early and Late Human Capital Investments, Borrowing Constraints, and the Family [J]. University of Western Ontario, Centre for Human Capital and Productivity (Chcp) Working Papers, 2012.

[121] Chang F, Shi Y, Shen A, et al. Understanding the Situation of China's Left behind Children: A Mixed Methods Analysis [J]. The Developing Economies, 2019 (57).

[122] Chen M. Intergenerational Mobility in Contemporary China [J]. Chinese Sociological Review, 2013, 45 (4): 29 – 53.

[123] Chen Y, Cowell F A. Mobility in China [J]. Review of Income and Wealth, 2017.

[124] Chen Y, Lei X, Zhou L A. Child Health and the Income Gradient: Evidence From China [J]. Institute for the Study of Labor (IZA), 2010.

[125] Chen Y, Lei X, Zhou L A. Does Raising Family Income Cause Better Child Health? Evidence From China [J]. Economic Development and Cultural Change, 2017, 65 (3): 495 – 520.

[126] Chen Y, Li H. Mother's Education and Child Health: Is There A Nurturing Effect? [J]. Journal of Health Economics, 2009 (28).

[127] Chetty R, Hendren N, Katz L F. The Effects of Exposure to Better Neighborhoods nn Children: New Evidence From The Moving to Opportunity Ex-

periment [J]. American Economic Review, 2016, 106 (4): 855 – 902.

[128] Chetty R, Hendren N, Kline P, et al. Where Is the Land of Opportunity? The Geography of Intergenerational Mobility in the United States [J]. The Quarterly Journal of Economics, 2014, 129 (4): 1553 – 1623.

[129] Cholli N A, Durlauf S N . Intergenerational Mobility [J]. NBER Working Papers, 2022.

[130] Clark G. The Son Also Rises: Surnamesand the History of Social Mobility: Surnames and the History of Social Mobility [M]. The Son Also Rises: Surnames and the History of Social Mobility: Surnames and the History of Social Mobility, 2015.

[131] Clark G, Cummins N. Intergenerational Wealth Mobilityin England, 1858 – 2012: Surnames and Social Mobility [J]. Economic Journal, 2015, 125 (582): 61 – 85.

[132] Cobb-Clark D A, Salamanca N, Zhu A. Parenting Stylesas an Investment in Human Development [J]. Journal of Population Economics, 2019, 32 (4): 1315 – 1352.

[133] Cole L A. Hyperglycosy lated Hcgand Pregnancy Failures [J]. Journal of Reproductive Immunology, 2012, 93 (2): 119 – 122.

[134] Connolly M, Corak M, Haeck C. Intergenerational Mobility Betweenand Within Canada and the United States [J]. Journal of Labor Economics, 2019, 37 (S2): S595 – S641.

[135] Corak M. Income Inequality, Equality of Opportunity, and Intergenerational Mobility [J]. Journal of Economic Perspectives, 2013, 27 (3): 79 – 102.

[136] Cunha F, Elo I, Culhane J. Eliciting Maternal Expectations about the Technology of Cognitive Skill Formation [J]. NBER Working Papers, 2013, 97 (2): 31 – 47.

[137] Cunha F, Heckman J J. The Technology of Skill Formation [J]. American Economic Review, 2007, 97 (2): 31 – 47.

[138] Cunha F, Heckman J J, Lochner L, et al. Interpreting the Evidence on Life Cycle Skill Formation [J]. Handbook of The Economics of Educa-

tion, 2006 (1): 697 –812.

[139] Cunha F, Heckman J. A New Framework for the Analysis of Inequality [J]. Macroeconomic Dynamics, 2008, 12 (2): 315 –354.

[140] Cunha F, Heckman J J, Schennach S M. Estimating the Technology of Cognitive and Noncognitive Skill Formation [J]. Econometrica, 2010, 78.

[141] Daruich D. From Childhood to Adult Inequality: Parental Investments and Early Childhood Development [J]. Available at SSRN 2989087, 2018.

[142] Daruich D. The Macroeconomic Consequences of Early Childhood Development Policies [J]. Available at SSRN3265081, 2019.

[143] De Nardi M. Wealth Inequality and Intergenerational Links [J]. Review of Economic Studies, 2004 (3): 743 – 768. DOI: 10.1111/j.1467 – 937X. 2004. 00302. x.

[144] Del B E, Marco F, Yvonne K, et al. Early Maternal Time Investment and Early Child Outcomes [J]. Economic Journal, 2016 (596): 1.

[145] Deming D. Early Childhood Intervention and Life-Cycle Skill Development: Evidence From Head Start [J]. American Economic Journal: Applied Economics, 2009, 1 (3): 111 –134.

[146] Deming D J. Four Facts about Human Capital [J]. Journal of Economic Perspectives, 2022, 36 (3): 75 –102.

[147] Dickson M, Gregg P, Robinson H. Early, Late Or Never? When Does Parental Education Impact Child Outcomes? [J]. Economic Journal, 2016, 126.

[148] Diprete T A. The Impact of Inequality on Intergenerational Mobility [J]. Annual Review of Sociology, 2020 (46): 379 –398.

[149] Doepke M, Sorrenti G, Zilibotti F. The Economics of Parenting [J]. Annual Review of Economics, 2019 (11): 55 –84.

[150] Doyle O, Harmon C, Heckman J J, et al. Early Skill Formation and the Efficiency of Parental Investment: A Randomized Controlled Trial of Home Visiting [J]. Labour Economics, 2016: S0927537116303086.

[151] Durlauf S N. A Theory of Persistent Income Inequality [J]. Journal

of Economic Growth, 1996.

[152] Durlauf S N. The Memberships Theory of Inequality: Ideas and Implications [M]. Social Systems Research Institute, University of Wisconsin, 1997.

[153] Durlauf S N. The Case "Against" Social Capital [M]. Social Systems Research Institute, University of Wisconsin, 1999.

[154] Durlauf S N. Assessing Racial Profiling [J]. Economic Journal, 2006, 116.

[155] Durlauf S N, Seshadri A. Understanding the Great Gatsby Curve [J]. Nber Macroeconomics Annual, 2022, 32 (1): 333 – 393.

[156] Elango S, García J L, Heckman J J, et al. Early Childhood Education [M]. Economics of Means-Tested Transfer Programs in the United States, Volume 2. University of Chicago Press, 2015: 235 – 297.

[157] Elder T E, Goddeeris J H, Haider S J. Unexplained Gaps and Oaxaca-Blinder Decompositions [J]. Labour Economics, 2010, 17 (1): 284 – 290.

[158] Emran S, Sun Y. Magical Transition? Intergenerational Educationaland Occupational Mobility in Rural China: 1988 ~ 2002 [J]. SSRN Electronic Journal, 2015. Doi: 10. 2139/SSRN. 1891572.

[159] Erikson R, Goldthorpe J H. Individual orFamily? Results from Two Approaches to Class Assignment [J]. Acta Sociologica, 1992, 35 (2): 95 – 105.

[160] Ermisch J, Jantti M, Smeeding T M. From Parentsto Children: The Intergenerational Transmission of Advantage [M]. Russell Sage Foundation, 2013.

[161] Fan Y, Yi J, Zhang J. Rising Intergenerational Income Persistencein China [J]. American Economic Journal: Economic Policy, 2021, 13 (1): 202 – 230.

[162] Fernald A, Marchman V A, Weisleder A. See Differences in Language Processing Skill and Vocabulary Are Evident at 18 Months [J]. Developmental Science, 2013, 16 (2): 234 – 248.

[163] Ferreira F H, Gignoux J. The Measurement of Inequality of Oppor-

tunity: Theory and an Application to Latin America [J]. Review of Income and Wealth, 2011, 57 (4): 622 –657.

[164] Firpo S, Fortin N M, Lemieux T. Unconditional Quantile Regressions [J]. NBER Technical Working Papers, 2007.

[165] Firpo S P, Fortin N M, Lemieux T. Occupational Tasks and Changes in the Wage Structure [J]. Textos Para Discusso, 2012.

[166] Fletcher J M, Wolfe B. The Importance of Family Income in the Formation and Evolution of Non-Cognitive Skills in Childhood [J]. Economics of Education Review, 2016 (54): 143 –154.

[167] Fortin N, Lemieux T, Firpo S. Decomposition Methods in Economics [J]. Handbook of Labor Economics, 2011 (4): 1 –102.

[168] Galton F. Regression Towards Mediocrity in Hereditary Stature [J]. The Journal of the Anthropological Institute of Great Britain and Ireland, 1886 (15): 246 –263.

[169] García J L, Heckman J J, Leaf D E, et al. Quantifying the Life-Cycle Benefits of an Influential Early-Childhood Program [J]. Journal of Political Economy, 2020, 128 (7): 2502 –2541.

[170] García J L, Heckman J J, Ronda V. The Lasting Effects of Early Childhood Education on Promoting The Skills and Social Mobility of Disadvantaged African Americans [J]. NBER Working Papers, 2021. DOL: 10.33861w29.

[171] Gershoff E T, Aber J L, Raver C C, et al. Income is Not Enough: Incorporating Material Hardship Into Models of Income Associations With Parenting and Child Development [J]. Child Development, 2010, 78 (1).

[172] Gertler P, Heckman J, Pinto R, et al. Labor Market Returns to an Early Childhood Stimulation Intervention in Jamaica [J]. Science, 2014, 344 (6187): 998 –1001.

[173] Gertler P, Heckman J J, Pinto R, et al. Effect of the Jamaica Early Childhood Stimulation Intervention on Labor Market Outcomes at Age 31 [J]. 2021.

[174] Gimenez-Nadal J I, Molina J A. Parents' Educationas a Determinant of Educational Childcare Time [J]. Journal of Population Economics,

2013, 26 (2): 719 - 749.

[175] Glewwe P, Huang Q, Park A. Cognitive Skills, Noncognitive Skills, and School-To-Work Transitions in Rural China [J]. Journal of Economic Behavior & Organization, 2017.

[176] Gluckman P D, Hanson M A . The Developmental Origins of the Metabolic Syndrome [J]. Trends in Endocrinology & Metabolism Tem, 2004, 15 (4): 183 - 187.

[177] Gluckman P D, Hanson M A, Spencer H G, et al. Environmental Influences During Development and Their Later Consequences for Health and Disease: Implications for the Interpretation of Empirical Studies [J]. Proceedings of the Royal Society B: Biological Sciences, 2005, 272 (1564): 671 - 677.

[178] Gong H, Leigh A, Meng X. Intergenerational Income Mobility in Urban China [J]. Review of Income and Wealth, 2012, 58 (3): 481 - 503.

[179] Gong J, Lu Y, Song H . The Effectof Teacher Gender on Students' Academic and Noncognitive Outcomes [J]. Journal of Labor Economics, 2018, 36 (3): 743 - 778.

[180] Gong J, Lu Y, Song H. Gender Peer Effects on Students' Academic and Noncognitive Outcomes: Evidence and Mechanisms [J]. The Journal of Human Resources, 2019: 0918 - 9736.

[181] Güne, Mine P. The Roleof Maternal Education in Child Health: Evidence from a Compulsory Schooling Law [J]. Economics of Education Review, 2015 (47): 1 - 16.

[182] Guryan, Jonathan, Hurst, et al. Parental Education and Parental Time With Children [J]. Journal of Economic Perspectives, 2008.

[183] Gustafsson B, Shi L I. Expenditures on Education and Health Care and Poverty in Rural China [J]. China Economic Review, 2004, 15 (3): 292 - 301.

[184] Haider S, Solon G. Life-Cycle Variationin the Association Between Current and Lifetime Earnings [J]. American Economic Review, 2006, 96 (4): 1308 - 1320.

[185] Hanson M A. Living With the Past: Evolution, Development, and

Patterns of Disease [J]. Science, 2004, 305 (5691): 1733 – 1736.

[186] Hanushek E A, Jacobs B, Schwerdt G, et al. The Intergenerational Transmission of Cognitive Skills: An Investigation of the Causal Impact of Families on Student Outcomes [J]. Research Memorandum, 2021.

[187] Hart B, Risley T R. Meaningful Differences in Everyday Experience of Young American Children [J]. Brookes Publishing Company, Inc, Po Box 10614, Baltimore, Md 21285 – 0624, 1995.

[188] Havari E, Savegnago M. The Causal Effect of Parents Schooling on Childrens Schooling in Europe. A New IV Approach [J]. Working Papers, 2016.

[189] Heckman, James, Pinto, et al. Understanding the Mechanisms Through Which an Influential Early Childhood Program Boosted Adult Outcomes [J]. American Economic Review, 2013.

[190] Heckman J, Carneiro P. Human Capital Policy [J]. NBER Working Papers, 2003, 30 (2004): 79 – 100.

[191] Heckman J J. The Importance of Noncognitive Skills: Lessons from the Ged Testing Program [J]. The American Economic Review, 2001.

[192] Heckman J J. The Economics, Technology and Neuroscience of Human Capability Formation [J]. Proceedings of the National Academy of Sciencessocial Science Electronic Publishing, 2007, 104 (33): 13250 – 13255.

[193] Heckman J J. Lessons from the Technology of Skill Formation [J]. Annals of the New York Academy of Sciences, 2010, 1038 (1): 179 – 200.

[194] Heckman J J, Karapakula G. The Perry Preschoolersat Late Midlife: A Study in Design-Specific Inference [J]. 2019.

[195] Heckman J J, Liu B, Lu M, et al. Treatment Effects and the Measurement of Skills in a Prototypical Home Visiting Program [J]. Social Science Electronic Publishing, 2020.

[196] Heckman J J, Mosso S. The Economics of Human Development and Social Mobility [J]. Annual Review of Economics, 2014, 6 (1): 689.

[197] Heidrich S. Intergenerational Mobility in Sweden: a Regional Perspective [J]. Journal of Population Economics, 2017, 30 (4): 1241 – 1280.

［198］ Hertz T, Jayasundera T, Piraino P, et al. The Inheritance of Educational Inequality: International Comparisons and Fifty-Year Trends ［J］. The Be Journal of Economic Analysis & Policy, 2008, 7 (2).

［199］ Hnatkovska V, Lahiri A, Paul S B. Breaking the Caste Barrier Intergenerational Mobility in India ［J］. Journal of Human Resources, 2013, 48 (2): 435 – 473.

［200］ Hoff K, Sen A. Home ownership, Community Interactions, and Segregation ［J］. The American Economic Review, 2005.

［201］ Holmlund H, Lindahl M, Plug E. The Causal Effect of Parents' Schooling on Children's Schooling: A Comparison of Estimation Methods ［J］. Journal of Economic Literature, 2011, 49 (3): 615 – 651.

［202］ Howard K S, Brooks-Gunn J. The Role of Home-Visiting Programs in Preventing Child Abuse and Neglect The Role of Home-Visiting Programs in Preventing Child Abuse and Neglect ［J］. The Future of Children, 2009: 119 – 146.

［203］ Huang W. Understanding the Effects of Education on Health: Evidence from China ［J］. Research Papers in Economics, 2015.

［204］ Jablonka E, Gal Raz. Transgenerational Epigenetic Inheritance: Prevalence, Mechanisms, and Implications for the Study of Heredity and Evolution ［J］. Quarterly Review of Biology, 2009, 84 (2): 131 – 176.

［205］ Jantti M, Bratsberg B, Roed K, et al. American Exceptionalism in a New Light: a Comparison of Intergenerational Earnings Mobility in the Nordic Countries, The United Kingdom and the United States ［J］. Social Science Electronic Publishing, 2006.

［206］ Kalil A. Effects of the Great Recession on Child Development ［J］. The Annals of the American Academy of Political and Social Science, 2013, 650 (1): 232 – 250.

［207］ Magnuson, Duncan. Can Early Childhood Interventions Decrease Inequality of Economic Opportunity? ［J］. Russell Sage Foundation Journal of the Social Sciences Rsf, 2016, 2 (2): 121 – 141.

［208］ Kautz T, Heckman J J, Diris R, et al. Fostering and Measuring Skills: Improving Cognitive and Non-Cognitive Skills to Promote Lifetime Success

[J]. NBER Working Papers, 2014.

[209] Khanam R, Nghiem S. Family Income and Child Cognitive and Noncognitive Development in Australia: Does Money Matter? [J]. Demography, 2016, 53 (3): 597 – 621.

[210] Khor N, Pencavel J. Evolution of Income Mobility in the People's Republic of China: 1991 – 2002 [J]. ADB Economics Working Paper, 2010, 204 (4): 67 – 71.

[211] Krueger, Card Alan B. School Resources and Student Outcomes: an Overview of the Literature and New Evidence from North and South Carolina [J]. Journal of Economic Perspectives, 1996.

[212] Lai F, Luo R, Zhang L, et al. Does Computer-Assisted Learning Improve Learning Outcomes? Evidence from a Randomized Experiment in Migrant Schools in Beijing [J]. Economics of Education Review, 2015 (47): 34 – 48.

[213] Lareau A. Unequal Childhoods: Class, Race, and Family Life [M]. Inequality in the 21st Century, 2011.

[214] Latif E. The Relationship Between Intergenerational Educational Mobilityand Public Spending: Evidence from Canada [J]. Economic Papers: A Journal of Applied Economics and Policy, 2017, 36 (3): 335 – 350.

[215] Lavy V, Lotti G, Yan Z. Empowering Mothers and Enhancing Early Childhood Investment: Effect On Adults Outcomes and Children Cognitive and Non-Cognitive Skills [J]. Journal of Human Resources, 2016.

[216] Lee S Y, Seshadri A. On the Intergenerational Transmission of Economic Status [J]. Journal of Political Economy, 2018.

[217] Lefgren L, Sims D, Lindquist M J. Rich Dad, Smart Dad: Decomposing the Intergenerational Transmission of Income [J]. Journal of Political Economy, 2012, 120 (2): 268 – 303.

[218] Loury G C. Intergenerational Transfers and Distribution of Earnings [J]. Econometrica, 1981, 49 (4): 843 – 867.

[219] Loyalka P, Liu C, Song Y, et al. Can Information and Counseling Help Students from Poor Rural Areas Go to High School? Evidence from China [J]. Journal of Comparative Economics, 2013, 41 (4): 1012 – 1025.

［220］Lubotsky D，Wittenberg M. Interpretation of Regressions With Multiple Proxies ［J］. The Review of Economics and Statistics，2006，88（3）：549 – 562.

［221］Ludwig J，Miller D L. Does Head Start Improve Children's Life Chances? Evidence from a Regression Discontinuity Design ［J］. The Quarterly Journal of Economics，2007，122（1）：159 – 208.

［222］Lugo-Gil J，Tamis-Lemonda C S. Family Resourcesand Parenting Quality：Links to Children's Cognitive Development Across the First 3 Years ［J］. Child Development，2008（4）.

［223］Luo R，Emmers D，Warrinnier N，et al. Using Community Health Workers to Deliver a Scalable Integrated Parenting Program in Rural China：A Cluster-Randomized Controlled Trial ［J］. Social Science & Medicine，2019（239）：112545.

［224］Luo R，Shi Y，Zhang L，et al. Nutrition and Educational Performance in Rural China'S Elementary Schools：Results of a Randomized Control Trial in Shaanxi Province ［J］. Economic Development and Cultural Change，2012，60（4）：735 – 772.

［225］Ma X，Zhou Z，Yi H，et al. Effect of Providing Free Glasses on Children's Educational Outcomes in China：Cluster Randomized Controlled Trial ［J］. Bmj，2014，349.

［226］Mazumder B. Fortunate Sons：New Estimates of Intergenerational Mobility in the United States Using Social Security Earnings Data ［J］. Review of Economics & Statistics，2005，87（2）：235 – 255.

［227］Mazumder B. Does Education Improve Health? A Reexamination of the Evidence from Compulsory Schooling Laws ［J］. Economic Perspectives，2008，32（Q Ii）：2 – 16. Doi：10. 2139/SSRN1714136.

［228］Meng X，Gregory R G. The Impact of Interrupted Education on Subsequent Educational Attainment：A Cost of the Chinese Cultural Revolution ［J］. Economic Development and Cultural Change，2002，50（4）：935 – 959.

［229］Ming W，Lin D. Child Development in Rural China：Children Left Behind By Their Migrant Parents and Children of Nonmigrant Families ［J］.

Child Development, 2012, 83 (1): 120 – 136.

［230］Mogstad M, Torsvik G. Family Background, Neighborhoods and Intergenerational Mobility ［J］. NBER Working Papers, 2021.

［231］Neidhöfer G, Serrano J, Gasparini L. Educational Inequality and Intergenerational Mobility in Latin America: A New Database ［J］. Journal of Development Economics, 2018 (134): 329 – 349.

［232］Nicoletti C, Tonei V. The Response of Parental Time Investments to the Child's Skills and Health ［J］. Discussion Papers, 2017.

［233］Nisbett R E, Aronson J, Blair C, et al. Intelligence: New Findings and Theoretical Developments ［J］. American Psychologist, 2012, 67 (2): 130.

［234］Noble K G, Houston S M, Brito N H, et al. Family Income, Parental Education and Brain Structure in Children and Adolescents ［J］. Nature Neuroscience, 2015.

［235］Olds D L. The Nurse-Family Partnership: An Evidence-Based Preventive Intervention ［J］. Infant Mental Health Journal, 2006, 27 (1): 5 – 25.

［236］Oreopoulos P, Page M E, Stevens A H. The Intergenerational Effects of Compulsory Schooling ［J］. Journal of Labor Economics, 2006, 24 (4): 729 – 760.

［237］Piketty T. Theories of Persistent Inequality and Intergenerational Mobility ［J］. Handbook of Income Distribution, 2000 (1): 429 – 476.

［238］Pistolesi N. Inequality of Opportunity in the Land of Opportunities, 1968 – 2001 ［J］. The Journal of Economic Inequality, 2009, 7 (4): 411 – 433.

［239］Pungello E P, Kainz K, Burchinal M, et al. Early Educational Intervention, Early Cumulative Risk, and the Early Home Environment as Predictors of Young Adult Outcomes Within a High – Risk Sample ［J］. Child Development, 2010 (81).

［240］Qin X, Wang T, Zhuang C C. Intergenerational Transfer of Human Capital and Its Impact on Income Mobility: Evidence from China ［J］. China Economic Review, 2016 (38): 306 – 321.

［241］Deng Quheng, Bjrn, et al. Intergenerational Income Persistence in

Urban China [J]. Review of Income and Wealth, 2013, 59 (3): 416 –436.

[242] Quinn K. Developmental Origins of Adult Function and Health: Evolutionary Hypotheses [J]. Annual Review of Anthropology, 2009 (38): 131 –147.

[243] Rawlings S B. Parental Education and Child Health: Evidence from an Education Reform in China [J]. Cinch Working Paper, 2015.

[244] Reynolds AJ, Temple JA, White BA, Ou SR, Robertson DL. Age 26 Cost-benefit Analysis of the Child-parent Center Early Education Program. Child Dev. 2011 Jan-Feb; 82 (1): 379 – 404. doi: 10. 1111/j. 1467 – 8624. 2010. 01563. x. PMID: 21291448; PMCID: PMC3817956.

[245] Restuccia D, Urrutia C. Intergenerational Persistence of Earnings: The Role of Early and College Education [J]. American Economic Review, 2004, 94 (5): 1354 –1378.

[246] Rica S, Barrett A, Kahanec M. Intergenerational Transmission of Human Capital in Europe: Evidence from Share [J]. IZA Journal of European Labor Studies, 2013, 2 (13).

[247] Sacerdote B. How Large Arethe Effects from Changes in Family Environment? A Study of Korean American Adoptees [J]. Quarterly Journal of Economics, 2007, 122 (1): 119 –157.

[248] Sandra, E. , Black, et al. Why the Apple Doesn't Fall Far: Understanding Intergenerational Transmission of Human Capital [J]. American Economic Review, 2005.

[249] Schnitzlein D D. How Importantis the Family? Evidence from Sibling Correlations in Permanent Earnings in the USA, Germany, and Denmark [J]. Journal of Population Economics, 2014, 27 (1): 69 –89.

[250] Schnitzlein D D. A New Look at Intergenerational Mobility in G Ermany Compared to the U. S. [J]. Review of Income and Wealth, 2016, 62 (4): 650 –667.

[251] Shi L, Zhang J, Wang Y, et al. Effectiveness of an Educational Intervention on Complementary Feeding Practices and Growth in Rural China: A Cluster Randomised Controlled Trial [J]. Public Health Nutrition, 2010, 13 (4): 556 –565.

［252］Silles M A. The Intergenerational Effects of Parental Schooling on the Cognitive and Non-Cognitive Development of Children ［J］. Economics of Education Review, 2011, 30 (2): 258 – 268.

［253］Solon G. Intergenerational Income Mobility in the United States ［J］. The American Economic Review, 1992: 393 – 408.

［254］Solon G. Intergenerational Mobility in the Labor Market ［J］. Handbook of Labor Economics, 1999, 3, Part A (1): 1761 – 1800.

［255］Solon G. A Modelof Intergenerational Mobility Variation Over Time and Place ［M］. A Model of Intergenerational Mobility Variation Over Time and Place, 2004.

［256］Solon G, Corcoran M, Gordon R, et al. A Longitudinal Analysis of Sibling Correlations in Economic Status ［J］. Journal of Human Resources, 1991: 509 – 534.

［257］Solon G, Page M E, Duncan G J. Correlations Between Neighboring Children in Their Subsequent Educational Attainment ［J］. Review of Economics and Statistics, 2000, 82 (3): 383 – 392.

［258］Streufert P. The Effect of Underclass Social Isolation on Schooling Choice ［J］. Journal of Public Economic Theory, 2000, 2 (4): 461 – 482.

［259］Todd P E, Wolpin K I. the Specification and Estimation of the Production Function for Cognitive Achievement ［J］. Economic Journal, 2010, 113.

［260］Todd P E, Wolpin K I, Jel C J. The Production of Cognitive Achievement in Children: Home, School, and Racial Test Score Gaps ［J］. Journal of Human Capital, 2007.

［261］Tucker-Drob E M. Differentiation of Cognitive Abilities Across the Life Span ［J］. American Psychological Association, 2009 (4).

［262］Turkheimer E, Haley A, Waldron M, et al. Socioeconomic Status Modifies Heritability of IQ in Young Children ［J］. Psychological Science, 2003, 14 (6): 623 – 628.

［263］Violato M, Petrou S, Gray R, et al. Family Income and Child Cognitive and Behavioural Development in the United Kingdom: Does Money Matter? ［J］. Health Economics, 2011, 20 (10): 1201 – 1225.

［264］Vogel T. Reassessing Intergenerational Mobility in Germany and the United States：The Impact of Differences in Lifecycle Earnings Patterns ［J］. SFB 649 Discussion Papers，2006.

［265］Vosters K. Isthe Simple Law of Mobility Really A Law? Testing Clark's Hypothesis ［J］. The Economic Journal，2018，128（612）：F404 – F421.

［266］Vosters K，Nybom M. Intergenerational Persistence in Latent Socio-economic Status：Evidence from Sweden and the United States ［J］. Journal of Labor Economics，2017，35（3）：869 – 901.

［267］Walker S P，Chang S M，Wright A S，et al. Cognitive，Psycho-social，and Behaviour Gains at Age 31 Years from the Jamaica Early Childhood Stimulation Trial ［J］. Journal of Child Psychology and Psychiatry，2022，63（6）：626 – 635.

［268］Walters C R. Inputs in the Production of Early Childhood Human Capital：Evidence from Head Start ［J］. American Economic Journal：Applied Economics，2015，7（4）：76 – 102.

［269］Ward Z. Internal Migration，Education，and Intergenerational Mobility Evidence from American History ［J］. Journal of Human Resources，2022，57（6）：1981 – 2011.

［270］Youderian X. Human Capital Production With Parental Time Investmentin Early Childhood ［J］. Macroeconomic Dynamics，2019，23（4）：1504 – 1527.

［271］Yue A，Sylvia S，Bai Y，et al. The Effect of Maternal Migration on Early Childhood Development in Rural China ［J］. Available at SSRN 2890108，2016.

［272］Yum M. Parental Time Investment and Intergenerational Mobility ［J］. Available at SSRN 3862378，2022.

［273］Zhang H，Behrman J R，Fan C S，et al. Does Parental Absence Reduce Cognitive Achievements? Evidence from Rural China ［J］. Journal of Development Economics，2014（111）：181 – 195.

［274］Zhang Y，Eriksson T. Inequalityof Opportunity and Income Inequality in Nine Chinese Provinces, 1989 – 2006 [J]. China Economic Review, 2010 (21).

[275] Zheng A, Graham J. Public Education Inequality and Intergenerational Mobility [J]. American Economic Journal: Macroeconomics, 2022, 14 (3): 250 – 282.

[276] Zhou J, Heckman J, Wang F, et al. Early Childhood Learning Patterns for a Home Visiting Program in Rural China [J]. Journal of Community Psychology, 2022.